불후의 기록

대곡천의 암각화

이하우 지음

UUP

불후의 기록, 대곡천의 암각화

■

- 2021년 04월 20일 **초판 인쇄**
- 2021년 04월 26일 **초판 발행**
- **지은이** 이하우
- **펴낸이** 오연천
- **펴낸곳** UUP(울산대학교출판부) 680-749 울산광역시 남구 대학로 93(무거동) 울산대학교 출판부
- **전화** (052)259-2488 **팩스** (052)277-3011 ▪ **홈페이지** http://uup.ulsan.ac.kr
- **출판등록** 제370-1996-000001호(1996.3.13)
- ₩ 20,000

ISBN 979.11.6726.001.7 (93450)

머리말

아름다운 계곡이 있다. 그 안으로 굽이굽이 흐르는 물이 몇 번씩이나 머물렀다 흐르기를 반복하여 산경을 구색하는 그즈음, 봉우리 하나가 제 그림자로 물을 건너고 있다. 대곡천이다.

1970년 겨울, 이곳에서 경이로운 일이 있었다. 천전리 서석의 발견이었다. 그리고 반백년의 세월이 속절없이 흐르더니 올해는 대곡천 반구대암각화의 발견 50주년을 맞이하는 해이다. 이곳에서 두 암각화의 발견은 그대로 우리나라 선사시대 미술 연구의 본격적인 시작과도 같았다. 처음 생경스럽기만 하던 암각화는 그만큼의 관심에 힘입어, 오늘날 우리나라 전역에서 38개에 이르는 크고 작은 유물유적의 발견으로 이어지게 되었다. 그래서 이제 한국 암각화도 제법 넓은 분포도를 갖고 조사되기에 이르렀다.

반구대암각화와 천전리 서석은 우리 미술사를 풍부하게 하는 원천과도 같았다. 그리고 암각화 연구가 시작된 지 50주년을 맞이하게 된 이런 뜻깊은 시점을 맞아, 암각화연구자의 한사람으로서 글쓴이는 그것을 학술적으로 기념하고 동시에 높은 가치를 갖는 두 유적을 보편의 시각에서 바라볼 수 있는 연구서를 나름대로 고민해 왔다. 그런 생각에서 글을 만들어가면서 주의해서 살펴보았던 부분은 '암각화란 무엇인가' 하는 가장 기본적 의문에서부터 표현물 하나하나의 의미, 그리고 그것을 통하여 유적 전반을 유기적으로 두루 소통하면서 바라볼 수 있는 방법을 고민하고 있었다.

이와 같은 생각에서 글을 만들어가면서 나 자신에게 던진 숙제와도 같은 것이 하나 있었다. 각각으로 분포하고 있는 반구대 암각화와 천전리 서석의 다양한 표현물을 세부적이고 순차적으로 살펴가면서 그 전반을 여하히 통합적 시각으로 바라보며 이해할 수 있는 방법론의 고민과 같은 것이었다. 그러한 목표가 이 소박한 글을 통하여 얼마만큼이나 가능했는지는 이제 오롯이 독자의 목소리를 잘 들어야 하는 때가 온 것 같다.

암각화와 같은 표현물을 사료화하여 읽을 수 있는가 하는 문제는 나름의 의미를 두고 있던 서술의 방향이었다. 한국 암각화는 물론, 세계 수많은 암각화는 각각의 고유한 조형언어를 통하여 스스로 의미를 전하고 있다. 그러한 암각화 표현물을 읽어서 우리 시대 이전의 누군가의 생각을 일부라도 들을 수가 있다면, 그만큼 지금 우리들 걷는 길이 더 넓혀질 수도 있을 거라는 생각을 내내 하고 있었다. 말하자면 표현물을 통해 전달되고 있는 그 무엇인가를 읽어내는 방법을 이렇게도 해 보고 또 저렇게도 해 보면서 다가서보자는 접근방법의 모색이었다고 해도 좋다.

지난해 글쓴이는 세계 암각화에서 성적 표현을 주제로 하여 선사시대 사람들이 바라보았던 성이라고 하는 그 지고한 심상을 정리하여 내놓은 적이 있다. 그러한 작업의 후속으로 고안했던 것이 이제 우리 미술사의 원형으로서 대곡천 두 유적을 살펴보고자 하는 것이었다.

최근에 와서 속도를 더하는 것이 대곡천암각화의 유네스코 세계유산등재의 추진이다. 그 첫걸음으로 댐에 물길을 내는 방법 등의 난제 해결의 방향이 어느 정도 잡히고 있는 상황에서, 암각화 연구자가 감당해야 하는 의무감 하나는 그동안의 연구 성과에 대한 저변적 차원의 공유를 위해 노력해야 한다는 것이었다.

사실상 등재과정에서 중심적 역할에 대한 구도라면 그것은 삼각형의 꼭지점과 같은 모델이 있다. 한 축에 연구자그룹이 있다면 또 한 축에는 지원기관이 있을 것이다. 그리고 나머지 하나가 가장 중요한 축으로, 그것은 지역민 사회가 감당해야 하는 몫이 있을 것이다. 무엇보다도 유네스코가 바라보는 이상적 그림에는 지역민의 마음, 그 역할을 비중 있게 받아들이고 있다는 뜻과 다름 아니다.

그런 한 축으로서 지역민 사회는 힘든 등재과정에서 일의 추진을 뒷받침하는 저력과도 같다. 하지만 등재가 성사된 다음부터는 실질적으로 유산협약의 효율적 이행을 수행하는 주체이면서 동시에 감시 감독까지 해야 하는 주인의 역할을 감내할 수 있어야 할 것이다. 말하자면 효과적 보존에서 협약이행의 당사자가 바로 지역민으로서, 그 모든 것을 감당하는 주인공이기 때문이다.

의미 있는 중심축으로서 시민사회가 대곡천암각화를 어떻게 바라보고 잘 이해할 것인가 하는 부분을 학술적으로 뒷받침하고자 하였다. 나아가서 보편적 시각에서 세계유산으로서의 가치를 바라보는 눈높이를 동반자적 위치로 고양할 수 있는 무언가를 나름대로 고민하여 글을 만들고자 나름의 노력을 기울였다.

그런 의미에서 책이 많이 읽혔으면 좋겠다.

2021년 4월

이 하 우

목차

머리말 | 3

암각화란 무엇일까? | 11

반구대암각화 | 25

1. 반구대암각화의 세계 ······ 27

암벽각화의 발견이라고요? / 28

보존의 문제, 더 큰 가치를 좇다 / 31

2. 암각화의 조사 ······ 39

고고 유적의 조사와 다르다 / 39

반구대암각화는 어떻게 구성되었나 / 45

· I 면–중심암면 / 219

· II 면 / 223

· III면 / 231

· IV면 / 233

3. 조형언어로 읽는 반구대 ······ 57

사람 … 57

고래가 보이는가? / 57

샤먼, 홀로 구천으로 날아오르다 / 61

그대, 손을 높이 들어요 / 66

표정 없는 그런 얼굴 하나가 / 71

동물의 세계 … 75

사슴은 왜 신성시 되었을까? / 75
호랑이, 잊혀져간 주인공 / 85
고래, 신화처럼 숨을 쉬는 / 92
고래를 묘사하는 몇 가지 방식 / 97
고래사냥 / 103
고래 의례의 정점, 반구대암각화 / 108
또 한 마리의 고래를 만나서 / 115
하늘과 땅, 물을 넘나드는 동물 / 118
사냥의 금기, 그리고 공평한 분배를 위하여 / 121
인어 전설의 원형이라지요, 바다소 / 130
사냥의 목적은 어디에 / 133

생업도구로 보는 반구대사람들 … 138

저기 떠나가는 배 / 139
생업의 도구 중에는 / 144

무엇인지 모르는 것도 있다 … 147

단지 상상만으로 … 150

4. 어떤 과정을 거쳐서 완성되었나? ………………………… 155

홀로인 것은 아무 것도 없다 / 157
서로 다른 표현형태와 속성이 뒤섞여 있다 / 160
처음은 고래사냥으로부터 / 164
두 번째 단계는 / 165
사슴, 수렵문화의 주인공 / 166
마침내 고래의 시간 / 167
마지막 단계에서 새끼 밴 동물은 / 169
단계별로 달라져 가는 성격, 그 흐름 / 170

5. 암각화를 만들어가는 몇 가지 기법 이야기 …… 175
6. 반구대암각화의 시간 …… 183

천전리 書石 | 191

1. 저짜게도 그림인지 뭔지 …… 193
2. 천전리 각석의 구성단계 …… 197
모든 시작은 사슴으로부터 / 200
마침내 기하문의 시간이 / 203
단지 쪼았을 뿐인데 / 207
마지막에는 세선각 그림이 / 209
단계별 성격과 그 변화로 보는 천전리 각석 / 215

3. 암각화의 언어 …… 219
사람 얼굴의 사슴도 있고 / 219
황금의 뿔 사슴 / 223
사슴 사냥꾼 / 230
물고기 몇 마리 / 232

4. 기하문암각화의 시대로 …… 237
마름모꼴 문양과 여성 / 237
진정 태양의 상징이었던가? / 244
인면으로 보는 각석의 구성 / 252

5. 세선각 표현의 시대 …… 263
하반신의 남자, 슬픈 그대 이름은 / 263
이 거창한 행렬의 주인공 / 269
배, 포구마을과 삼층석탑 / 275

오빠는 서라벌 스타일 / 280
척목 없이는 승천할 수 없고 / 286

6. 書石이라고 불러주시게 ······ 291

두 유적은 어떤 사이일까 | 297

세계유산의 관점에서 보는 대곡천암각화의 고유한 특성 | 305

1. 탁월한 보편적 가치를 위하여 ······ 307
다양한 내용이 잘 함축되었다 / 310
시간의 흐름에 따른 삶의 기록 / 311
수렵의 높은 문화적 가치반영 / 314
바다 수렵인, 그들 집단의 제사 터 / 316

2. 이제 더한 가치로서 O·U·V ······ 321

참고문헌 및 대곡천암각화를 알아가기 좋은 자료 | 325

암각화란 무엇일까?

그림 1. 암각화(알타이 옐란가쉬, 이하우 2005)

대곡천(大谷川)이라는 아름다운 계곡이 있다. 산과 산 사이를 흐르는 물줄기를 내(川)라고 하는데, 울산시 울주군 두서면 내와리의 백운산 탑골샘(47.54km)에서 발원하여 범서읍 사연리에서 태화강으로 흘러드는 큰 골짜기를 흐르는 대곡천은 옛날부터 절경으로 이름나 있었다. 이 대곡천을 끼고 우리의 두 주제 반구대암각화와 천전리 각석이 있다. 이를 합하여 대곡천암각화군(大谷川岩刻畵群)이라고 부른다.

1970년 이곳에서 천전리 각석이 발견되었을 때, 놀라지 않을 수 없었다. 그 이전에는 전혀 알려진 적 없는 새로운 문화사적 자료가 우리에게 나타났기 때문이었다. 그래서 그것을 무엇이라고 부르기조차 어려워, 한참을 망설였던 흔적이 각석(刻石)이라는 명칭 속에 잘 남아있다. 이를 일러 '암각화(岩刻畵)'라고 하기도 하고 '암벽각화(岩壁刻畫)'라고 부르는 사람도 있다. 어떤 사람은 그것을 '바위새김그림'이라는 우리말로 그러한 것을 이르기도 하였다.

지금에 와서는 그 누구나 암각화 또는 바위그림이라고 수월하게 부르고 있지만, 처음부터 그렇게 불려왔던 것은 아니었다. 그런 이름하나를 정하는 것도 쉽지 않은 과정이 있었기 때문이다. 그래서 암각화가 무엇이냐 하는 물음에는 선 듯 답하기 어려운 부분이 있다. 지금 이 시점에서 암각화란 무엇인가 하는 오래된 질문에 대하여, 그 답을 함께 궁리하여 명확하게 정리해 둘 필요가 있다. 그래, 그렇다면 암각화란 무엇일까?

바위에 새긴 그림으로서 암각화는 이제 보편적 용어가 되었다. 그러나 처음부터 그랬던 것은 결코 아니었다. 반백 년이 지난 이 순간에도 여전히 '암벽화'라고 부르면서 자신의 고집을 버리지 못하고 있는 보고자를 보면 여러 가지로 생각이 깊어지는데, 암벽화와 같은 현상은 단지 우리나라에서만 그런 것이 많이 있을 뿐, 세계적으로는 전혀 그렇지가 않다는 사실을 잘 모르는 것 같다. 그렇다면 암각화란 대체 무엇일까? 암각화 명칭에 대한 생각은 다음과 같이 정리할 수 있을 것이다.

가까운 중국에서는 그것을 애화(崖畵)라고 부른다. 절벽 단애에 새겨진 그림이라는 듯이다. 영어권에서는 페트로그립스(Petroglyphs)라고 하여 바위에 새겨지는 그림으로 이해하고 있으며, 보다 많은 자료를 갖는 러시아와 같은 곳에서는 학문적 용어로는 그대로 빼트로그리프(Петроглифы)로 총칭하고 있다. 그러나 저변에서 일반화된 용어로는 나스칸늬이 리순키(Наскалные рисунки) 또는 피사니차(писаница), 피사니차미(писаницами)로 불려지고 있다. 어떤 '쓰여진 것'이라는 기록의 의미로 읽히는 것이다.

암각화가 크게 분포하고 있는 잊을 수 없는 중심지의 하나로서 '암각화의 끊이지 않는 샘'이라고 하는 몽골과 같은 곳에서는 이것을 하드니 조락(Хадны зураг)이나 하드니 수그 조락(Хадны сүг зураг)으로 부르고 있는데, 그것은 암각화가 영적인 요소를 반영하고 있다는 것을 어느 정도 암시하는 용어라고 할 수 있을 것이다. 인근지역에서 암각화를 이르는 명칭은 이상과 같다. 그래서 암각화가 구체적으로 어떤 것을 말하는가 하는 의문에는 일단 다음과 같은 사항으로 그 내용을 요약할 수 있을 것이다.

흔히들 바위에 새긴 그림으로서 바위그림을 암각화라고 한다. 글쓴이는 통칭하는 이름으로 바위그림이 좋다는 생각이다. 하지만 모두의 생각이 다 그렇지가 않아서 대화중 곧잘 갈피를 잃고는 어느새 암각화라는 것이 입에 붙어있다. 그래서 무엇이 암각화인가 하는 질문에는 누구나 손쉽게 '문자가 없던 선사시대 사람들이 그들의 간절한 소망, 그 애절한 마음을 바위에 새겨 남긴 그림'이라고 답하여 왔다. 그러나 이러한 대답은 한참 부족하다. '그렇다면 바위에 새긴 모든 형상을 암각화라고 해도 되는 것이지?'라는 되물음에는 다시 대답이 궁해질 수밖에 없고, 또 그 안에는 조각(彫刻)과 같은 것이 포함될 수 있는 것이다. 실제로도 그런 경우를 쉽게 볼 수가 있어서, 웹 서핑이라도 하다가 보면 낯선 이름의 암각화가 나와서 갸우뚱하면서 들어가 보는 일도 더러 있었다. 하지만 그런 것은 백이면 백 모두가 말도 안되는 부조(浮彫)와 같은 것을 늘여놓고 그렇게 부르는 사람은 의외로 많았다. 어떤 사람은 울산 어물리윷판유적에서 포크레인 삽날이 긁고 지나간 자국까지도 해석하는 사람이 있

그림 2. 구름 문, 제주 금성리 암각자료(이하우 2017)

을 정도였다. 그래서 진위를 가려낼 스스로 안목이 없다면, 인터넷상 자료를 참고하는 것은 정말 조심해야 한다는 것을 거듭 강조하고 싶다.

암각화는 그렇게 포괄적으로 말해서는 안 된다. 보다 엄정하게 규정되어야 하는 것이 암각화 즉 바위그림으로서, 그것은 어디까지나 살아있는 바위(living rock)로서 자연 그대로의 암석이 본질적인 바탕으로 작용해야 한다는 점에 특히 방점을 찍어야 한다. 물론 제작 도구로서 석영과 같은 돌 제품이나 금속도구를 사용하여 바위표면을 긁거나 쪼아서 새기는 기법에 대해서도 충분한 고려가 있어야 할 것이다. 그런 입장에서 본다면, 쪼아서 생긴 타격 흔적의 집점으로서 표현물을 만들어가는 암각화의 기본조건은 어디까지나 암면을 파 들어가서 형상을 드러내는 음각(陰刻)이라는 점을 분명히 해야 한다. 동시에 결코 부피나 볼륨을 말하는 양감(量感)이 표현되어서도 안 된다. 왜냐하면 그것은 이미 조각의 차원에서 부조와 같은 수준에 닿고 있기 때문이다.

이렇게 몇 개의 틀을 씌워서 살펴보면, 우리나라에서 암각화로 분류되고 있는 자료 중에는 그렇게 규정되기에 불편한 것도 몇 개 있다. 이미 사람에게 옮겨진 바위로서 고인돌무덤이나 선돌, 또는 청동기시대 집터와 같은 곳에서 나온 갈돌, 숫돌 등에 새겨진 것이 그 안에 포함되어있기 때문이다. 그래서 이제 그런 것까지 암각화라는 틀 안에 무작정 넣기에는 더 이상 어려워졌지만, 그것을 명확히 해야 할 필요는 있다. 그럼에도 불구하고 우리나라에서 암각화라는 말이 수적으로 제한적이기 때문에, 통상 그런 것까지도 관용적으로 포함해 왔으며 아마 앞으로도 그럴 것 같다.

그렇다면 바위에 그림을 새기게 되었던 이유는 무엇일까? 그것은 역시 풍요로운 삶의 기원에서 비롯되었다는 말로 시작할 수 있을 것이다. 지금도 마찬가지이지만 인류의 삶은 어느 한 순간도 마음 놓을 수 없는, 그래서 삶의 매 순간순간은 위기의 연속이었다. 선사시대라고 하는 그 세계는 보다 심화하여 모든 삶의 과정이 그러했을 것이다. 그런 환경에서 위험을 극복하고 안정된 삶을 위한 수단으로서 의례 행위는 거의 일상이었다. 제의나 주술행위, 그 결과로서 남겨진 흔적이 또한 암각화라는 방편으로 오늘에 전하고 있는 것이다. 그래서 암각화는 선사시대 사람들의 삶과 문화 활동 전반에 대한 총체적 정보를 함축하는 것이라고 보았으며, 그래서 그만큼 중요하게 취급되고 있다. 말하자면 암각화는 선사시대라고 하는 특정한 시간적 폭 안에서 그 시대 사람들의 정신사적 현상을 여러 각도에서 조명하고 있는 것이다.

그러나 그곳에 어떤 그림을 새기게 된 보다 큰 이유는 바로 바위의 상징성에 대하여 선사인들이 눈을 뜨게 되었던 때문이라 하겠다. 그 바위는 사자를 가두는 기능이 있고, 그 영혼을 머물게 하면서 영혼의 안식과 함께 정화를 돕는다. 그러한 상징성에 대한 자각이 바로 암각화의 제작을 이끌게 되었던 것이다. 따라서 그 안에서 정화된 영혼은 새로운 육신을 얻어 우리에게 되돌아와야 한다.

모든 인간 활동이 그렇듯, 암각화도 시대에 따라 주제나 표현의 대상은 달라져 왔다. 예컨대 신석기시대까지는 동물이 중요한 표현 소재가 되었다면, 청동기시대에 와서는 사람과 그리고 그를 둘러싼 대자연의 기상 현상과 같은 것이 의미 있게 받아들여졌다. 그러한 표현대상의 변화상은 생업과 관련한 문화적 배경을 적극 반영하게 된다. 수렵시대의 표현대상과 유목 또는 농경사회의 그것이 서로 다를 수밖에 없는 이치이다.

신석기시대의 그것이 수렵인의 삶의 모습을 직접적으로 반영하였다면, 청동기시대에 와서 크게 달라진 변화상 중에는 사람 스스로 자기자신에 대한 대한 관심이 날로 커져갔다는 것이다. 거기에 더하여 자연의 여러 가지 현상까지도 암각화에서는 중요한 표현의 대상이 되었다. 삶의 근본적 요인이 인간자신의 노동력, 그리고 환경에 크게 좌우된다는 사실을 깨달았기 때문이다. 그러한 모든 것을 조화롭게 하고자 사람들은 모여 하늘에 제사하였다. 그러했던 행위와 결과로서 암각화의 표현 소재는 점진적으로 다양해져 갔으며 수적으로 크게 늘어난 것과도 같다.

여기 두드러진 현상 하나는 청동기시대가 되면서 샤먼과 같은 종교 직능자 또는 영적 존재가 보편성을 띠면서 조사되기 시작한다는 점이다. 정신사적 측면에서 전문인의 확산이라고 할 것이다.

철제도구가 보급되면서 사회는 급진적으로 발전하였다. 생업환경까지도 크게 달라졌다. 바야흐로 문자가 쓰이게 되면서 문화의 중심축은 자연스럽게 그리로 옮겨가게 되었으며, 따라서 암각화는 쇠퇴하기에 이른다. 문자가 보다 많은 것을 대신하게 되었으며, 종교다운 종교가 그 자리를 메꾸기 시작하였음이다.

그러다가 문뜩 서기 5세기경이 되면서 이상한 현상 하나가 나타나기 시작하였다. 이 시기에 와서 이전과는 전혀 다른 표현형태가 등장하였으니, 그것은 바로 천전리 각석 하단부에 분포하는 세선각 그림과 같은 것이었다.

이때는 특히 몽골이나 중앙아시아를 중심으로 칼끝과 같은 철제도구를 힘주어 그어서 묘사하는 선각 암각화의 제작이 들불처럼 퍼지고 있었다. 세선각 그림은 문화적으로 보다 선진한 사회에서도 공히 발견되는 현상으로, 그것은 구대륙 전반을 휩쓸고 간 일종의 시대적 양식처럼 나타나고 있었다. 특징적 현상 하나라면 여기에 명문이 동반되면서 간략하게 그림 내용을 보충하고 있다는 점이다.

물론 그런 현상은 오래 이어지지는 못하였으며, 고대 투르크(突厥, Гёк-Тюрк)인들의 그것처럼, 우리나라에서도 천전리 각석이나 포항 대련리 암각 자료로 나타나고 있다. 그러나 삼국시대 이후에는 지속되지 못하고 더 이상 찾아볼 수 없게 되었다. 그것은 지구촌 풍운의 시대라고 하는 5~7세기의 시대적 특성을 반영하는 것으로, 이를 우리는 특정한 내용이 반복적으로 연계되고 있으면서 분명하고 효과적인 형태가 보편적으로 적용되고 있다는 차원에서 시대양식이라고 요약하고 있다.

오늘날 몇 장의 흑백사진만으로 추억되는 천전리 각석의 발견은, 사실상 한국미술사에 있어서 일대 사건이었다. 그동안의 선사학 연구의 영역을 단숨에 그 시대 사람들의 정신사적 문제로까지 확장하게 되는 계기가 되었다. 그런 점에서 발견의 의미를 결코 가볍게 여겨서는 안 될 것이다.

한반도에서 암각화의 발견이란 단지 해당 분야뿐만이 아니라, 관련된 여러 학문분야는 물론, 또 다른 인간 활동으로서 삶의 가치를 승화하고자 하는 이 시대 예술가에게까지도 가없는 영감으로 다가왔다. 알고 있는 것이 그렇게 많지 않아서 더 매혹적으로 보였던 선사시대 사람들의 사유세계를 우리에게 활짝 열어주었던 것이었다. 적어도 1970년 12월 25일 울주군 두동면 천전리에서 각석이 발견되고, 이듬해 2월 경북 고령에서 양전동 암각화(현 장기리암각화)의 발견이 있기까지는, 그리고 같은 해 연말 또다시 대곡리 반구대암각화가 발견되는 그 이전까지만 해도 우리에게 암각화란 미지의 문화영역처럼 낯설었던 것이었다. 그렇기에 글쓴이에게는 더욱 사무치는 그리움이 있는 곳, 대곡천 골짜기이다.

올해는 반구대암각화 발견 50주년이다. 그동안 생소하기만 하던 암각화도 지금까지 우리나라에서 모두 38개 유적이라는 제법 넓은 분포도를 보이면서 조사되고 있다. 그중에는 포항 칠포리암각화와 같이 국내 최대 규모의 유적도 있다. 또한 천전리 각석의 발견 이전부터 널리 알려져 있던 금석유적으로서 남해 양아리 암각 자료도 포함된다. 글쓴이는 이러한 38개의 한국 암각화 대부분의 원형이 바로 이곳, 대곡천의 두 유적으로 판단하

표 1. 한국 암각화의 현황

	조사지역	발견시기/조사 보고자	내용	비고
1	남해 양아리	1860/오경석	기호	자연암석
2	울산 천전리	1970/문명대(동국대박물관)	동물, 기하학문, 세선각	자연암석
3	고령 양전동	1971/이은창(영남대박물관)	동심원, 검파형암각화	자연암석
4	울산 반구대	1971/문명대·이융조·김정배	동물과 사람, 배	자연암석
5	포항 인비리	1984/경주박물관	석검, 석촉	고인돌
6	영주 가흥동	1989/박홍국	검파형암각화	자연암석
7	포항 칠포리	1989-1994/이하우	석검, 성기, 검파형암각화	자연암석
8	여수 오림동	1989/전남대박물관	석검, 사람 및 기타	고인돌
9	함안 도항리	1991/창원문화재연구소	동심원, 바위구멍	고인돌
10	남원 대곡리	1991/김광·장명수	검파형암각화	자연암석
11	안동 수곡리	1991/이진구·김영식	말굽, 윷판, 사람발자국 등	자연암석
12	영천 보성리	1993/송화섭	검파형암각화	고인돌(추정)
13	고령 안화리	1993/고령군, 1994/최광식	검파형암각화, 동심원	자연암석
14	고령 지산리	1994-1995/영남매장문화재연구원	검파형암각화 및 교합그림	석곽묘뚜껑돌
15	경주 석장동	1994/동국대고고미술사학과	검파형암각화, 사람발자국	자연암석
16	경주 안심리	1995/신라문화동인회	검파형암각화	자연암석
17	부산 복천동	1995/부산시립박물관	회오리문양, 배	석곽묘하단석
18	사천 본촌리	1995/경상대박물관	석검	숫돌
19	제주 고산리	1997/김종찬	교차하는 선각	갈돌
20	제주 금성리	1999/제주대박물관	구름문양	갈돌

21	대구 진천동	2000/경북대박물관	동심원, 나선문, 바위구멍	입석
22	밀양 활성동	2002/경남발전연구원	석검, 성기형암각화	고인돌하부
23	포항 석리	2002/이하우	인면형암각화, 바위구멍	자연암석
24	제주 광령리1	2003/알킨(러시아과학아카데미 극동시베리아연구소)	방사형 선각	고인돌(추정)
25	무산 지초리	2004/서국태(조선고고연구)	회오리문, 동심원 등	자연암석
26	포항 대련리	2006/동대해문화연구소	사람표현물	석곽묘뚜껑돌
27	밀양 안인리	2007/경남발전연구원	동심원, 여성기형, 사람형상	고인돌적석유구
28	대구 천내리	2007/이하우	동심원	고인돌
29	고령 봉평리	2008/대가야 박물관	톱니형기하문, 동검	자연암석
30	나주 운곡동	2009/마한문화연구원	배, 집형태의 선각암각화	자연암석
31	의령 마쌍리	2010/경남발전연구원	석검	숫돌
32	청양 해림암	2013/김호석·임세권·박희현	가옥 풍경	현대제작물
33	강화 고구리	2015/울산대 반구대연구소	바위구멍과 선각	자연암석
34	제주 광령리2	2015/울산대 반구대연구소	바위구멍과 선각	고인돌
35	군위 수서리	2015/울산대 반구대연구소	검파형암각화	고인돌(추정)
36	상주 물량리	2017/울산대 반구대연구소	인면 인물암각화	자연암석
37	포항 신정리	2017/전상호·이하우	검파형암각화	자연암석
38	하동 고포리	2017/이하우	철검 암각화	자연바위

고 있다. 이 작은, 그러나 위대한 골짜기 대곡천에서 수천 년을 살아남아서 불후의 기록으로 전하고 있는 국보 제147호 천전리 각석과 국보 제285호 대곡리 반구대암각화는 어떤 곳일까? 그것을 먼저 성립된 순서에 따라서 살펴보고자 한다.

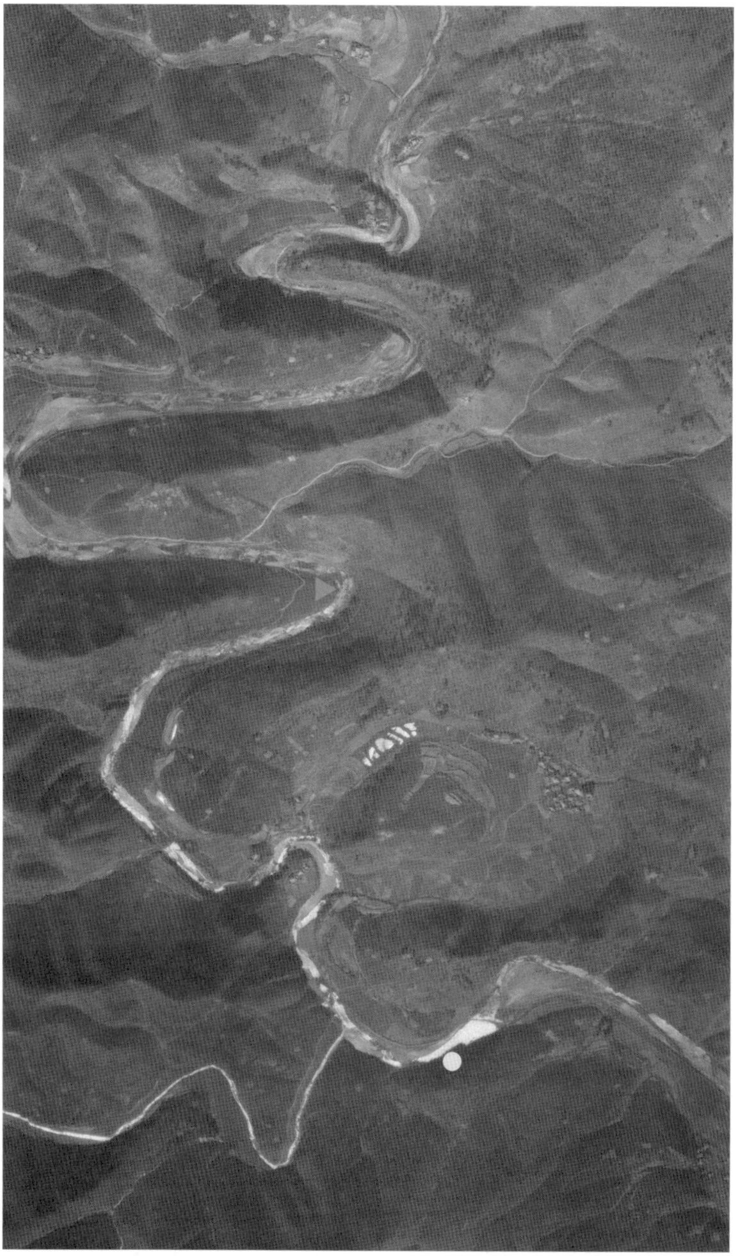

그림 3. 대곡천 일대(▲천전리 각석 ●반구대암각화, 국토지리정보원 1954)

반구대암각화

1. 반구대암각화의 세계
2. 암각화의 조사
3. 조형언어로 읽는 암각화
4. 어떤 과정을 거쳐 완성되었나?
5. 암각화를 제작하는 몇 가지 기법 이야기
6. 반구대암각화의 시간

1

반구대암각화의 세계

대곡천의 두 유적 중에서 먼저 발견된 곳은 천전리 각석이다. 천전리 각석에서 약 2.3km 정도 거리에 떨어져 있는 반구대암각화는 그 이듬해 같은 달 같은 날에 새롭게 조사된 곳이다. 그런 발견 순서와는 맞지 않지만, 이제 반구대암각화를 먼저 살펴보고자 하는 이유는 두 유적에서 반구대암각화가 먼저 이곳에 자리 잡은 유적이기 때문이다. 물론 그런 이유를 떠나서 보더라도 사실상 대곡천암각화를, 나아가서 한국 암각화를 대표하는 곳은 반구대암각화이다. 그것은 단순하게 반구대암각화가 그 내용을 쉽게 한 눈에 알아볼 수 있는 구상표현물이라는 점에서 우선 수월한 접근이 가능하였으며, 동시에 처음부터 '호랑이가 있고 고래가 헤엄치는 곳'이라는 말과 같이, 세간에서 친숙하게 여겨졌던 곳이라는 점도 있을 것이다.

그런 반구대암각화는 어떤 곳이며, 우리는 그곳에서 무엇을

그림 4. 최초조사(한국일보 이용호, 1972)

어떻게 바라봐야 하는 것일까? 먼저 발견에서부터 알려지기까지 저간의 사정을 간략하게 정리하기로 하자.

암벽각화의 발견이라고요?

1971년 11월 역사학회 월례발표회가 열린 날이다. 당시 천전리 각석의 보고자로서 문명대와 함께 이융조, 김정배 세 청년학자는 지난 해 동국대학교 박물관이 보고했던 천전리 각석의 발견 1주년을 나름 조촐하게 현장에서 기념하면서 토론해 보자고 의견을 모았다. 그리고 12월 24일 세 사람은 한실마을을 찾게 되었다. 저녁이 한참 늦어진 시간에야 마을에 도착한 일행은 천

중앙일보 72.3.23

先史時代 岩壁刻畵 발견

蔚州貯水池서 멧돼지등 50餘動物 그려져

年初에 上端部발견…물줄자 全貌 드러나

先史시대의 물고기와 짐승을 무수하게 그린 岩壁畵가 慶南蔚州郡彦陽面盤谷里 저수지안에서 드러났다。東國大박물관은 심한 갈수로 물이 줄어든 이곳 저수지변의 암벽에서 상어·고래·거북·멧돼지·표범·사슴·양등 당시사람들의 수렵과 어렵대상으로 해석되는 동물50여마리가 가득 그려져 있음을 조사, 이것이 2천년 이전의 고대인이 새겨놓은 종교적 원시미술임을 확인했다。

東大박물관은 앞서 연초에 이암벽화의 상단부가 노출된것을 조사, 솟주는 인물과 거북을 밝혀낸바 있다(中央日報 72년1월17일자 상보)。

금년의 극심한 가뭄때문에 수위6m가 떨어지자드러난 이 암벽화는 그동안 물속에 잠겨있다가 이번노출된것。노출된화면은 2m 높이에 가로7m。아직도많은 그림이 물속에 잠겨있을 것으로 보고있다。

蔚山에서 약 50리 大和江상류의 暫石里와 이웃한 이 암벽화 유적은 정으로 쪼아 사실적으로 표현한 그림으로 물고기는 상어가많고 짐승들은 10여종에 달하고 있다。

拓本해 환히 드러난 2천여년전 岩壁畵의 일부。정으로 쪼아 陰刻된 이그림의 上端(사람과 거북)은 지난1월에 노출, 조사되었다(上)。渴水로 물이 빠진 彦陽저수지 암벽에서 古代石刻을 발견, 탁본하는 東國大조사반。

과감히 改善
教師像확립·自立財政등 다짐

형제 絶命, 1명중태
이잡이…옷에 뿌린 農藥에 中毒

精神異常의 의붓 아들을
자루에넣어墓地에버리려
女人, 냄새나 함께못살겠다,고

관련 書記官등 6명 辭表수리
東洋精密 不正사건

그림 5. 반구대암각화 발견보도(중앙일보 1972년 3월 23일자)

전리 각석과 관련하여 의미 있는 장소 집청정(集淸亭)에서 하루를 묵었다.

"난 아직도 그 맛을 잊을 수 없어, 세상에나! 그때 그 최영감님이 끓여주던 맛난 어죽은 먹어본 적이 없었어"

그날 반구대를 찾은 이융조선생의 말이다. 세분 선생의 대발견의 추억이 맛으로는 그렇게 기억되고 있었다.

다음날 아침, 지금은 고인이 되신 한학자 최경환 옹과 손진용 옹, 손중관 옹과 함께 반구대일대와 주변을 둘러보는 가운데, 마을사람으로부터 "저 짝에 가면 호라이, 범이 이래 대여섯 마리가 있는 데가 있니더" 하는 말을 듣고, 마침내 작은 배를 빌려 타고 찾았던 곳이 반구대암각화였다.

"사실 각석을 조사하는 기간 동안 마을에서는 많은 사람들이 매일같이 와서 보고는 신기해 했어요. 일부러 찾아와서 구경하는 사람도 있고, 그때 왔던 사람들 중에 누구라도 와서 하나같이 하는 말이, 저 아래에도 호랑이 그림이 있는 곳이 있다고 하면서, 나중에 와서 꼭 조사해 줄 것을 당부하고 갔습니다. 그래서 내년에 물이 좀 빠지고 나면 꼭 다시 올테니, 미리 부서진 배도 좀 고쳐놓고 준비를 해 줬으면 좋겠다고 부탁도 했던 적이 있어요(KBS울산방송국 이슈인사이드에서, 2020.12.25.)"

훗날 와서 발견과 관련하여 지역사람들이 다 알고 있었다고 하는 뜻에서 섭섭해 하는 말도 가끔은 나오는 모양이다. '마을사람이 발견한 것이지' 하는, 그래서 한 말씀 보태는 보고자의 말의 의도쯤은 알만 하지만, 벌써 유적이 발견된 지도 반백 년이나 지난 이 시점에 와서 그 말이 무슨 의미가 있을까 하는 생각이다. 이제 와서 발견의 의미를 되새겨 보자면 그것은 단지 처음 찾아낸 것에 그치는 것이 아니다. 그것의 가치를 알아보았다는 사실로 해서 발견의 의미를 중요하게 생각하는 것이다. 그런 점에서는 처음 알아본 발견, 보고자의 의미는 절대 가벼운 것이 아니다.

유적 일대는 일찍부터 명승지로 이름 높은 반구대(盤龜臺)가 있는 곳이다. 그 고유한 지명을 그대로 빌려, 새롭게 찾아낸 유적을 반구대암각화로 부른다. 그러던 가운데 경상남도문화재로 지정, 보호되어 오다가 1995년 6월 23일에 와서야 비로소 국보 제285호로 승격되었다.

명칭 또한 마을 이름을 따는 통상적 차원과는 달리 울주 대곡리 반구대암각화(蔚州 大谷里 盤龜臺岩刻畫)로 불러 지고 있다. 반구대라고 하는 이름을 놓치기 싫었던 결과이다.

보존의 문제는 더 큰 가치를 좇다

잘 알려져 있는 사실이지만, 반구대암각화는 발견 당시 이미 사연댐 내부에 있었다. 1965년에 완공된 사연댐은 울산공업단지의 용수확보를 위하여 태화강 지류 대곡천에 건설된 사력댐(earth fill dam)이다. 그 안에서 발견되었기 때문에 상당 기간 동안 수시로 물에 잠긴다는 사실도 무심하게 받아들여져 왔다.

그 이후로도 주기적으로 물에 잠겼다가 나오기를 반복하여 왔다. 그리고 그것이 지적되었던 적도 없었다. 가치에 대한 제고의 노력이나 관심도가 그렇게 높지 않았으며, 따라서 그 상태 그대로 오래 유지되어왔다. 1995년 국보로 승격되기 이전만 하더라도 반구대암각화는 알만한 사람만 와서 조용히 보고 가는 그런 곳이었다. 세간의 관심에서는 늘 그만큼 비켜서 있었다.

이 시점에서 지난 일을 떠올려보면, 반구대암각화를 세계유산에 등재 하겠다는 그 시작은 자못 의미가 큰 사건이었다. 그것은 보존과 관련되었던 결과로서, 불현듯 추진되었던 관광개발과 그것을 막고자 했던 학계의 저지 운동의 결과로서 비롯된 일이었다.

지난 2000년 울산시는 이 일대를 지역 문화 관광브랜드로 활용하고자 '반구대 선사문화공원 조성계획'을 발표하였다. 그리고 이듬해 9월에는 '반구대암각화 주변 문화관광 자원화 사업 설계안' 공모에서 ○○건축사 사무소의 안이 당선되기에 이르렀다. 설계안의 주 내용은 이곳에 선사시대 움집과 같은 것도 여러 채 만들어서 그 시대처럼 꾸며서 관광객도 받고, 말하자면 일종의 위락 놀이공원으로 개발하겠다는 것이었다. 따라서 그것은 개발이익을 염두에 둔 일부 지역민들의 대대적인 환영을 받기에 이른다.

하지만 그 소식이 전해지면서 한국암각화학회, 한국미술사학회를 비롯한 학술단체와 반구대사랑연대와 같은 시민단체는 이를 막고자 온 힘을 다하여 저지에 나섰다. 동시에 '반구대 명승지 지정심의서'와 '천전리 각석에서부터 반구대암각화에 이르는 대곡천변에 대한 문화재 보호구역 지정 신청서'를 문화재청에 제출하면서 필사적으로 막고자 하였다. 이후 개발론과 보존론은 상당 기간 지루한 공방으로 이어졌고. 결국 선사문화공원 조성계획은 취소되기에 이르렀다. 하지만 대신 울산시는 지금의 암각화박물관의 전신으로 '선사문화전시관'을 건립하겠다는

그림 6. 반구대암각화(2017.10.23.)

의지를 굳건히 하여오기에 이른다. 부차적으로 진현에서 반구서원에 이르는 오솔길의 확장은 우리에게서 그 아름다운 옛길을 빼어가 버렸다. 그래서 그 길을 이제는 추억 속에서 기억할 뿐이다.

그런 길었던 갈등의 과정에서 당시 한국암각화학회를 대표한 임세권 회장은 주민들과의 대화에서 이렇게 말했다.

"우리가, 유적이 중요하다는 사실은 학자들 뿐 아니라 지역주민 여러분들도 다들 잘 알고 있지 않습니까? 그렇다면 이제 우리가 될 수가 없는 개발을 놓고 이렇게 서로 다툴 것이 아닙니다. 이참에 힘을 모아 반구대암각화를 유네스코세계문화유산으로 등재 해 영원히 보존하는데 서로 지혜를 모으는 것이 어떻겠습니까?"하는 의견제시가 있었다. 이 제의는 학계나 시민 단체는 물론, 울산시민의 호응까지 얻게 되면서 마침내 세계유산등

그림 7. 큰빗이끼벌레(Pectinatella magnifica)로 오염된 반구대암각화(2013. 3. 6.)

재를 위한 대승적 노력으로 승화되기에 이르렀던 것이다.

보존에 대한 문제는 근년에 와서 비로소 관심의 대상이 되었다. 사회의 전반적 발전에 따라 일반의 인식도 크게 높아져서, 유적보존문제는 날로 의미를 더하여 왔다. 이러한 과정에서 물은 보다 큰 문제로 부각 되었다. 그것은 국보를 물속에 방치한다는 문화민족으로서 자존심 문제가 되면서 보존은 물론이고, 세계유산등재에도 막대한 장애요소가 되기에 이르렀다. 그 과정에서 무책임한 어떤 위인은 비교대상이 될 수 없는 오염된 사진을 제시하면서 "반구대암각화는 이제 상당수가 손상되어서 손만 댄다 하더라도 와르르 사그라질 위기에 처해있다"고 하며 불안감을 야기한 바 있다. 따라서 지역에서 큰 반향을 일으키면서 당장 무엇이라도 해야 하는 것처럼 온갖 정제되지 않은 보존대책이 나오기 시작하였다. 이러한 언행 또는 행위 자체는 언뜻

보기에 거듭되는 수몰에서 유적을 구하고자 하는 의기 있는 행동처럼 보였으나, 쓸데없는 경각심을 자극할 뿐 절대 긍정적 행위였다고는 보이지 않는다. 마치 기다렸다는 듯이 제기된 보존대책이란 것이 '터널형 유로변경안'이나 '생태제방안'과 같은 것이었고, 가변형물막이로서 '카이네틱 댐(Kinetic Dam)'과 같은 환경훼손이 불 보듯 뻔한 쓸데없는 방책이 제기되는 것으로 나타났다. 웃기는 것은 그걸 또 문화재청은 덥석 물어서 헛돈을 쓰기에 이르렀다.

이러한 방안은 처음부터 모두 고려되기 어려운 것이었다. 유로 변경안이나 생태 제방안은 물길을 돌리거나 제방을 만들어서 유적을 보존하자는 것인데, 유적 및 주변 환경의 훼손을 피할 수 없는 것이었다. 가변형물막이 역시 유적 바로 앞에 폴리카보네이트(polycarbonates)라고 하는 고강도 투명 플라스틱으로 댐을 설치하여 수시로 높낮이를 조정하자는 방안인데, 일견 그럴듯해 보이는 그런 '아이디어'를 놀랍게도 문화재청은 사전테스트와 같은 것을 실시하기에 이르렀다. 유적에서 400m 정도 떨어진 곳에서 구조안전성 평가와 같은 기술적 검토를 수행하기에 이른다. 문제는 그런 모든 과정에서 암각화 연구자나 학술단체 그 어디에 말 한마디 물어본 적 없었다는 사실이다. 이런 설익은 보존대책이 난무하게 된 것도 모두 근거 없이 떠들어 대던 유적에 대한 헛된 불안감 조성의 결과였다고 보인다.

오늘날에 와서 날로 중요해져가는 것이 문화유적의 경관(景觀)적 요소이다. 유적은 그 자체의 가치로서뿐 아니라, 주변 환경의 의미까지도 포괄되어야 하는 것이다. 이상에서 나온 몇 가지 보존방안은 유적을 품은 경관으로서, 왜 하필 그곳이었을까 하는 환경적 의미라든지 인간과 환경 간의 상호 작용의 현장으로서 그것이 반영하는 가치 성찰이라고는 조금도 찾아볼 수없는 기안에 불과하였다. 연대기적으로 이어져 온 인간 활동과 반구대암각화와의 관련성 그것을 적극 반영하는 환경에 대한 아무런 성찰 없이 나온 방안이기에 거부되었던 것이다.

몇 차례 유적에 대한 현장조사를 수행한 바 있는 글쓴이의 소견에서 볼 때, 반구대암각화는 우리들 생각 이상으로 건강하다. 그렇다고 해서 여전히 지금과 같이 방치되어도 좋다는 말이 아니라, 그렇게 호들갑스럽게 '당장' 그리고 '무엇'인가를 해야 할 정도는 아니라는 말씀을 드리는 것이다. 거친 형태의 보존대책이라는 것이 당장 필요하거나, 또 그것을 고려해야만 하는 수준이 절대 아니라는 점을 강조하고자 하는 것이다.

현시점에서 지속적으로 현상을 유지해 가면서 상시 지의류의 제거라든지, 봄이면 무수히 날아오는 송홧가루, 갯버들 씨앗과 같은 것만이라도 씻어주는 정도의 단순 작업만 하더라도 유적의 건강은 일정하게 유지될 수 있다. 그런 만큼 급하게 서두르지 않고 차분한 현상 진단과 자료적 집적을 통하여 거시적 안목에서 보존대책이 마련되기를 기다리는 것이 좋겠다는 생각이다.

2009년 이후 문화재청은 사연댐의 수위를 만수위에서 45.9m 이하로 낮추는 것을 원칙으로 하고 울산시와 조정해왔다. 거기에 발맞춰 댐 운영권자인 국토해양부와 수자원공사는 한시적이라는 점을 명기하면서 수위를 52m 수준에서 조절해오고 있다. 당연히 보존에서 크게 효과를 봤으며, 그런 차원에서 수위 조절안은 이전의 잡다한 여러 방안에 비하여 월등한 효과를 내고 있다.

사실 유적만을 생각한다면 댐 철거가 가장 좋은 방안이라는

데에는 이견이 있을 수 없다. 물의 수급문제는 그렇게 쉽게 결정할 사안이 아니라는 점에는 일정부분 수긍한다. 그러한 차원에서 현재 추진되고 있는 사연댐 여수로에 수문을 만들고 상시적 조절이 가능해진다면 기대 이상의 효과를 얻을 수 있을 것이라는 생각이다. 동시에 댐 건설 이후 55년이 넘는 기간 동안 지속적으로 쌓인 침전물의 제거만으로도 부족 수량의 상당량은 보충이 가능할 것이다.

그러나 궁극적으로 생각하는 물 문제는 사연댐의 보완으로 만들어진 대곡댐에 보다 큰 역할을 맡기고, 사연댐의 기능은 서서히 줄여가면서 또 다른 사회 문화적으로 고양할 수 있는 가치를 찾아가는 작업이 필요할 것이다. 말하자면 댐이 가진 그동안의 역할에 더하여 국내 단 하나의 사력댐이라는 희소적 가치를 주목하고, 일부를 남겨서 교육적 차원에서 자원화할 수도 있을 것이다. 동시에 장기적으로는 댐 해체라는 기술적 접근을 생각할 수도 있을 것이다. 그러한 모든 과정에서 우리는 세계적으로 유례없는 댐 해체기술의 확보를 통해 지역사회는 장기적으로 경제적 가치를 높일 수 있을 것이다.

2

암각화의 조사

고고 유적의 조사와 다르다

반구대암각화는 울산시 울주군 언양읍 대곡리 991-3의 수직 단애와 그 앞으로 약간의 공간을 가지는 기암절벽에 있다. 이곳은 상단으로 마치 가옥의 처마처럼 바위가 앞으로 튀어나와 있다. 동시에 왼쪽으로 암벽이 꺾여 담처럼 되어있다. 그래서 비와 바람에는 잘 보호되고 있으며, 좁은 계곡과 그 속을 흐르는 개천을 통해서 소리는 제법 넓게 울려 퍼진다. 그러한 공명현상으로 하여 이곳은 제의장소로 선택되었으며, 그래서 반구대암각화 일대는 야외극장과도 같은 열린 무대가 되었다. 세계적으로 좋은 암각화 유적의 공통점이 바로 이와 같은 환경이다.

반구대암각화의 조사는 발견 이후 수차례 이루어졌다. 조사 성과 역시 날로 발전해온 방법에 따라, 첫 조사 이후로 크게 향상된 결과로 나오고 있다. 그동안의 성과라고 한다면 그것은 표현물의 수적증가와 함께, 보다 정교해진 형태분석의 결과로 나타났다.

암각화 조사 경험이 전혀 없는 상태에서 첫 조사가 이루어진 까닭에, 도면제작은 대체로 스케치 수준과도 같다. 그렇기 때문에 일찍부터 전사(轉寫)의 한 방법으로 즐겨 사용된 한지탑본(韓紙搨本)은 중요하게 연구 자료로 활용되어왔다. 하지만 탑본 또는 탁본(拓本)은 항상 유물 훼손의 주범이었다.

탁본의 전반적 과정을 간략하게 살펴보면, 먼저 암면의 오물이나 이끼 등의 세척이 필요하다. 그다음 물을 뿌려가면서 화선지를 덮고, 솔로 전체를 고르게 두드려서 그것을 암면에 밀착시킨다. 그 다음 적당하게 건조 상태를 살펴 가면서 먹을 묻힌 탁봉으로 고르게 화선지를 두드려 먹을 묻혀나간다. 의도한 바에 따라 전체적으로 먹이 골고루 입혀지면 그 다음, 건조를 기다려서 화선지를 조심해서 떼어 내는 것으로 탁본은 완료된다.

이러한 과정에서 암면의 세척, 그리고 솔로 화선지를 밀착하는 작업과 함께, 건조된 화선지를 떼어 내는 과정 전반에서 훼손은 일어날 수밖에 없다. 왜냐하면 화선지나 먹은 이미 그 자체 접착성분이 들어있어서, 그것이 녹고 건조되는 과정에서 미세하게 암면을 뜯어내게 된다. 또한 먹은 너무나도 쉽게 암면에 스며들게 되는 물성을 갖고 있기 때문에, 탁봉으로 먹을 묻혀나가는 과정에서 능숙하다 하더라도 먹의 침투를 완전히 막기에는 불가하다.

그래서 그 분야에도 전문가가 있는 것인지는 잘 모르겠으나, 아무리 능숙한 자라 할지라도 단연코 훼손 없는 탁본은 없다.

그림 8. 고래 몸속에 숨은 고래

최근에는 몽골의 세계유산암각화를 탁본하는데 그치지 않고, 그것을 전시회까지 개최한 기관 또는 개인(서울시립대박물관, 한국과 알타이 지역의 바위그림 기획전, 2010. 10. 26-2011. 2. 26; 하늘이 감춘 그림, 알타이 암각화 탁본전, 2020. 9. 15-9. 21, 아라아트센터)도 있을 정도인데, 이와 같은 사실에는 암각화 연구자의 한 사람으로서 당사국에 부끄러워 차마 할 말을 잊는다. 보다 뛰어난 연구방법이 많이 있음에도 불구하고 일종의 골동 취

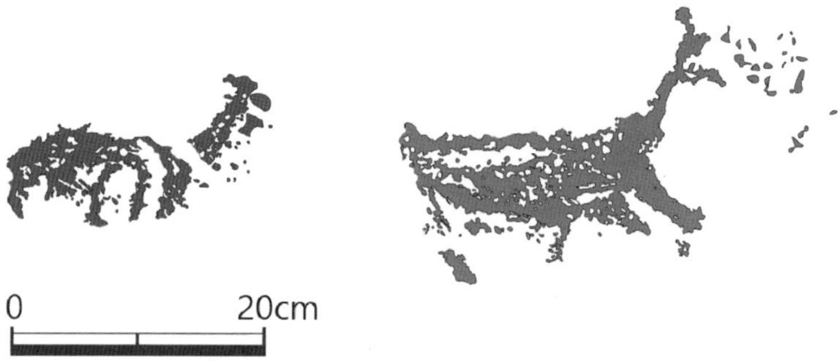

그림 9. 새롭게 드러난 초식동물

미로서 이루어지는 탁본은 국내외를 막론하고 더이상 있어서는 안 된다. 허락을 받았다고는 하지만, 글쎄요? 우리가 현지사정을 모르는 것도 아니고.

일종의 그림으로서 암각화와 같은 정교한 유적조사는 투명 폴리에스터 비닐수지를 활용하는 전사방법이 세계적으로 검증된 방법이다. 그것은 암각화 위에 비 접착 오피피 필름(OPP FILM)을 덧대어, 그 위로 투사되는 인공적 타격 흔적으로서 표현물을 유성펜(油性pen)으로 베껴 그리는 방법이다. 이러한 방법은 처음 물감으로 그린 암채화의 전사수단으로 고안된 것이었지만, 암각화전사에도 동일하게 효율성 높고 객관성이 담보되는 정교한 작업을 가능하게 한다. 동시에 노동력에서부터 조사시간을 크게 줄일 수 있는 방법이라는 것은 글쓴이의 조사과정에서 입증된 바 있다. 여기서 무엇보다도 잘 갖추어야 하는 사항 하나는 조사자 스스로가 그림으로서 표현물을 읽는 기본적 안목을 갖추고 있어야 한다는 점이다.

조사 성과 중에서 대표적인 것을 두개정도 들 수가 있다. 먼저 발견과 동시에 이루어진 조사(황수영·문명대 1984)에서 전체

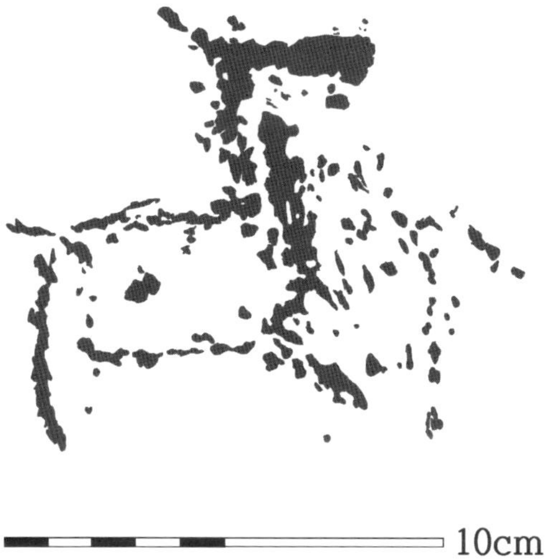

그림 10. 새로 찾은 초식동물

표현물은 모두 191점이었다. 그러나 암각화에 특화된 조사 방법에 의한 최근의 성과(울산대학교 반구대연구소 2018)를 보면, 표현물은 모두 353점으로 크게 늘어났다. 세부적으로 인물상이 16점(4.5%)으로 늘어났고 동물상은 202점(57.2%)이 나왔다. 여기에 도구상 21점(5.9%)과 미상의 표현물도 114점(32.2%)이 있다.

주도적으로 현장조사에 참여하였던 글쓴이는 조사과정에서 특히 주의를 기울여 살펴본 것이 몇 개 있다. 그것은 유적 전반에서 발견되고 있는 인공적인 타격 흔으로 남은 여러 불분명한 흔적들에 관한 것이었고, 이와 함께 겹침상태를 보이는 표현물의 현상과 같은 것이었다. 그 결과, 이제까지 알려진 적 없던 동물 여러 점을 새로 찾아내는 성과도 있었다.

암각화 조사에서, 표현물이란 것이 사람을 가려가면서 보이거나 보이지 않는 것은 아니다. 하지만 그동안 몇 차례의 조사에도 불구하고 타격흔적과 같이 무의미해 보이는 부분에는 그렇게 주목했던 것 같지 않다. 유적 전반에서 나온 일부 타격 흔의 어떤 부분은 잘 보면, 그것이 이미 형태적으로 동물의 모양을 하고 있어서, 그러한 것들만 하더라도 이전에는 전혀 알지 못하였던 새로운 표현물의 확인이었다.

그런 흔적을 잘 살펴보면 그중 어떤 것은 특정의 동물을 묘사하기 위한 밑그림으로서 스케치와 같은 것도 찾아볼 수 있다. 그래서 반구대암각화의 많은 표현물은 밑그림을 바탕으로 제작되었다는 사실을 새롭게 알 수 있게 되었다.

집중해서 살펴본 것 중 하나는 상당수 표현물이 서로 겹쳐진 상태를 갖고 있다는 점이었다. 그런 중복, 중첩상태의 표현물을 보다 자세하게 분석할 수 있다면 표현물은 지금보다도 더 증가할 수도 있을 것이다.

새로 찾은 표현물 중의 하나가 바로 그림 8, 9, 10과 같은 것이다. 그중 그림 8의 경우, 면 새김의 고래가 새겨지기 이전에 이미 그곳에는 소형의 선 새김 고래가 한 점 있었다. 그리고 그 위에 얼만가의 시차를 두고 지금의 면 새김 고래를 새기면서 이전의 선 새김 고래는 잘 보이지 않게 된 것이었다. 따라서 좌측의 고래잡이배는 지금의 면 새김 고래를 잡고 있었던 것이 아니라, 사실은 그 아래 깔려버린 선 새김 고래를 잡고 있었던 것이었음을 확인할 수 있게 되었다. 고래잡이배와 면 새김 고래의 체감비가 적합하지 않았던 이유도 바로 그런 겹침 현상 때문이었다.

그림 11. 반구대암각화의 분포

반듯하게 나 있는 암벽에서 표현물이 확인되는 곳은 그림 11. 반구대암각화의 분포와 같다. 중심암면과 좌·우측면으로 이어지는 폭 2,547㎝의 공간 안에 있는 반구대암각화의 연구수행을 위하여, 도면 등 기초자료는 가장 최근의 정밀한 조사성과를 반영하는 울산대학교 반구대연구소 본(2018)을 바탕으로 하였음을 밝히고자 한다. 아울러 일반적 이용도를 감안하여 제한적 수정을 거쳐 정리된 표2와 같은 분류표를 놓고 그 내용을 이해할 수 있다.

구분되는 암면에서 중심 암면을 Ⅰ면으로 한다면, 그 좌우 측으로 이어져 있는 암면을 각각 Ⅱ, Ⅲ, Ⅳ면으로 해서 부분적으로 살펴볼 수 있을 것이다.

표 2. 반구대암각화 구성현황

	인물		동물상										도구상						미분류		계
	전신상	인면상	사슴	멧돼지	개과동물	호랑이	고래	거북	해양포유류	조류	어류	종류미상	배	그물	방렴	부구	작살	덫,미상	형태미상	형태불명	
Ⅰ	12	2	46	10	6	21	47	5	4	4	6	19	5	1	1	5	1	5	54	35	**288**
Ⅱ	1	.	4	.	.	1	4	.	.	.	3	.	.	2	.	.	.	.	4	2	**21**
Ⅲ	1	.	4	.	.	2	4	.	.	.	1	3	1	.	.	.	.	.	5	.	**21**
Ⅳ	.	.	1	.	2	1	2	.	.	.	.	2	.	.	.	.	.	.	10	4	**23**
소계	14	2	55	10	8	25	57	5	4	4	10	24	6	3	1	5	1	5	73	41	**353**
계	**16**		**202**										**21**						**114**		

· Ⅰ면-중심암면

반구대암각화에서 가장 많은 표현물이 분포하고 있는 Ⅰ면은 한가운데에 있는 반듯한 암면을 말한다. 수직의 암면과 함께 바로 앞에 있는 바닥은 약 13° 정도의 경사도를 갖고 있어서, 유적으로 들어서면 좌측으로 서서히 높아지는 상태이다.

그 Ⅰ면에서 왼쪽 가장자리는 별도로 약간 튀어나온 작은 암면이 하나 있다. 이곳에서 한 점의 사람이 나왔다(그림 12). 사람은 머리 위로 작살을 들고 서 있는 자세인데, 이 사람을 시작으로 해서 중심 암면 전면으로 고르게 분포하는 표현물은 반구대 암각화 전체 353점 중 81.6%에 해당하는 288점이 있다. 그중에서 가장 눈에 띄는 것은 단연 특출한 구성을 보이는 고래와 고래잡이배가 있다. 이를 중심으로 다양하게 구성되는 동물과 함께, 그 사이사이에는 사람이나 사냥, 그물 등이 보인다. 그리고 작살을 든 사람에서부터 사슴, 호랑이가 있다.

고래는 무리를 이루면서 중심 암면의 좌측 상단부를 장악하

그림 12. 작살을 던지려는 사람

고 있다. 고래의 이러한 구성은 위에서 내려다보는 부감법(俯瞰法, bird's-eye view)의 시점으로, 이와 같은 화면구성은 일정한 방향성을 갖고 유영하는 고래의 실체감을 더하고 있다. 일종의 스토리를 갖고 전개되는 듯, 고래무리와 거북이, 그리고 그 위아래에 배치된 두 점의 사람은 단연 유적을 대표하는 표현물처럼 보인다.

여기서 암각화 시대의 가장 보편적 동물로서 사슴은 짜임새 있게 구성되고 있는 고래와는 간신히 자리를 서로 바꿔가면서 나타나고 있다. 전반적 구성이 특별하게 고래를 주목하게 하는 양상이지만, 여전히 사슴으로 대표되는 우제목은 반구대 동물 표현의 주류를 이룬다는 점에서 반구대암각화 역시 세계 대부분의 암각화와는 표현상 동질성을 갖는다고 할 것이다.

반구대암각화는 고래와 관련된 유적이라는 점에서 많은 사람의 사랑과 관심을 끌고 있다. 맞는 말이다. 하지만 반구대암각화에서 주목해야 하는 것은 고래만 있는 것이 아니라 호랑이 또한

그림 13. 반구대암각화 I 면(중심암면 좌)

중점적인 표현물이라는 점에서 또 다른 가치를 찾을 수가 있다. 표범속(Panthera)으로 분류되는 범 또는 호랑이는 반구대에서 모두 25점 정도가 조사되고 있는데, 단일한 하나의 유적에서 이 정도의 많은 호랑이가 나오는 곳은 세계적으로 그렇게 흔한 경우가 아니다.

특별한 선각 묘사가 있는 동물도 우리가 눈여겨봐야 하는 것 중의 하나이다. 멧돼지로 대표되는 그런 동물은 몸체에 격자문의 선각 문양이 있는데, 그런 것은 중심 암면 상단부 한가운데를 가로질러 분포하고 있다. 이러한 선각문양은 동물의 생태적 현상과는 전혀 다른 것으로, 문양의 의미를 어떻게 봐야 할 것인가 하는 문제는 단순하지가 않다. 왜냐하면 이미 한국 암각화

그림 14. 반구대암각화 Ⅰ면(중심암면 우)

연구 초기에 이를 두고 렌트켄(X-Ray) 방식이 적용된 것이라고 이해하거나, 또 그것이 입에서 심장, 위장으로 이어지는 생명선을 나타낸 것이라는 견해가 폭넓게 확산해 있기 때문이다.

선각 문양이 있는 동물은 3마리의 멧돼지를 비롯하여 범 또는 호랑이 2점과 함께 한 점의 사슴이 있다. 그리고 서로 다른 곳에 자리 잡고 있는 고래 두 마리에게도 이와 같은 문양을 찾아볼 수 있다.

그 외에도 Ⅰ면에서 주목되는 표현물에는 고래사냥과 관련된 5척의 배가 있고, 5점의 부구를 비롯하여 작살, 그물, 방렴과 같은 것이 Ⅰ면의 조합상을 더하고 있다.

앞서 지적한 사실이 있는 것이지만, 반구대암각화에서 진정

그림 15. 반구대암각화 Ⅰ면(중심암면 좌, 황현만)

주목해야 하는 것은 표현물이 서로 복잡하게 겹쳐있는 부분이라 할 것이다. 우선 두 점 정도가 가볍게 중복된 것을 시작으로, 잘 살펴보면 전체적으로 두세 점에서부터 많게는 대여섯 점의 표현물이 그런 상태를 갖고 있는 것을 상당수 확인할 수 있다. 물론 그런 것 중에는 차별적인 표현상 속성에서부터 기법까지도 서로 다른 것이 있어서, 이러한 것은 반구대암각화의 제작과정과 관련한 중요한 정보를 우리에게 보여주고 있다.

· Ⅱ면

중심 암면 동쪽은 좌측면을 가로막고 있듯이 '⌐'자 모양으로 꺾여있는 암면이 있다. 여기에도 표현물이 분포하고 있어서 이곳을 Ⅱ면으로 한다. Ⅱ면은 오랫동안 방치되어 오는 도중, 지금 이곳에 날아온 흙먼지 등이 쌓이면서 풀이 자라기도 하고 지의류가 창궐하고 있다. 그래서 잘 관리된 중심 암면에 비하면 표현물은 알아보기조차 어렵게 된 상태이다. 태풍에 홍수라도 밀려오게 되면 토사물을 정면으로 곧바로 맞게 되는 Ⅱ면은, 따라서 이미 암면의 상당부분이 떨어져 나가 전반적으로 고르지 못한 상태를 하고 있다. 이곳에도 당초 많은 표현물이 있었던 것으로 보인다. 그러나 대부분이 사라지고 현재 이곳에 남아있는 것은 21점에 불과하다.

표현물은 넓이 420cm 안의 공간에서 곳곳에 암면이 떨어져 나가면서 살아남은 작은 암면 4곳에서 제한적으로 확인되고 있다. 완형의 표현물을 찾아보기 어려운 Ⅱ면에서 조사되는 것은 U자형의 그물과 몇 마리의 고래가 있다. 그리고 사람으로 보이는 형상 외에도 사슴, 호랑이와 함께 소형의 물고기 여러 마리가 분포하고 있다.

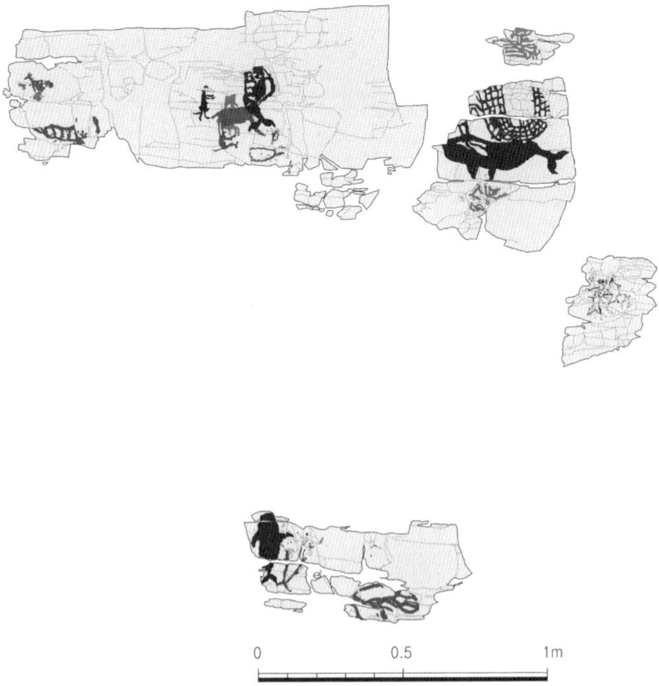

그림 16. 반구대암각화 II면

·Ⅲ면

Ⅰ면 중심 암면에서 다시 그 오른쪽으로 약간의 거리를 두고 분포하는 Ⅲ면은 서로 크기 차이가 있는 3개의 암면에서 다양한 표현물이 있다. Ⅲ면에도 Ⅱ면과 같이 21점의 암각화가 조사되고 있지만, Ⅱ면과는 달리 한 점 한 점이 모두 특색 있는 표현물로 구성되고 있어서 주목되는 암면이라 할 것이다. 그중에는 3점의 사슴이 크게 자리잡고 있다. 사슴은 규모에서부터 형태적 측면에서 유적 전체의 다른 동물표현과는 그 속성에서부터 차이가 있어서 주목되는 것이다.

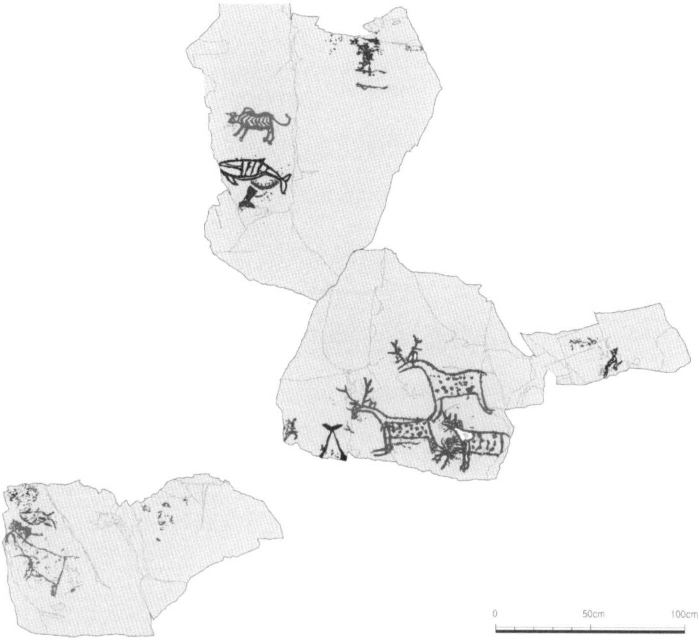

그림 17. 반구대암각화 Ⅲ면

이곳에 호랑이 한 마리가 있다. 그리고 한 척의 배와 함께 뒤집혀진 고래가 있다. 이 고래에게는 선각 문양이 시문되어 있어서 고래사냥, 그리고 분배와 관련하여 많은 정보를 제공하여준다. 그 외에도 거칠게 새겨진 사슴이 물고기, 식육목의 동물과 함께 Ⅲ면을 구성하고 있다. Ⅲ면 가장자리 한곳에서 밑그림으로 그려진 초식동물이 한 점 나왔다.

· Ⅳ면

다시 Ⅱ면에서 그 왼쪽으로 따라가 보면 가파른 단애의 층을 따라 사람 한 명이 겨우 지나갈 수 있는 틈이 길처럼 나 있는 곳

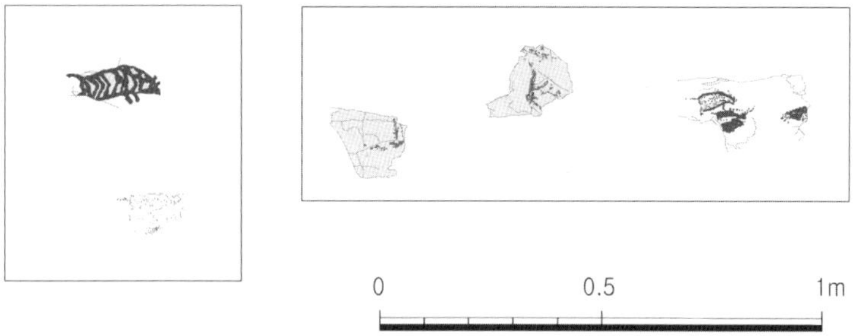

그림 18. 반구대암각화 Ⅳ면

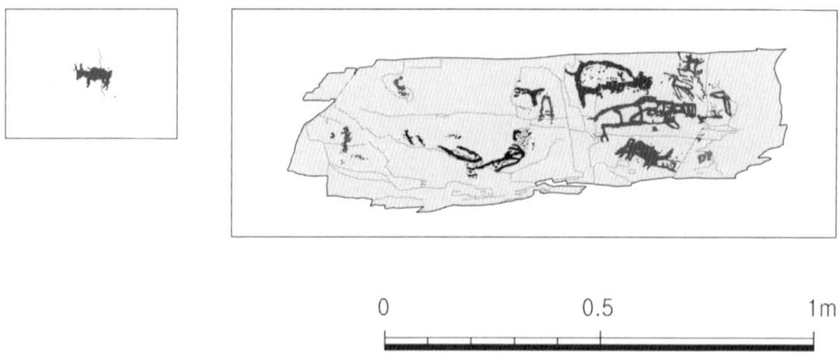

그림 19. 반구대암각화 Ⅳ면

이 있다. 그곳으로 따라가다가 보면, 암면 곳곳에 작은 규모의 표현물이 분포하고 있는 것을 찾아볼 수 있다.

4개 지점으로 산발적으로 구성되는 표현물을 모두 합쳐서 Ⅳ면으로 하고 각각의 표현물을 살펴볼 수 있을 것이다.

Ⅳ면에서 조사된 표현물은 모두 23점이다. 동쪽 가장 멀리 떨어진 곳에는 호랑이 한 점을 비롯하여 호랑이 바로 아래에 작은 점을 찍어서 형태를 드러낸 점묘의 동물 한 점이 있다. 이것은 호랑이를 묘사하기 위하여 미리 그려둔 밑그림과 같은 것이다.

여기서 Ⅱ면과의 사이 곳곳에서 조사된 표현물은 모두 5개의 크고 작은 암면에 산발적으로 분포하고 있다. 그 내용은 미상의 동물표현에서부터 새끼사슴으로 보이는 초식동물 한 점이 있고, 그 외에 늑대와 같은 한 점의 개과 동물 및 호랑이로 보이는 동물, 그리고 종류 미상의 동물과 그 흔적 13점이 분포하고 있다.

3

조형언어로 읽는 반구대

사람

고래가 보이는가?

반구대암각화의 전반적 이해를 위해서는 각 표현물을 유형별로, 그리고 형태별로 정리하여 살펴보는 것으로 우리는 표현물이 말하고 있는 상징적 의미에 성큼 다가설 수 있을 것이다. 암각화 표현물의 자료적 의미에서부터 그 숨겨진 생각을 알기 위해서도 먼저 사람이나 샤먼표현에서부터 다양하게 조사된 동물의 표현방식이라든지 작살, 부구, 배와 같은 수렵의 도구에 이르기까지 각 표현물의 구성 상태나 제작과정상 있었을 것으로 보이는 특정한 의도, 그런 은밀한 측면까지도 모두 살펴 유적의 성격을 알아갈 수 있을 것이다.

먼저 사람을 보면, 사람은 14점의 전신상과 함께 2점의 인면이 있다. 그리고 그 대부분은 Ⅰ면에서 나왔으나, 그 외 Ⅱ면과

그림 20. 작살을 든 사람

Ⅲ면에서도 각각 한 점의 사람을 찾아볼 수 있다.

사람은 모두 특정의 동작을 취하고 있으며, 사냥과 관련하여 활을 겨누거나 작살을 던지려는 동작을 취하고 있다. 또는 한 손을 들어서 신호를 하고 있는 사람도 두 점 있다. 이와 함께 그 자세가 어떤 행위, 동작을 묘사한 것인지를 알 수 없는 것도 6점 정도가 있다.

그중에서 가장 널리 알려진 것은 상단 높은 곳에 홀로 서 있는 사람이다. 이 사람은 그동안 "남근을 우뚝 세우고 춤을 추는 샤먼"으로 불렸던 적이 있고, 선장이나 제사장과 같은 존재를 묘사한 것으로 알려져 있기도 하였다. 아마도 그러한 분석이 나온 배경은 조형작품의 일반적인 이해도에 따라, 상단부나 상위에 배치된 표현물은 상대적으로 다른 위치에 비하여 존재감이 크다고 본 데서 나왔을 것이다. 따라서 남근을 우뚝 세우고 서 있다고 하는 사람은 자연스럽게 온갖 수사가 붙으면서 마치 문

그림 21. 관측하는 사람

학적 소재와도 같이 '남근숭배'를 나타낸 것이라는 헛된 성격이 덧씌워지기도 하였다.

그러나 사람이 '남근을 우뚝' 세우고 있다는 분에게 묻고 싶다. 이 사람의 남근은 어디에 있는가? 많은 사람이 이 인물을 성기숭배와 관련, 남근숭배의 실체로서 나타난 것이라고 보고 있는 모양이지만, 그런데 이 사람에게서 도대체 그 우뚝 선 남근이 어디에 붙어있기에 글쓴이의 눈에는 당최 보이지 않는 것일까? 하복부에 앞으로 삐죽하게 튀어나온 것이 있지만, 그것이 남근을 묘사한 것인지는 도무지 알 수가 없다. 그런 것이 엉덩이에도 똑같이 튀어나온 것이 있다. 하지만 그 누구도 그것을

그림 22. 먼 곳을 살펴보고 있는 사람

지적하고 의문을 가지는 사람은 없다. 못 본 것이 아니라, 남근이라는 논지가 흐려지기 때문에 애써 못 본 체하는 것은 아닐까?

그래서 볼 때, 그것은 어쩌면 영화 속 주인공 타잔과 같은 등장인물이 늘 입고 있는 하의처럼, 하복부를 둘러싼 가리개와 같은 것일 수도 있다는 생각이다. 그래서 남근숭배 등등은 너무나 멀리 나갔던 것이 아닌가 한다.

다시 머리부터 발끝까지 자세히 살펴보면 특이한 점이 하나 있다. 그것은 바로 두상 한가운데에 작은 홈이 하나 새겨져 있다는 점이다. 그것을 발견할 수 있다면 널리 알려진 것과는 전혀 다른 접근이 필요하게 된다. 이 작은 홈이 바로 눈을 묘사한 것이기 때문이다. 암각화 표현상 잘못될 수는 있어도 절대 불필요한 것을 묘사하지 않는다는 명제 아래에서 볼 때. 따라서 사람은 "남근을 우뚝 세우고 춤을 추는 샤먼"이라기보다 높은 곳에 홀로 서서 '먼 곳을 살펴보고 있는 사람'으로 해석되어야 하는 것이다.

그는 무엇을 살피고 있었던 것일까? 아마도 그는 멀리서 신화처럼 숨을 쉬고 있는 고래를 찾기 위하여 망보는 사람의 임무를 수행하고 있는 중이다. 그렇다면 이제까지 엉뚱하게 덧씌워져 있던 "남근을 우뚝 세우고 ..."라는 누명은 억울하기 짝이 없다. 그래서 이제야말로 진정한 의미에서 샤먼표현을 찾아서 그것을 명확히 해야 한다. 그런 관점에서 잘 봐야 하는 것으로 그림 23이 있다.

샤먼, 홀로 구천으로 날아오르다

암각화 시대 제의와 관련하여 살펴봐야 하는 것으로는 샤먼과 같은 종교적 직능자가 있을 것이다. 그런 영적 존재의 표현을 통하여 우리는 제의의 내용에서부터 그 목적성까지도 읽을 수 있다. 반구대암각화에서 논의되는 사람표현 중에서 샤먼과 같은 의례의 주관자는 그림 23을 제외하고서는 별도로 찾아볼 수 있는 것은 없다. 앞서 논의된 얼굴에 손 그늘을 씌우고 주춤하게 서 있는 사람도 사실은 춤을 추는 샤먼이 아니라, 고래사냥과 관련하여 '먼 곳을 살피는 사람'이라는 것을 알게 된 만큼,

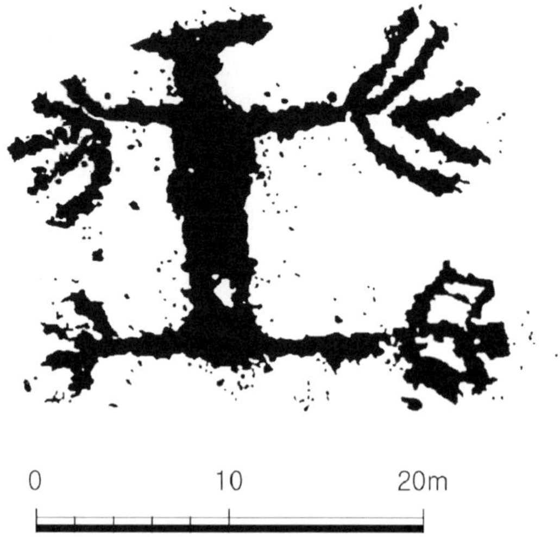

그림 23. 사지를 활짝 편 샤먼

그림 24. 좌/이흐두를지, 몽골(이하우), 우/칼박 타쉬, 알타이(Кубарев В.Д.)

그림 25. 말라야바야르스카야핏사니차, 하카시아(이하우)

이제 그를 더 이상 샤먼으로 바라보는 것은 옳지가 않다.

샤먼이 언제부터 암각화 표현물로 등장하게 되었는지는 알 수 없다. 그렇게 모호하게 시작되는 것은 종교사에서는 흔하디 흔한 일이다. 그러나 그동안의 유적조사와 성과에 의하면, 신석기시대에 이르러서야 비로소 샤먼의 형태적 속성을 갖는 표현물이 확인되기 시작한다는 정도는 분명하게 말할 수 있다. 그래서 한국 암각화에서 샤먼과 같은 존재는 반구대암각화 이외에는 찾아보기 어렵다. 사실상 반구대이후의 암각화 유적에서 사람과 같은 구상표현물이 나오는 경우도 별로 없기 때문에, 유일한 예는 검파형암각화 중심유적의 하나로서 경주 석장동암각화에서나 겨우 찾아볼 수 있는 흔치 않은 표현물이 바로 샤먼과 같다. 하지만 한반도 주변 지역으로서 북아시아나 중앙아시아를 위시하여 인도, 중동이나 북아메리카, 오스트레일리아에서 샤먼은 그렇게 주의를 기울이지 않아도 너무나 쉽게 발견할 수 있는 것이 또 그것이다. 그런데 여기서 분명히 해야 할 것은 샤먼

그림 26. 동물과 샤먼(경주 석장동암각화)

으로 규정될 수 있는 표현물은 어떤 특징적 요소 또는 표현상의 속성이라고 할 만한 형태적인 전형이라도 갖추고 있는 것이 아닐까 하는 점이다. 사실상 암각화를 읽고자 하는 눈이 그런 일정한 기준이나 지표 하나 없이 마음 내키는 대로 언급되어서는 안 되기 때문이다. 그런 샤먼으로 규정될 수 있는 기본적인 것을 우리는 풍부한 자료적 검토를 통하여 찾아낼 수가 있다. 말하자면 널리 조사되고 있는 샤먼표현이 갖는 공통점의 모색이라 할 수도 있는, 그러니까 그런 사항을 찾아서 분류하고 계통화하여 나간다면 우리는 샤먼으로 규정될 수 있는 인물의 규범, 모델과 같은 형태상 기준점을 세울 수 있을 것이다.

샤먼이라 할 만한 표현물이 단 두 점밖에 없는 우리나라에서는 아마도 그 작업은 무리이다. 그래서 한반도를 벗어나, 보다 넓은 지역에서 수집된 그런 표현물의 형태적인 속성 내지 그러한 특성을 찾는다고 한다면 그것은 대체로 다음과 같은 사항을 놓고 진지하게 논의할 수 있을 것이다.

일차적으로 바라보는 샤먼의 형태적 속성은 첫째, 항상 정면을 바라보고 있는 형상이다. 둘째, 동작이 억제되어 정적인 자세를 취하고 있다. 그리고 셋째는 의례과정에서 나타나는 샤먼의 자세로서, 손이나 발이 크게 과장되고 있고 사지를 활짝 펴고 있는 것으로 조사된다는 점이다.

여기서 의례와 관련된 자세는 또다시 세부적으로 분류될 수가 있어서(임세권 2002), 그중에는 무엇인가를 기원하는 자세로서 기원형이 있다. 그리고 하늘에 어떤 신호를 보내는 것과도 같은 신호형이 있고, 반구대암각화에서처럼 사지를 펴고 허공에 떠 있는 자세로서 부유형과 같은 것이 또 있다. 이러한 형태적 속성을 갖는 계통적인 표현물을 우리는 일단 샤먼으로 규정하고 진지하게 살펴볼 수 있을 것이다.

샤먼과 같은 종교 직능자는 통상적 사람표현과는 차별적이어야 할 필요가 있었을 것이다. 그래서 그것은 먼저 명확성이라는 관점에서 정면성과 같은 법칙이 적용되고 있었다. 정면성이란 순수하게 이성적인 접근을 가능하게 하는 본질적 형태소의 기본과도 같다. 그런 점에서 본다면 암각화의 진정한 주인공이라면 신적 존재를 제외한다면 그것은 오직 샤먼과 같은 존재가 아닐까 하는 생각도 든다.

손 또는 발이 강조되어 있거나 부유형의 모습으로 나타나는 경우, 이러한 표현은 샤먼의 영능력을 과시하는 형태소로서 초월적 능력을 가시적으로 나타내고자 하는 의도와도 다름 아니다(이하우 2015).

그런 관점으로 볼 때, 반구대암각화의 사람 중에서 그림 23은 신체적으로는 볼록한 가슴이 나와 있고 바위 면의 자연적 돌출부를 의도적으로 배꼽으로 삼았다. 하복부에 별다른 성기표현이 없다는 점에서 그것은 아마도 여성을 묘사한 것이리라. 그는 사지를 활짝 벌리고 손가락과 발가락을 편 채로 허공에 떠 있는 부유형의 자세를 하고 있다. 동시에 정면성에도 잘 부합하는 자세의 샤먼은 이제 막 탈혼 망아(脫魂忘我)의 상태에 빠져 영계를 여행하고 있다. 그래서 샤먼은 지금 자신 위로 넓게 전개되어있는 고래들 영혼과는 밀접한 관련성을 갖는 것이다.

암각화시대의 샤먼은 신석기시대에 비로소 보이기 시작한다. 그리고 발견되는 빈도는 점차 많아지다가 청동기시대에 와서는 샤먼이 없는 곳은 찾아보기 어려울 정도로 보편적 표현물이 되었다. 이 세상 폭넓은 암각화유적에서 큰 비중을 갖고 조사되기 시작하는 샤먼은 특히 알타이를 비롯한 중앙아시아지역에서 높은 빈도를 갖고 있다. 아마도 그 일대가 보다 인간 활동이 활발하였기 때문일 것이다. 이러한 확산의 현상은 적어도 사회적 규모가 커져가는 만큼, 인간의 문화적 활동과 규모 역시 크게 확장되었다는 점을 대변한다. 그러한 발달한 사회 수준만큼 그 발전상에 맞춰 신앙적이거나 의례의 중요성은 날로 커져만 갔을 것이다. 동시에 그것을 주관하는 직능자의 역할 또한 날로 증대되었다는 것을 진지하게 증명하고 있는 것이 바로 샤먼과 같은 표현물의 확산으로 나타나고 있다.

그대, 손을 높이 들어요

사람 중에는 똑같은 자세를 하고있는 것이 두 점 있다. 사람은 함께 분포하고 있는 사냥꾼이나 샤먼과는 분명 차별적인 자세를 취하고 있어서 주목된다. 14점의 사람 중에는 의례 중의 샤먼을 제외하고는 모두 생업과 관련한 자세이다. 고래를 찾기 위하여 먼 곳을 살피는 사람으로부터 작살을 던지려는 사람이 있고, 활을 겨눈 사냥꾼도 있다. 그러나 한 손을 허리춤에 대고, 나머지 한 손을 들어 올린 자세의 사람 두 점은 그것이 어떠한 행위를 나타낸 것인지 한눈에 알아보기 어렵다. 조심스럽긴 하지만, 글쓴이가 바라보는 이 사람은 어떤 특정한 일과 관련하여 신호를 하고 있는 것으로 보인다. 사실 암각화에서 종교적 존재 이외의 사람은 모두 일상생업과 관계되고 있다는 보편현상에 비춰, 여기서 두 사람도 아마 실생활과 관련하여 상호 간에 수신호를 주고받는 것으로 보인다.

70년대 초기의 연구단계에서 손을 들어 올린 사람을 두고 '피리를 부는 사람'으로 이해되기도 하고, 의례에서 '손을 들어 하늘을 가리키고 있는 존재'로 바라보았던 시각도 있었다. 피리를 부는 것처럼 보였던 것은 첫 조사에서 형상 채록과정에서 실수로, 자연적으로 나 있는 암면 주름을 잘못 보았던 것이었다. 의례와 관련하여 하늘을 가리키고 있다는 시각도 보다 연구의 수준이 높아지면서 샤먼의 고유한 형태, 자세와 같은 것이 규정되고, 따라서 오늘날 그런 생각을 하는 연구자는 없다.

그래서 사람이 손을 들어 신호를 하는 것이라면, 그들은 무엇을 위한, 어떤 신호를 보내고 있었던 것일까.

최근 들어 보다 깊어진 것이 반구대암각화의 주인공이 누구일까 하는 의문이다. 유적의 조성 집단에 대한 관심이 커지면서, 자연스럽게 그들 주인공에 대해서는 지금 대체로 두 가지의

그림 27. 수신호 하는 사람

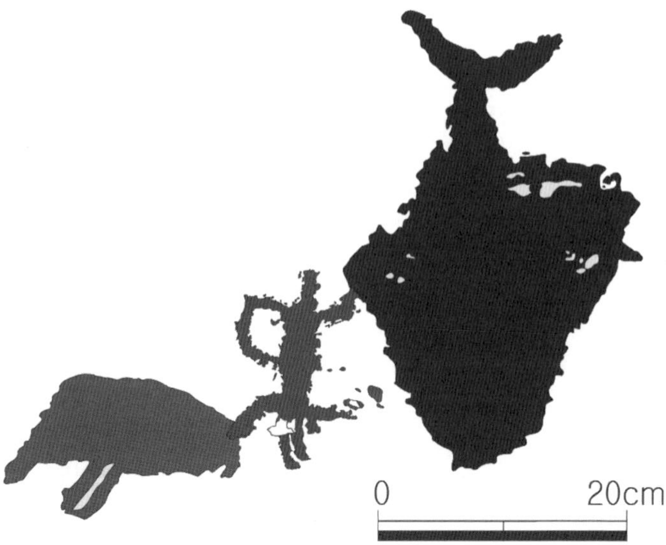

그림 28. 수신호 하는 사람

가능성을 놓고 그것을 살피고 있다. 그중 하나는 그들이 울산만 일대를 살아가던 사람들, 진정한 의미에서 고 울산만의 사람이었을까 하는 것이 있다. 그리고 다른 하나는 그들이 이 일대 정착민이었을 가능성보다는 고래사냥을 위하여 동해상에서 멀거나 가까운 곳에 거주하는 사람들이 포경의 계절을 맞아 한시적으로 이곳에 모여들었던 것이 아니었을까 하는 것이었다. 그래서 후자의 경우를 든다면 지역사람들은 기분이 좀 상해하는 눈치이지만, 그것이 여전히 이곳에 있다는 사실만큼은 변함이 없기 때문에 섭섭해 할 일은 하나도 없다. 신석기시대 그 어디에 경계가 있었으며, 어떤 국가나 민족이라도 있었단 말인가? 아쉬워할 이유는 손톱만큼도 없다. 그런 차원에서 봤을 때, 유적의 주인공에 대한 정보는 반구대암각화에서 몇몇 표현물이 이미 저간의 사정을 어느정도 암시하고 있다. 그중의 하나가 고래 사냥꾼 집단의 분배의 법칙을 말하는 표현물과 같은 것이다.

이러한 표현물이 필요했던 이유는 무엇일까? 그것은 바로 이것이 요구된 반구대암각화의 어떤 사정, 말하자면 그것은 울산만을 거점으로 활약한 포경집단의 정체성을 암시해 주는 것과도 같다. 적어도 분배를 둘러싼 분쟁이나 다툼과 같은 갈등을 극복하기 위한 수단과 방법으로서 그것이 필요했던 이유가 있었기 때문일 것이다. 같은 관점에서 손을 올려 신호하고 있는 사람도 마찬가지였다. 그것도 분명 그들 집단 사이에서 혼란이나 원할하지 못한 소통과 같은 어떤 문제라도 있었다는 것을 말해주고 있다.

그런 관점에서 볼 때, 이곳에 모인 포경집단은 이른바 단일한 혈연이나 지연적인 집단이 아니라, 서로 간에 이질적인 요소도 분명 있었을 것인데, 어쩌면 그들 간에는 언어적 소통조차도 어려운 사이였을 가능성은 없었을까? 바로 그런 이유로 하여 상호 간에는 원활한 소통을 위한 최소한의 수단으로 나타났던 것이 여기 이와 같은 수신호 하는 사람이나 고래사냥에서 분배의 법칙을 보여주는 표현물과 같은 것이었다고 보이는 것이다.

그들 포경집단은 평상시에는 이곳저곳에서 흩어진 채, 각자 터를 잡고 살아가던 사람이었을 것이다. 흩어져서 넓은 활동공간을 차지하고 살아가는 것이 수렵의 시대에서는 절대적으로 유리했기 때문이었다. 그러다가 고래사냥의 계절이 되면 그들은 집단을 꾸리고 선단을 구성하여 이곳 울산만으로 모여들었다. 해양성 동물은 계절 변화에 잘 따르고, 특히 고래와 같은 해양포유류 또한 대부분은 년 중 제한적 시기에만 이곳을 오가기 때문이다.

동해상에서 고래는 봄이면 북상하여 올라가 먹이활동을 하여 몸을 살찌운다. 가을이면 남하하여 따뜻한 곳에서 새끼를 친다. 고래가 이동하는 철에 이곳 울산만으로 모여드는 포경집단은 그래서 상호 간에 그렇게 친숙한 사이였는지는 아무도 모른다. 특정의 시기에만 만나는 이들 대부분은 서로가 낯 설어서 경계의 눈초리를 희번뜩 거리기도 하였을 것이다. 혹은 적대적인 무리를 만나고는 괴로워했을 법도 하다. 그러나 그런 이질적 무리였다고 하더라도 큰 몸집의 고래를 잡기 위해서는 그들끼리도 서로 힘을 합칠 수밖에는 없었으며, 목적달성을 위해서는 서로가 함께 협력해야만 했던 것이다.

사냥의 과정에서 언어적 소통도 문제였다. 그래서 그들 모두는 통일된 신호 체계를 필요하였으며, 그렇게 여러 가지를 만들어가고 통일해 가는 과정에서 나온 몸짓이 바로 이와 같은 수신호 하는 사람표현으로 나타났던 것인지도 모른다.

고래는 조용한 것을 좋아한다고 한다. 그래서 유영하는 고래를 발견하고도 큰 소리를 내어서는 안 된다. 조용히 그 발견을 무리에게 알리고 차분하게 사냥의 동작에 들어가기 위해서는 모든 것을 은밀히 몸짓과 같은 신호로만 알려야 했다. 그것이 한 손을 들어 올려 주목을 끄는 동작으로 나타났다고 생각하고 싶다.

이질적인 집단으로서 성공적 과업수행을 위하여 먼저 그들은 분배의 법칙을 세웠다. 동시에 신호 체계 또한 중요하게 합의한 사항이었을 것이다. 자! 이제 고래 잡을 일밖에는 없다. 그래서 반구대암각화는 그러한 대승적 협의가 이루어지는 의미 있는 제장이었다.

표정 없는 그런 얼굴 하나가

사람의 정신에서 그 중심이 되는 부분을 얼이라고 한다. 그리고 그 얼이 드나드는 굴을 얼굴이라 하였다. 그래서 얼굴은 사람의 많은 것을 보여주는 창(窓)과도 같다고 하지. 사람의 명석함이라든지 어리석음까지도 우리는 얼굴에서 모두를 읽어낼 수가 있다.

그런 얼굴이 두 점 나왔다. 한 점은 중심 암면의 우측 하단부에 있고, 또 한 점은 5.2cm 정도의 작은 크기의 그것이 동일 암면의 중간 정도에 자리 잡고 있다.

규모에서부터 위치나 표정, 느낌이 모두 서로 다른 두 점의 얼굴은 사람의 얼굴을 사실적으로 묘사한 친숙한 인면 묘사와는 거리가 좀 있는, 역삼각형의 외형에 비교적 명료하게 표현된 얼굴이다. 이마 위쪽으로는 아무것도 묘사되지 않았으며, 무표정하게 내려 깐 눈과 정면을 바라보고 있는 표정은 도식화가 깊이 진행된 가면(mask)과도 같은 형태적 특징을 보여준다. 그 역삼각형의 얼굴에서 뺨에는 세로로 하나씩의 줄이 그어져 있고, 턱에는 세 가닥의 수염이 나있다.

동그랗고 작은 얼굴 한 점은 그 모양이 그대로 부산 동삼동 패총의 가리비 얼굴을 연상시키는 그런 얼굴이다. 그 얼굴 바로 위에는 알 수 없는 표현물이 하나 있다. 그러나 별 표정이 드러나 있지 않다는 점에서 두 점은 모두가 마찬가지이다.

반구대에서 얼굴이 가면이라면, 이 오래된 선사 유적에서 가면과 같은 표현물이 등장하게 된 이유는 무엇일까? 그래서 먼저 가면이 무엇인가 하는 것을 어느 정도 알아두어야 할 것이다.

가면의 기원에 대한 사전적인 설명에 의하면, 가면은 수렵기의 사람들이 성공적 사냥을 위한 위장의 방편으로 사용하게 되었다는 주장이 있고, 간혹 적과의 싸움에서 공포감, 위압감과 같은 겁을 주기 위하여 신체에 바디페인팅을 하거나 문신을 하는데서 비롯되었다고 하는 말도 있다. 또는 이미 목숨을 잃은 사자(死者)의 육신에 사악한 기운이 깃드는 것을 방지하기 위하여, 그리고 그 영혼의 영원함을 드러내기 위하여 고안된 것이었다고 하는 생각까지도 읽을 수가 있다. 실제로 그런 것들은 암각화의 중심시대에서 크게 늦어진 기원전 5-2세기경 예니세이(Енисей)일대 타쉬트익 문화(Таштыкская культура)의 고분에서 발굴되고 있는 현상과도 같아서, 타쉬트익 인들은 사자의 얼굴 위에 그의 데드마스크(death mask)를 씌워서 장례 치르는

그림 29. 얼굴

그림 30. 얼굴

풍습이 있었다. 2005년 알타이조사 일정 중에는 그런 타쉬트익 데드마스크를 직접 살펴보는 기회가 있었다. 당시 그 침묵의 데드마스크, 그로테스크(grotesque)한 얼굴모습은 그대로 아직까지 기억에서 새롭다.

물론 이와는 차이가 있는 것이지만, 위대한 조상의 모습을 신화적으로 구현해 내는 방법의 하나가 가면이었다고 하는 생각, 그것이 북아시아를 중심으로 하는 넓은 지역에서 암각화로 표현되고 있다는 사실은 우리가 주의해서 살펴봐야 할 사항이다.

인류 역사에서 다양한 의미를 갖고 등장하고 있는 인면을 한마디로 정리한다는 것은 쉽지 않다. 그럼에도 불구하고 우리가 특히 염두에 두고 바라봐야 하는 것은 위대한 조상을 신화적으로 구현하기 위한 방편, 또는 조상신에 대한 경모의 마음이나 그런 조상을 되살리는 방법으로서 의례의 과정에는 늘 가면이 등장하고 있다는 점이다. 그러한 과정에서 가면을 쓴 사람은 이내 의례 중에서 조상신과는 동일시되었다. 다양한 형태로 만들어진 가면은 그것이 기억에도 모호한 옛 조상의 살아생전의 영웅적 모습으로 재현되면서 구체화하여 갔으며, 그러한 거듭된 재현과 재현의 지속적인 과정을 통하여 모두는 그 내면의 어떤 초월적 존재를 실체화 하여 갔을 것이다. 바로 그런 환영의 현상을 되살리는 도구가 가면이었다고 할 수 있을 것이다.

가면은 종교의례에서 현실과 대비되는 모호한 환영과 같은 모순적 이중성을 극복하기 위하여 사용되었다고 보아도 좋을 것이다. 가면을 쓰게 되면서 사람은 그 상징적 존재와는 스스로 일치되는 감동을 맛본다. 반구대에서 얼굴은 그래서 그러한 제의의 과정에서 일종의 매개체와도 같은 의미를 갖고 등장하였을 것이다. 그렇다면 유적의 의미는 또 다른 목적성이 있다고 하겠는데, 그것은 바로 영웅적 존재의 지속적 재현과 그리고 전승이 이루어지는 신성한 장소로서 장중한 대자연 속의 극장으로서의 면모라고 할 것이다.

동물의 세계

사슴은 왜 신성시 되었을까?

암각화의 보편적 소재는 어디까지나 동물이다. 세계에서 이름난 암각화 유적에서부터 이곳 반구대암각화는 물론, 천전리 각석도 처음에는 동물을 묘사하는 것으로 시작되었다. 그런 현상은 이 세상 대부분의 암각화가 마찬가지일 것이다.

반구대암각화에서도 동물은 202점(57.2%)으로 전체의 반 이상이 동물이다. 그 속에는 사슴이나 호랑이, 멧돼지와 같이 육지에서 살아가는 동물이 있다. 그리고 고래나 거북이 같은 바다동물이 또 있다. 거기에 가마우지와 같은 새를 더한다면 물과 뭍, 하늘까지도 고루 소속하는 동물의 세계를 반구대암각화에서 만날 수 있는 것이다.

동물표현을 한마디로 말한다면 그것은 선사시대 사람들이 이 세상을 바라보는, 말하자면 그들의 이상적 세계관을 투영하는 창틀과도 같다고 할 수 있다. 우리는 그러한 틀을 통하여 동물의 세계를 살펴보는 것으로 그 시대 사람들이 이 세상을 어떻게 바라보았는가 하는 것을 이해할 수 있을 것이다.

반구대에서는 물론, 이 세상 암각화에서 가장 손쉽게 찾아볼 수 있는 것은 사슴이다. 사슴은 온순한 동물로서 비교적 수월하게 얻을 수 있는 식량원이었으며, 인류 삶의 과정에서 많은 것을 베풀었던 동물이었다. 그렇기 때문에 사슴은 일찍부터 영적인 동물로 받아들여지면서 신성시되어 왔다.

유라시아 넓은 지역에서 사슴에 대한 생각은 대체로 이와 같아서, 선사시대 북아시아사람들의 고유한 조형적 전통의 전형이 바로 사슴이라고 하는 쿠바레프(Кубарев В.Д. 2003)의 말처럼, 그것은 곧 수렵문화의 이상이 가장 적절하게 구현된 동물이라고 할 수 있을 것이다. 우리가 어렵지 않게 찾아볼 수 있는 민족지 자료에는 야쿠트(Якут)족이나 축지(Чукзи)족의 순록사육과 같은 것이 있어서, 그러한 사례를 찾아볼 수 있다면 사슴과 사람 사이의 불가해한 관계는 어느 정도 이해할 수 있을 것 같다. 말하자면 그들이 사육하는 순록은 야생의 상태인 것인지, 아니면 가축화되었던 것인지 그 경계가 모호한 상태로 과거로부터 지금까지 천연덕스럽게 유목 되고 있는 것이다. 그토록 사슴과는 밀접하게 살아온 북아시아 사람들의 세계관은 자연스럽게 조형작업의 대부분을 사슴으로 구체화하여 왔다.

두 명의 여성이 신성시된 한 그루의 수목과도 같은 사슴의 뿔을 부여잡고 있는 표현물(그림 31)과 같이, 암각화는 물론 금속장신구 또는 골각기나 목제조각이라든지 복장 장식에서부터 그들의 회화적 작품까지도 사슴은 모든 것을 넘어서는 기본적 모티브로 등장하고 있다. 아주 가끔씩 옛 무덤(курганы)의 발굴에서 나오는 미이라의 문신을 보면, 그것까지도 사슴을 기본주제로 묘사되고 있는 것은 일반적이다.

그림 31. 사슴과 사람(몽골 이흐두를지, 이하우)

그림 32. 사슴(알타이 옐란가쉬, 이하우)

그림 33. 문신(알타이 파지릭)

사람에게 사로잡혀 사람의 양식이 된 사슴의 종류 중에는 엄청난 크기의 로시(лоси)라고 하는 종이 있다. 흔히들 큰사슴이라고 부르는 로시는 그 어떤 동물보다도 풍성한 고기와 함께 뿔과 뼈, 힘줄, 가죽을 제공해주었다. 그래서 선사시대 사람들은 신이 인간을 위하여 한 결 같이 보내주는 것이 바로 사슴이라고 생각하기에 이르렀다. 따라서 사람은 그들에게 지속적으로 사슴을 보내주고 있는 초월적 존재로서 자연의 주(主, Master of nature)에게는 주기적으로 제물을 바치는 등, 서로 좋은 관계를 유지하기 위하여 부단히 노력하고 있다고 하고, 그러한 현상을 글쓴이의 조사과정에서 때때로 실체하는 자료를 만나기도 하였다.

처음 사슴은 단지 풍요를 상징하는 동물이었다. 그러나 점차 숭배적 의미가 부여됨에 따라, 마침내 사슴은 상서로운 동물로서 태양을 상징하는 존재로까지 신성시되기에 이르렀다(최근영 1985; 아리엘 골란 2004).

그런 사슴이 반구대암각화에서 55점으로 조사되었다. 그러나 사슴으로 분류된 동물 중에는 엄밀히 하면 그 안에 들어가기에 어려운 것도 다수 있다. 느슨하게 노루라든지 산양과 같은 초식동물이 포함되었을 수도 있을 것이다. 그런 것은 암각화 표현상 명확한 분류가 어렵다. 따라서 굽 동물의 상당수는 우제목의 사슴으로 취급할 수밖에는 없었다.

해양포유류로서 고래를 제외하면 가장 많은 분포도를 갖는 동물이라는 점에서 사슴은 반구대암각화 주인공들에게도 역시 중요한 의미의 동물이었다. 반구대암각화에서 사슴의 특징적 현상 하나는 두 마리 이상이 서로 짝지어 나타나고 있다는 점이다. 어떤 것은 어미와 새끼가 함께 있는 것도 있고 또 어떤 것은 암수가 서로 마주보고 있는 것도 있다. 몇몇 특별한 표현물은 사슴의 등 위에 담비로 보이는 동물이 올라타고 있는 것도 있고, 개과 동물로부터 쫓기고 있는 사슴도 있다.

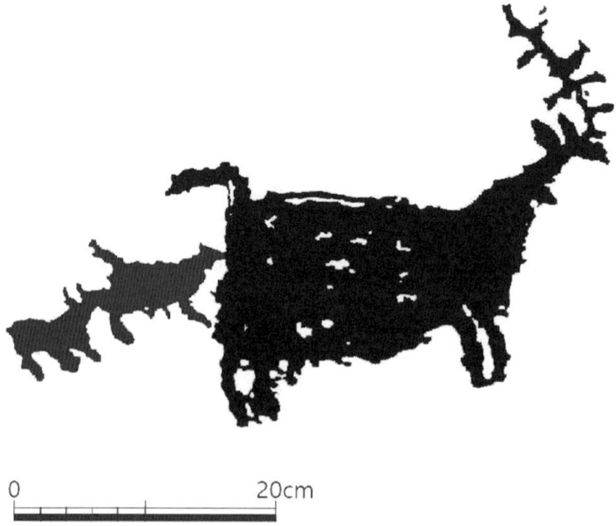

그림 34. 사슴을 쫓아가는 야수

개과동물에게 쫓기는 사슴이나 등 위에 담비와 같은 동물이 올라타고 있는 사슴은 언뜻 보기에 그 의미를 알기가 어렵다. 그것이 사슴을 습격하려 하는 동물을 묘사한 것이었는지 또는 어떤 심상적 현상을 반영한 것이었는지는 지금의 상황으로는 알아보기 어렵다.

그림 34는 승냥이처럼 보이는 개과 동물 두 마리가 사슴의 뒤를 쫓는 장면을 묘사하고 있다. 이러한 구성은 생각처럼 그렇게 흔하게 볼 수 있는 것은 아니다. 일종의 구조화 된 동물구성이라는 점에서 표현물은 오래전부터 글쓴이의 주목을 끌고 있던 것 중의 하나이다. 이와 같은 동물구성은 우선 보기에는 보편적 표현으로 보이지만, 사실은 그렇게 흔한 것은 아니다. 북아시아의 몇몇 유적에서만 한정적으로 발견되고 있는 현상에 비춰보

면, 사정은 크게 다르다. 동물의 표현상 특징은 두 마리의 개과 동물이 한 마리의 사슴을 쫒아가고 있는 것이지만, 그중 어떤 것은 사슴의 몸 안에 회오리 문과 같은 특정의 문양을 새긴 것도 찾아볼 수 있고, 사슴의 뿔이 태양광처럼 묘사된 것도 있다.

그동안의 유적조사에서 이러한 구성의 동물표현이 확인된 곳은 알타이의 칼박 타쉬(Клбак-Таш)가 있고 옐란가쉬(Елангаш)나 바르부르가즈이(Бар-Бургазы)등지에서도 찾아볼 수가 있다. 그리고 하카시아에서 아글라 흐뜨이(Оглахты)나 뚜바의 알드이 모자가(Алды-мзага), 레나강 상류의 쉬쉬키노(Шишикино)에서도 이 같은 동물구성은 조사된 바가 있다. 또한 같은 구조를 갖는 동물은 앙가라강 중상류 일대에도 분포한다고는 하지만, 직접 확인했던 것은 아니다.

그림 35~37과 같이 수집된 표현물을 보면, 사슴의 뒤를 두 마리의 야수가 따라가고 있다. 그런가 하면 그림 38과 같은 것은 사슴 엉덩이에 회오리문양을 새겼다. 회오리문양은 일종의 태양상징으로 볼 수 있는데, 이와 같은 표현물은 그대로 그 뿔을 태양광처럼 묘사한 그림 32, 37과도 통한다.

표현물을 살펴보면, 모든 동물은 쫒고 쫒기는 것 같은 긴박한 상황묘사라고는 하지만, 그러나 사슴은 동세가 억제되고 정적인 자세를 취하고 있다. 그래서 볼 때, 동물은 실제적인 상황 묘사라고 하기보다는 일정한 상징적 의미를 반영하여 나타난 구조화된 표현으로, 특정의 상황을 묘사한 것으로 보인다.

반구대와 마찬가지로 아글라 흐뜨이 역시 신석기시대에 처음 시작된 표본적 암각화유적이다. 그런 점으로 볼 때, 이와 같은 구조화한 표현물이 신석기시대로부터 시작되었다고 하여 그렇

그림 35. 알드이 모자가, 뚜바(데블레트)

그림 36. 칼박 타쉬, 알타이(쿠바레프)

게 큰 무리는 없을 것이다. 칼박 타쉬 역시 신석기시대에 처음 조성이 시작된 이래, 청동기시대와 초기 철기시대를 아우르는 긴 시간적 폭을 갖고 발전한 곳이라는 공통점이 있다.

데블레트(Девлет М.А., 1998, 2000)에 따르면, 대체로 신석기

그림 37. 칼박 타쉬, 알타이(쿠바레프)

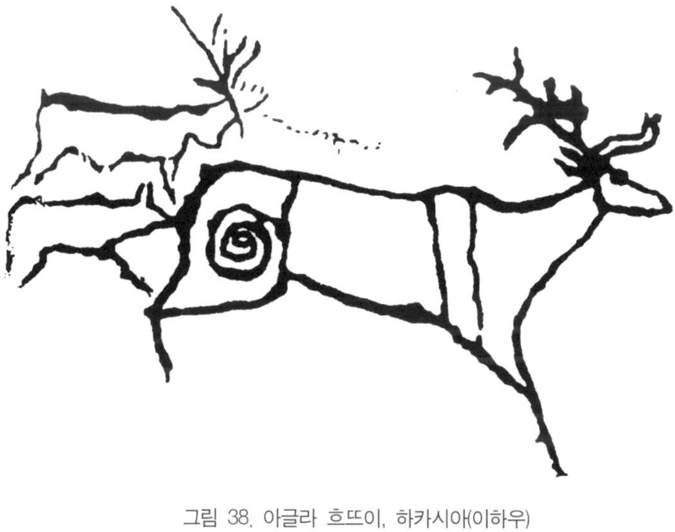

그림 38. 아글라 흐뜨이, 하카시아(이하우)

시대에서 청동기시대에 걸쳐 나타나는 암각화 표현상의 특질 하나가 신화적 소재가 등장하기 시작한다는 것이었다. 신화라는 것은 세상을 바라보는 가장 기본적 수단이면서 동시에 자연 또는 인간사회의 제 현상에 대한 근원적인 체계를 반영한다. 그런 의미에서 암각화 속에는 이러한 기초적인 신화개념이 구체화하여 나타나고 있다는 생각은 대체로 옳다. 물론 표현상의 주제가 그 어떤 것이라 할지라도 모든 표현은 항상 동물태(動物態)로 등장하고 있다는 것은 변함이 없다. 그래서 이와 같은 표현물 역시 신화적 세계관을 반영한 표현물로 바라보는 데 무리가 없다. 말하자면 이러한 구성은 시베리아의 '태양 사슴을 쫓는 야수'라고 하는 구어적 설화 내용이 바탕이 된 것으로 이해될 수 있는 것이다.

'이 세상에는 처음 7개의 태양이 있었다네. 원래 따지고 보면 태양은 이 땅, 저 지하세계에 속한 것이었으니, 이를 큰사슴이 몰래 훔쳐서는 저 높은 하늘로 날아올라 멀리 멀리까지 달아났다네.

그래서 이 세상은 아침이 있고 한낮이 있게 되었으니, 그리고 사슴이 조용히 자신의 보금자리로 깃들게 될 때, 하늘은 어둠에 잠기며 이윽고 밤의 안식의 시간에 들게 되지.

그러나 태양을 잃어버린 땅에서는 이를 되찾기 위하여 무진 애를 썼다네. 저승의 신은 자신의 개, 희랍에서는 이를 케르베로스(Kerberos)라고 하지, 그 개 두 마리를 보내서 태양을 되찾아오기를 명령하였다네.

사실 우리가 잘 몰라서 그렇지, 이 세상은 과거에도 이미 여섯 번씩이나 큰사슴이 태양을 훔쳐 달아났고, 저승에서는 개를 풀어 태양을 되찾아간 적이 있었네. 그걸 훔치고, 또 찾아가기를 여섯 번이나 거듭해 오는 동안, 그렇게 한 번씩 태양을 되찾을 때마다 이 세상은 종말을 맞게 되었다네.

오 나그네여 저 태양을 잘 봐 두시게, 이내 저 태양도 언젠가는 허망하게 사라져버릴 수도 있음을 ... ..., 기억하시게'

황금 뿔 사슴에 대한 개념은 시베리아의 고대설화에서 나온 것이다. 이야기는 1999년 하카스코-미누신스크 유적조사에서 아글라 흐뜨이를 찾았을 때, 아바칸의 연구자 발라크친(Валакчин)과의 대화를 기억해서 약간의 각색을 곁들여 옮긴 것이다. 그래서 사슴은 곧잘 태양과 비유되어서 읽혀지고 있으며, 황금의 뿔 사슴은 신성시되는 큰사슴에게 또 다른 의미를 반영하면서 나타난 결과와 다르지 않다. 풍요와 그리고 태양을 상징하는 동물로 신성시되었기 때문이다(최근영 1985).

우리나라에 비하면 너무나 짧은 하절기를 갖는 북방에서는 자연현상까지도 동물과의 관계항(關係項)으로 이해하고자 하는 신화소가 넓게 확산되어 있다. 이와 같은 신화체계는 일식과 같은 천문현상에서 기인한 대자연의 종말이라는 원초적 두려움에서 나온 신화소로 보이는데, 반구대암각화의 사슴을 쫓는 야수 역시 넓은 공간에서 공유되는 문화 현상의 하나가 자연스럽게 동북아시아문화권에서 보편성을 띠고 나타난 현상이라는 차원에서 바라보는 것도 그렇게 본질에서 벗어나는 것은 아닐 것이다.

지금은 기억조차 희미한 우리 옛 설화중에는 '해를 삼키는 개' 또는 '달을 먹는 개'와 같은 이야기가 아직 기억에 있다. 그런 신화소의 원형처럼 읽히는 것이 반구대암각화에도 하나 정도 남아있어도 좋지 않겠는가.

호랑이, 잊혀져간 주인공

반구대를 반구대답게 하는 표현물은 여러 가지가 있을 것이다. 그중에서 잊어서는 안 될 것으로 호랑이가 있다. 이제 우리들

그림 39. 호랑이

기억에서 많이 흐려지기도 했지만, 한때 이곳을 찾는 사람들은 '호랑이를 보러 왔다'고 할 정도로 인기 있던 시절도 있었다. 그러나 지금 상대적으로 고래가 그 의미를 새롭게 하며 유적을 대표하고 있으나, 사실상 호랑이는 반구대암각화의 발견에도 기여가 컸던 동물이다. 마을의 주민께서 "저 짝에 가면 호라이, 범이 이래 대여섯 마리가 있는 데가 있니더"하는 말에 이끌려서 찾게 된 곳이 반구대암각화이기 때문이다.

반구대에서 호랑이는 25마리 정도가 조사되었다. 그렇지만 불명확한 것이나 분류가 어려운 형태상 문제로 하여 종류 미상

그림 40. 하란구의 호랑이(닝시아 하난샨)

에 포함된 표현물 중에도 몇 점 정도는 호랑이의 특성을 보이고 있는 것이 있어서, 이를 합친다면 호랑이의 수는 더 늘어날 수도 있을 것이다.

우리의 예상과는 달리, 호랑이와 같은 맹수가 암각화로 표현된 예는 사실상 찾아보기 쉽지 않다. 반구대를 제외하고 호랑이가 있는 유적은 그리 많지 않기 때문이다. 우리나라 인근 지역에서도 특별한 유적 몇 곳에서 확인되고 있을 뿐, 사실상 찾아보기 어려운 것이 호랑이이다. 예컨대 중앙아시아에서 알타이는 '아시아의 진주'라고 불릴 만큼 인류문화사에서는 중요한 지역이다. 그런 곳에서 규모 있는 유적 중 대표격으로 칼박 타쉬나 차강가(Чаганга)와 같은 곳을 들 수 있을 것이다. 양 유적 모두 5,000여 점이 넘는 표현물이 분포하고 있는 곳이지만, 호랑

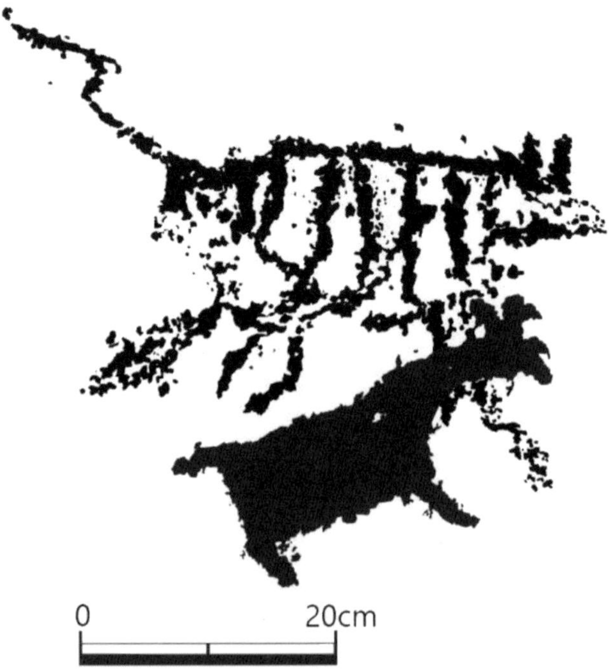

그림 41. 호랑이와 사슴

이는 단 한 점도 찾아볼 수가 없었다. 비슷한 규모의 옐란 가쉬의 경우에는 단 한 점이 조사되는데 그칠 뿐. 그러나 그것마저도 시기 차이가 큰 초기철기시대에 들어와서 만들어진 것에 불과하였다. 그렇듯이 알타이와 같이 암각화 자원이 풍부한 지대에서도 찾아보기 힘든 것이 호랑이와 같은 맹수이다. 그것은 암각화의 마르지 않는 샘이라고 하는 몽골에서도 마찬가지이다.

괴수와 같은 환상동물은 더러 어렵지 않게 찾아볼 수 있는 것이었지만, 그러나 쉽게 볼 수 없었던 것이 바로 호랑이이다. 쉬쉬키노를 비롯한 레나강 주변이나 바이칼 인근에서도 조사된

적이 없는 호랑이가 내몽골 인샨(陰山)암각화의 경우 광범위한 유적공간에서 겨우 10여점이 나온 것이 모두 다이다. 닝샤 하란샨(宁夏 贺兰山)에서 스무 점 정도의 호랑이를 확인하는데 그치고 있다.

하란샨은 험준한 바위산으로 구성되는 아름다운 곳이다. 산곡마다 발달해 있는 여러 개의 골짜기가 있고, 그 골짜기 안에 때 지어 돌아다니는 야생산양의 무리는 가히 절경을 구색하는데 손색이 없다. 그 여러 개의 골짜기에 분포하는 6,000여 점의 암각화는 아직 조사가 끝나지 않았기 때문에, 개방된 유지는 하란구(贺兰口) 단 한 곳뿐이다. 2019년 이곳을 실사하면서 확인한 호랑이는 5마리 정도였으나, 관계자 말로는 실지로는 더 많이 있다고 하는 하란샨을 제외하고 나면, 호랑이는 암각화에서 그렇게 쉽게 찾아볼 수 있는 표현물은 절대 아니니다.

그러나 반구대암각화는 개체수 겨우 353점에 불과한 작은 규모이지만, 이곳에서 25마리 정도가 조사된다는 사실은 반구대 암각화 주인공들의 의식 속에 호랑이가 얼마만큼의 비중을 갖고 있었는가 하는 점을 잘 말해주고 있다.

암각화의 세계가 항상 평화를 추구한다는 점에서 인간에게 위협이 되는 호랑이가 많이 나온다는 현상은 쉽게 이해하기 어렵다. 이렇듯 단출한 유적에서 많은 호랑이가 나오는 현상을 어떻게 바라볼 수 있을까? 물론 그 전에 호랑이의 성격 이해가 우선되어야 할 것이지만, 거기에 접근할 만한 자료상의 한계로 해서 그것을 일단 우리나라와 한반도 인근 지역의 종족들이 호랑이를 어떻게 생각했는가 하는 점을 살피는 것으로 다가서 보고자 한다.

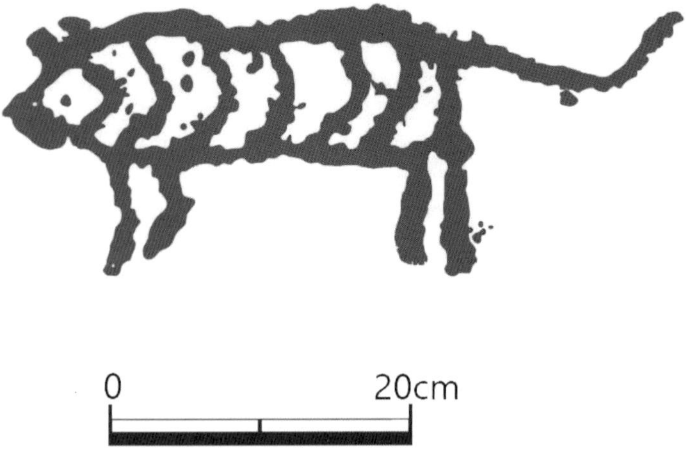

그림 42. 호랑이

동북아시아에서 호랑이에 대한 생각으로 특히 고대 중국의 경우, 호랑이나 표범과 같은 야수가 숭배적 존재였던 적이 있었다고 하는 까이 샨린(盖山林 1995)의 견해를 참고할 수 있을 것이다. 아무르와 우수리강 유역의 여러 종족에게서 호랑이는 산의 주인으로 여겨지고 있었다고 한다. 만주족의 경우에도 산신은 산의 평화와 수렵을 관장하는 신으로서, 그 주신(主神)은 언제나 호랑이였다.

바이칼 근처 바구찐 퉁구스(Barguzin Tungus) 사람들에게 호랑이는 모든 동물의 주인으로 여겨졌다고 하고, 이러한 사례를 볼 때 산신은 동물태의 신성으로서 호랑이의 모습으로 현현(顯現)하고 있는 것이다(서영대 1992). 그런 시각에서 산신령이라고 하는 신격은 수렵문화의 세계관과는 서로 통하고 있다고 할 것이다.

우리나라에서 호랑이에 대해서는 다양한 별칭으로 불리어왔다. 산왕이나 산군, 산 지키미 또는 산 주인이라고 불러 지고 있었다. 그렇다면 반구대암각화의 호랑이는 수렵사회의 문화형태를 가장 직설적으로 반영하고 있는 것으로 바라봐도 좋을 것이다. 그 중에서도 가장 한가운데에서 다른 표현물보다는 좀 더 정교하게 제작된 그림 42와 같은 호랑이는 그 시대 사람들이 바라본 반구대의 주인 또는 일대 산의 주인으로 생각했던 신격이 호랑이라는 동물태를 하고 나타났을 가능성이 있는 것이다. 수렵사회의 신성이라면 그것은 항상 동물의 모습으로 등장하고 있기 때문이다.

호랑이가 본능적 두려움 또는 강한 힘으로 하여 특별한 외경심의 토템(Totem)으로 나타났을 가능성도 잘 살펴봐야 할 것이다. 토템 동물은 부족을 보호하고, 그렇기 때문에 이와 같이 용맹한 동물이 토템일 경우 그 부족은 호환을 당하지 않는다고 믿어 왔다(Freud G./金玄操 1999). 그런 점으로 하여 호랑이가 그것으로 '선택'되었을 가능성을 짐작해 볼 수도 있을 것이다.

반구대에서 모든 암각화의 제작이 끝난 이후, 재차 표현물의 각선을 따라가면서 정성스럽게 갈았던 흔적을 곳곳에서 찾아볼 수 있다. 그것을 잘 살펴보면 그러한 흔적은 모두 표현물과 관련해서 나타난 일종의 주술의 흔적과 같다. 그런 갈기 기법은 선 새김으로 묘사된 호랑이 중에도 나있는 것이 있으며 사실상 호랑이가 산의 주인으로서 수렵사회의 주신으로서 신성을 갖는다고 할 때, 이러한 동물에게 갈기의 흔적이 발견되는 현상은 어쩌면 외경심의 대상인 토템 동물에 대한 별도의 의례 행위가 행해졌던 증거로 생각할 수도 있을 것이다.

최근 호랑이와 관련하여 의미 있는 연구 성과가 나왔다. 반구대암각화에서 호랑이를 생육신격의 신화소로 바라보고자 하는 유현주(2018)는, 그것을 맹수라고 하는 표상에서 접근되기보다는 번식, 풍요기원의 목적에서 사냥의 금기, 그리고 성 신앙적 관점에서 생육과 함께 수호신으로서의 호신숭배의 결과로서 바라보고자 하였다. 우선 이러한 접근을 보면, 반구대암각화에서 나오는 호랑이가 인근의 다른 유적과는 생태적인 측면에서부터 큰 차이가 있다고 하는 내재적인 현상분석에서 이루어지는 점에서 긍정적인 암각화 연구방법이었다고 보인다.

고래, 신화처럼 숨을 쉬는

마침내 유적을 대표하는 거대동물 고래를 살펴볼 시점이다. 고래는 중심암면의 왼쪽부분을 위압감 있게 장악하고 있으면서 전반적 분위기를 연출한다. 그래서 고래는 주목될 수밖에 없는 존재감을 갖는다. 일부 산발적으로 자리 잡고 있는 놈을 제외하면, 모든 고래는 한결같이 하늘을 향하여 오르는 것으로 구성되었다. 그 가장 선두에 3마리의 거북이가 고래와는 무리를 함께 하고 있다.

높은 곳에서 전체를 조망하듯, 내려다보고 있는 관점의 구도를 우리는 부감법이라 하고, 고래는 그런 시점에서 보이는 모양 그대로 저 높은 곳을 향하여 일제히 올라가는 구성이다. 그것은 또 어떻게 보면 삼각 구도와도 같은 모양을 하고 있다. 그래서 보는 사람으로 하여금 그 실체를 그대로 느끼게 하는 이러한 표현방식을 파노라마 적 화면구성이라고 할 수 있는 것이다. 그런 관점에서 고래는 반구대암각화의 조형성을 가장 유감없이 발휘하고 있다고 할 것이다.

고래는 단지 유영하여 앞으로 나아갈 뿐만 아니라, 서로 다른 형태적 특징을 갖고 분포하고 있다. 선두의 어떤 고래는 등위에 새끼고래를 업고 있는 것도 있고, 그 아래의 고래 한 마리에게는 몸체 한가운데에 작살이 박혀있기도 하다. 모두가 위에서 내려다보는 시점이지만, 어떤 고래 한 마리는 머리와 몸체가 서로 비틀려 있는 것도 있고, 또 어떤 고래는 측면에서 관찰된 것도 여럿 있다. 그런 것은 하단부에서 몸을 옆으로 눕히고 나란히 배치되어 있다. 그안에는 두마리의 상어가 포함되어 있다.

고래의 무리 중에는 특별히 크게 묘사된 고래가 한 마리 있다. 모든 고래가 하늘을 향하고 있는데 반해, 복부에서 관찰된 고래는 아래를 향하여 내려오고 있는 모습이다. 그리고 그런 것은 왼쪽 옆에도 한 마리 있다.

새끼 업은 고래는 지금도 목격할 수 있는 생태 현상의 하나이다. 과거 글쓴이가 오스트레일리아 동해안을 따라서 여행하던 중, 프레이저 섬(Fraser Island, Queensland) 앞바다 크루즈에서 직접 목격한 바도 있는 것이 바로 이런 새끼를 업고 있는 혹등고래 모자였다.

작살이 등에 박힌 고래가 또한 묘사되고 있다는 점에서 볼 때, 이 고래는 이미 죽임을 당한 고래라고 생각해도 좋을 것이다. 물론 이뿐만이 아니라, 함께 분포하는 고래는 모두 죽은 고래의 영혼을 새겨 넣은 것이다. 처음부터 모든 고래가 하늘을 향하고 있다고 하는 구성 자체에서 그것은 충분히 암시되어 있다. 물론 서로 다른 종의 고래 또는 거북이나 사람이 혼재하고 있는 구성 상태라든가, 정적자세를 견지하는 표현방식 또한 마찬가지이다. 동시에 하단부의 샤먼의 존재가 또 그것을 증거 하여준다. 그런 고래의 무리를 물과 뭍을 동시에 오갈 수 있는 양성체 동물로서 거북이가 어딘가로 이끌어 가고 있는 것이다.

작살을 잘 보면 거기에는 제작 당시로부터의 고민이 잘 드러나 있다. 작살의 반은 몸속에 박혀있는 상태이고 나머지 반은 노출되었다. 그런 상태를 묘사하기 위하여 반구대의 예술가는 제작과정에서부터 암면의 일정 부분을 남기는 등의 고려가 있었다. 아울러 모든 표현물의 제작이 끝난 이후에도 작살에게는 여러 번에 걸쳐 날카롭게 거듭 갈았던 흔적이 있다.

측면에서 관찰된 고래는 14점 정도이다. 그중 좌측 부분에 길게 자리 잡고 있는 6점을 제외하면 나머지는 이곳저곳에 산발적으로 흩어져 있는 상태다. 함께 구성된 상단부의 고래가 대체로 정적자세라면 측면에서 관찰된 고래는 유영하고 있는 고래의 움직임을 비교적 충실하게 묘사하고 있다.

중심 암면 한가운데에 듬직한 고래가 한 마리 있다. 이 고래 양쪽에 각각 물새가 구성되고 있는데, 그중 한 마리는 부리에 물고기를 물었다. 이와 같은 구성은 마치 물새가 고래를 호위하고 있는 형국이다. 우리가 이러한 표현물의 상징을 읽어내는 것으로 고래의 구성, 그 전반의 표현상 의미 또한 함축적으로 알 수 있을 것이다.

많은 사람들이 반구대에서 고래를 도감(圖鑑)적 표현이라고 하니, 일반인의 시각까지도 이곳에 나오는 고래의 종(種, species)에 대해서는 관심이 많은 모양이다. 그런 기대만큼 종에 대한 특성은 비교적 잘 나타나 있다는 평가인데, 그래서 몇몇 연구자는

그림 43. 고래의 무리

그림 44. 고래에게 박혀있는 작살

반구대에서 고래의 종에 따르는 생태적 표현이나 특징과 같은 것을 읽어내고자 애쓰고 있다. 그런 의도에서 새끼를 업고 있는 고래를 귀신고래 또는 혹등고래로 보기도 하고, 범고래, 향유고래, 북방 긴 수염고래와 같은 종을 구분해 내기도 하였다. 그래서 이제는 반구대암각화에서 고래를 묘사하는데 있어서 적용된 표현방식을 보다 심층적으로 살펴봐야 할 시점인 것 같다.

그림 45. 종의 분류 (ⓐ귀신고래 ⓑ상괭이 ⓒ북방 긴 수염고래 ⓓ범고래 ⓔ혹등고래 ⓕ향유고래)

고래를 묘사하는 몇 가지 방식

이와 같이 종의 분류를 가능하게 하는 표현력은 어디에서 오는 것일까? 다들 말로는 사실성이 잘 적용되었다고는 하지만, 진정한 의미에서 사실적 표현이나 그런 것은 별로 찾아볼 수가 없는 곳이 또 반구대암각화에서 동물 표현이다.

암각화는 바위에 새긴 그림으로서, 음각의 표현 기법에 의하여 이루어지는 일종의 조형 활동의 하나라고 할 수도 있을 것이다. 그래서 암각화를 조형적 표현의 대상으로 바라보고자 하는

그림 46. 잘라부르가 베소비-슬레디키의 고래
(Бесовы следки, Залавруга, Карелии, А. Парфенчиков)

연구자나 일련의 예술가그룹도 있다. 글쓴이 마찬가지로 어떤 유적이던 간에 처음 바라보는 시각은 항상 조형적 측면에 치우쳐 있는 편이다. 상징이나 성격에 앞서 바위에 새겨진 그림의 관점에서 우선 볼만하다고 하는 점에 먼저 눈길이 끌리기 때문이다. 따라서 고래표현의 분석에서도 조형적인 측면을 우선하였으며, 그것은 반드시 필요한 부분이기도 하면서, 동시에 고래가 반구대암각화의 중심표현물로서 또 다른 해외의 암각화 유적과는 절대적 비교우위에서 논의될 수 있는 문제이기 때문이다.

이 세상에서 고래가 조사된 곳으로는 비교적 이름 높은 노르웨이의 세계유산 알타(Alta)암각화가 있다. 또한 스쿠기르바이엔(Skogerveien)이나 레이크네스(Leiknes), 뢰되이(Rødøy), 섭스태드(Søbstad)와 같은 몇 개의 유적이 있다. 그리고 백해 카렐리야 공화국에는 이름난 잘라부르가(Залавруга)나 카노제로암각화

(Петроглифы Канозера)가 있다. 극동의 시베리아 유적으로서 추코트키 반도에는 뻬그띠멜(Пегтымеля, Чукотки полуостров)암각화가 있다. 물론 오스트레일리아 시드니 주변의 여러 유적이나 쿠링가이 체이스 국립공원(Kuring-gai Chase National Park, Sydney)의 고래표현도 볼만하다. 그곳에서 고래는 거의 등신대로 묘사되고 있었다.

북미 브리티시컬럼비아에서 마카 인디안의 유적 오제떼(Ozette, Olympic Peninsula, British Columbia)도 고래 표현물로 널리 알려진 곳이다. 그 외에도 고래가 조사된 크고 작은 암각화 유적은 세계 곳곳에 분포하고 있다.

그러나 그 모두를 합친다고 하더라도 반구대암각화의 고래만큼의 조형적 표현에는 미치지 못하는 측면이 있다. 그만큼 반구대의 고래는 표현상 기법이나 미적 구성요소에서부터 제의적 표현과 같은 상징성에 이르기까지 다른 나라의 그것을 뛰어넘는 표현력에서 우수함이 있기 때문이다.

전체가 한눈에 조망되는 고래는 그 실체감이 잘 전달될 수 있는 구성이다. 그런 고래의 표현방식에서 우선적으로 발견되는 사항 하나는 눈에 보이는 그대로의 사실적 형상을 묘사하는 것이 아니라, 몇 가지 효과적 표현 기법을 선택하는 것으로 그것을 적절하게 나타내고 있다는 점이다. 그중 우선해서 발견되는 사항은 고래의 표현 그 대상이 생태적 현상에서 특별한 습성으로서 '먹이활동의 순간을 포착'하고 있다는 점과 함께, 여러 개의 관찰 시점을 갖는다는 '다시점(多視点)의 기법', 그리고 고래의 생태적 특성의 하나로서 '비틀림 기법'을 구사하고 있다는 점이다.

그림 47. 오스트레일리아에서 고래표현(Kuring-gai Chase National Park, Sydney)

이와 같은 표현방식은 고래라고 하는 거대한 동물묘사에서 고래가 가장 고래다운 순간을 어떻게 그려낼 수 있을까 하는 고민, 그리고 절대 실물의 크기가 고려될 수 없는 반구대암각화에서 표현상, 고래를 또 다른 바다생물 물고기와는 어떻게 차별적으로 그려낼 수 있을까 하는 깊은 고려 끝에서 나온 방식이라는 것이다. 그것이 바로 관찰자의 눈에 보이는 그대로 살아서 숨쉬는 바다에서 모습이 아닌, 먹이활동 하는 순간, 몸체가 크게 부풀어 오른 상태의 고래를 포착하는 방식을 취하였다는 점이다. 동시에 생생하고 실제적인 접근이 용이한 기법으로서 다시점 기법을 또 다른 표현방식으로 선택하고 있다.

다시점 기법이란 두세 개의 서로 다른 방향에서 관찰된 사물의 형태를 하나의 표현물에게 적용하는 일종의 복합적 표현기법을 말한다. 이러한 기법은 널리 알려진 피카소(Picasso, Pablo Ruizy, 1881-1973) 또는 브라크(Georges Braque, 1882-1963)와 같은

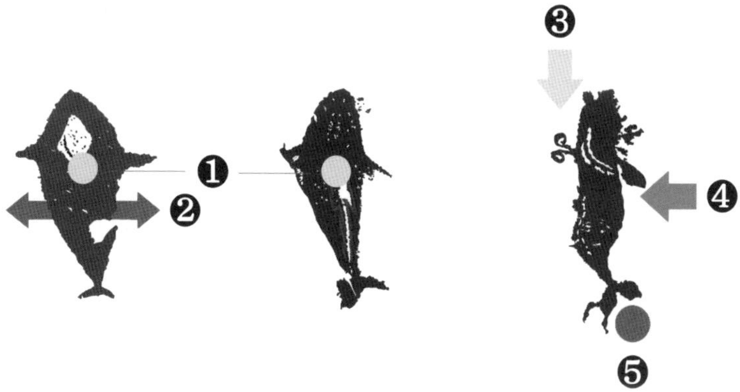

그림 48. 먹이활동 및 측면관찰시점의 고래(❶ 위 ❷ 복부확장 ❸ 정면 ❹ 측면, ❺ 위)

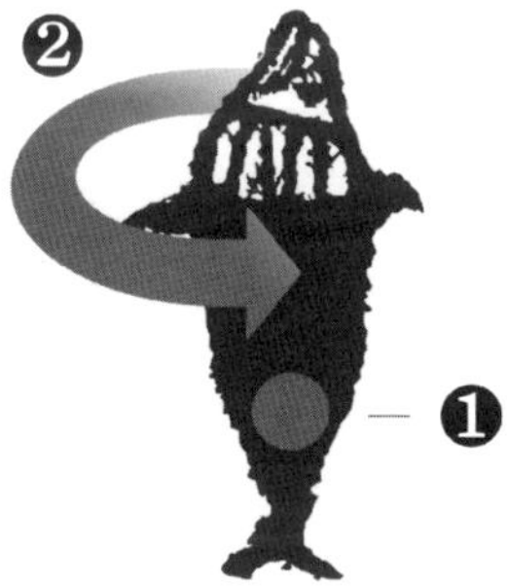

그림 49. 비틀림 기법(❶ 위 ❷ 비틀기)

큐비즘(Cubism)작가의 초기작에서 읽히는 표현방식과도 흡사하다.

적극적 조형 의지의 발현에서 나온 비틀림 기법이란 것은 고래의 생태적 특성을 그대로 적용하고자 했던 표현 기법의 하나이다. 귀신고래나 혹등고래와 같은 특정의 고래는 먹이활동을 할 때, 머리를 모로 세워서 주둥이 한쪽 끝으로 해저의 모래바닥을 헤집어서, 그때 물에 뜨는 부유물로서 게나 크릴새우와 같

그림 50. 아비뇽의 처녀들(Les Demoiselles d'Avignon, 1907, 243.9×233.7cm, Pablo Ruiz Picasso, The Museum of Modern Art New York)

은 것을 흡입한다고 한다. 이러한 먹이활동의 순간을 포착하여 표현한 것이 바로 비틀림 기법으로, 주둥이는 옆으로 틀어서 비틀린 상태를 그대로 묘사하고 있고, 몸체는 여전히 위에서 또는 복부에서 바라본 시점 그대로를 동시에 한 마리의 고래에게 적용하는 것이다. 그래서 상체는 비틀어서 복부의 주름이 반쯤 보이는 상태로 묘사된 그림 49와 같이 나타나고 있다.

이상과 같은 기법에서 나오는 조형미는 반구대주인공의 예술적 표현력을 유감없이 보여주고 있다. 과감한 변형(déformation)이 적절하게 반영되어서 나온 이 세 가지 기법은 단순할 수밖에 없는 고래의 모습을 특징적인 생태 현상의 적용과 형태적 변용을 통하여 성공적으로 구현하고 있다. 이와 같은 흥미로운 조형적 능력은 사물을 보다 실감나게 하는 적극성에서 나오는 것이라고 하겠는데, 따라서 이러한 표현력은 사실성의 측면보다는 예술가의 인지능력에 의한 표현이라고 할 수 있을 것이다. 그렇기 때문에 고래는 종이 구분되는 도감적 수준에 닿고 있다는 의도하지 않은 뜻밖의 사실성에 맞닿게 되었던 것이 바로 반구대 암각화에서 고래표현과 같다. 그런 점에서 고래는 표현력의 탁월한 예시의 하나라고 할 수 있을 것이다.

고래사냥

스무 해 쯤 전에 오스트레일리아에서 일 년 정도 머물렀던 적이 있다. 어느 휴일날 우연히 켠 TV에서 전통방식으로 상어와 고래를 사냥하는 장면을 방영하고 있었다. 그중 고래사냥 장면을 보고는, 이내 그곳이 어디인가를 살펴보았다. 그러나 인도네시아의 어디쯤이라는 것밖에는 정확한 장소를 알 수가 없어서 답답해했는데, 그것을 보고 놀랐던 이유는 바로 그 전 해에 글쓴이가 반구대암각화 조사에서 새로 찾은 고래사냥의 장면과는 너무나 흡사했기 때문이었다.

그로부터 상당한 시간이 흐르고, 이번에는 그와 똑같은 내용, 동일한 장면이 EBS교육방송에서 방영하고 있었다. 인도네시아 플로레스의 동쪽에 있는 섬, 렘바타(Lembata island)의 라마렐라(Lamalela)라고 하는 작은 마을에서 포경장면이었다. 그런 생생

그림 51. 포경(Lamalela, Lembata island, Indonesia, 설태주)

한 고래사냥이 대곡천의 한 암벽에도 고스란히 박제되어 있었다. 그 고래 잡는 장면을 라마렐라의 그것을 차용하는 것으로 어느 정도 현실성 있는 복원이 가능하게 되었다.

라마렐라에서는 보통 5월부터 고래잡이를 시작하여 6월이면 그 정점에 이른다고 한다. 펠레당이라고 하는 전통의 배를 사용하는데, 이 배는 노 젓는 사람에서부터 키잡이, 작살잡이를 포함하여 보통 7에서 14명 정도의 선원이 참여한다고 한다. 그 선원 중에서 가장 중요한 역할은 역시 작살잡이이다. 항해 중 고래를 찾았을 때, 그때 작살 잡이는 작살 찌르개를 들고 선수에 올라 가만히 서 있다가, 배가 서서히 고래에게 다가서는 그 순간 몸을 날려 작살을 박아 넣는다. 성공적으로 고래를 맞추고 나면, 이내 여러 선원이 달려들어서 또 다른 작살을 박아 넣거나 줄을 매달아서 고래가 힘이 빠지고 숨이 끊어지기를 기다린다. 마침내 숨이 끊어지고 나면 끌고 돌아오는 것으로 고래사냥은 끝이 난다. 그다음은 사냥물의 해체와 함께 공평하게 고기를 나누는 것으로 사냥의 뒤처리도 모두 끝이 나게 된다.

반구대암각화의 고래사냥이 이러한 상황과 일치하는 부분은 그렇게 많지 않을 것이다. 하지만 그러한 포경의 장면은 보편적 상황에서 전통적 고래사냥에 대한 복원에서 제한적이긴 하지만 도움이 된다.

반구대에서 배는 6척이 등장한다. 그중에서 중심 암면 상단에 별도로 분포하는 한 척의 배를 제외하고 5척의 배는 모두 직접적으로 고래사냥과 관련되어있다. 배는 그 선수에 길게 고래와 연결된 선이 있어서, 그것이 성공한 포경을 나타내는 것임을 분명히 하고 있다. 그리고 그런 선의 중간부분에는 부구와 같은 도구가 매달려있는 것도 있다. 그러나 여기 묘사된 부구는 어디까지나 그런 상황 연출을 보여주기 위한 상징적인 것으로 보인다.

중심 암면의 우측 Ⅲ면에도 한 척의 고래잡이배가 있다. 배는 두 마리의 고래와 관련되어 있는데, 그중 한 마리에게는 말하자면 공평한 분배를 위한 것이라는 고래의 해체도로 보이는 선각문양이 새겨져 있다.

그림 53, 54와 같은 고래사냥의 장면을 잘 보면, 우선 공동으로 조업하는 두 척의 배는 그 선수에 사람이 작살 찌르개와 같은 것을 들고 서 있는 모양이다. 그래서 사람은 작살잡이이고, 그것은 온전히 신석기시대 고래사냥 장면의 재현인 것이다. 동시에 그것은 라마렐라에서 포경장면과도 흡사하다.

반구대암각화에서 이보다도 더 생생하고 역동적인 포경의 광경을 기대하였다면 그것은 처음부터 어려운 일이었다. 비록 반구대가 여러 가지 극적 상황을 충실하게 묘사하고 있다고 하더

그림 52. 빼그트멜의 포경(Пегтымель, Кейнынейй, Чукотский)

라도, 유적의 전반적인 표현속성은 어디까지나 정적인 자세를 견지하고 있기 때문이다. 소략한 몇 점의 동물에게서 의외의 동세가 발견된다고 해도, 반구대암각화의 표현상 큰 흐름은 어디까지나 도식화되고 움직임이 억제된 속성을 보여주고 있어서, 그런 것은 처음부터 나타나기 어려운 것이었다.

세계 유수의 암각화 유적에서 포경의 장면은 유적의 가치를 높이는 보다 중요한 표현의 소제였다. 그것이 결코 흔한 것이 아니었기 때문이다. 이름난 고래 암각화 유적으로서 백해의 카노제로와 함께, 잘라부르가는 고래사냥의 모습이 적극 묘사되고 있는 대표적 유적의 하나이다. 그곳에서 수집된 포경장면 중에는 여러 척의 배가 공동으로 고래를 잡는 광경이 있어서, 반구대암각화의 그것과는 좋은 비교가 된다.

그림 55와 같은 잘라부르가의 포경장면은 무려 6척의 배가 한

그림 53. 고래사냥

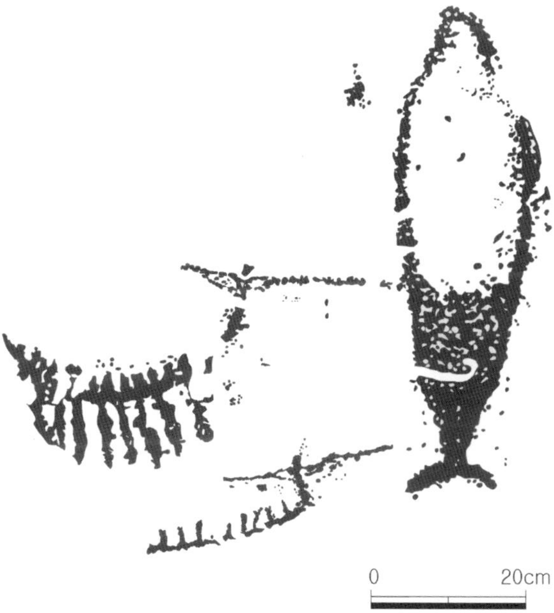

그림 54. 고래사냥

그림 55. 잘라부르가의 포경(Залаврyга)

마리의 고래를 잡는 공동조업의 광경을 잘 보여주고 있다. 당시의 고래사냥이 어떻게 이루어졌는가 하는 것을 그 무엇보다도 생생하게 전해주고 있다. 특히 가죽 배로서 우미악(umiak)과 목선이라는 서로 다른 선박으로 구성된 포경선단의 장한 모습은 표현상으로 반구대암각화에서 포경의 복원에 일정한 참고자료이다.

고래 의례의 정점, 반구대암각화

반구대암각화에서 제의의 내용이나 그 시점에 대해서는 관심이 없을 수가 없다. 제의 시점과 관련하여 그동안 생산된 견해를 보면, 먼저 환경적 접근으로 서북향의 유적에 처음 햇살이 비치기 시작하는 때, 바로 그때가 아닐까 하는 의견이 있다. 계절의 변화는 선사시대 사람뿐 아니라 오늘을 살아가는 우리에게도 중요한 문제이기 때문에, 날이 따뜻해지기 시작하는 봄에 이곳에서 대규모의 제사가 거행되었을 거라는 주장은 자연스럽다. 하지만 여전히 불투명한 제의의 시점에 대한 보다 진보한 생각은 그것을 표현물의 성격을 살피는 것으로 어느 정도 알 수 있지 않을까 하는 것이다.

보통 육지에서 사냥은 대체로 겨울철에 이루어진다. 그런 까닭에 사냥의 계절이 제의 시점과는 깊이 관련될 수밖에 없었을 것이다. 뿐만 아니라 바다에서 그것도 울산만 앞바다로 고래가 활발하게 이동하는 특정의 시점을 주목해야 할 것이다, 그래서 사냥대상물의 출몰 시점을 추적하는 것은 일정하게 의미가 있다.

사냥과 관련하여 규모 있는 의례가 이루어진다고 한다면, 우리가 고려해야 할 것은 더 많아진다. 이미 유적에 잘 나타나 있듯이, 손을 올려 신호하는 사람이나 고래의 분배를 나타낸 표현물과 같은 것도 포경의 순간을 대비한 것이었다면, 따라서 어떤 특정한 의례의 시간을 모색할 수 있는 부분도 당연히 고래사냥과 관련한 목적성의 의례를 생각해야 하는 것이다.

환경적 요인도 늘 중요하였다. 유적의 경관이 조성당시 중요하게 '선택'되었다고 하는 점을 감안한다면, 당연한 것이 바로 그러한 요인을 잘 들여다봐야 하는 것이다.

반구대암각화는 좁은 협곡 안에 자리 잡고 있다. 유적 바로 위로는 바위가 튀어나와 있어서 비바람에는 잘 보호되는 구조이다. 좌측면은 측벽으로 막혀있다. 통상적인 암각화 유적의 입지조건이다. 하지만 이곳이 유적으로 선택된 데에는 그보다 훨씬 더 중요한 사실 하나, 바로 소리가 울려 퍼지는 공명현상을 이곳에서 발견하였기 때문이다.

여기서 나는 소리는 멀리까지도 생생하게 울려 퍼진다. 특히 밤이 되면 그 현상은 보다 크게 증폭된다. 한밤중에 이 근처에 있어 본 사람이거나 반구대 일대의 주민에게 말하면 대부분은 "아!" 하며 고개를 끄덕여 공감하는 바가 바로 그런 현상이었다. 그래서 이곳은 의례에서 최적의 공간이 되었으며, 동시에 일대 공간은 음향효과가 극대화된다는 점에서 특별한 의미를 갖게 된 것이었다.

이러한 환경적 의미 하나 정도에서 이해의 접점이 생겼다는 점에서 유추되는 것은 최소한 이곳에서 의례의 순간은 음향효과가 극대화되는 어떤 순간, 그것은 바로 밤의 시간이 아니었을까 하는 점이다. 그 밤은 영혼의 시간이기도 하다.

이제 유적에서 있었던 의례의 내용을 심층적으로 고민해 볼 수 있게 되었다. 그것을 표현물의 내재적 현상을 살펴보는 것으로 다가서고자 한다.

제의라는 것은 항상 목적성을 띠고 있기 마련이다. 그 반구대 암각화의 제의의 실질적 목적도 우리는 표현물의 구성양상을 통하여 접근할 수밖에 없다. 그런 의미에서 반구대암각화에서 가장 시선을 끄는 곳은 누가 뭐라고 해도 고래가 무리 지어 있는 중심 암면 좌측일 것이다. 이곳에 고래가 있고 고래와 함께 그룹을 형성하는 거북이가 있다. 그리고 또 잘 살펴봐야 하는 것은 은연중에 이루어진 고래의 무리가 만들고 있는 삼각 구도와 같은 것이 있다. 물론 고래는 하나같이 하늘을 향하여 승천하는 양상이고, 이러한 전반적인 구도의 가장 아랫부분에는 사지를 활짝 펴고 있는 여사제로서 샤먼이 있다. 마치 무중력상태에 떠 있는 것과도 같은 자세의 샤먼은 마치 영적 의례의 현장에서 고래의 무리 전반을 지휘라도 하는 듯, 딱 그런 곳에 자리잡고 있다. 이와 같은 화면구성의 의미를 읽을 수 있다면 우리는 반구대암각화의 핵심적 내용에는 성큼 다가서서 유적조성의 목적 하나에 닿게 되는 것이다.

당연한 사실로서, 세계 유수의 암각화 유적에서는 모두 일정하게 제의가 이루어져 왔다. 그러나 그 내용이 무엇인가 하는 점은 오랜 고민꺼리였으면서 영원한 연구의 테마와도 같았다. 어떤 유적은 사냥 주술로 가득한 곳이 있는가 하면, 또 어떤 유적은 사자의 안식과 함께 회생 기원의 제장도 있다. 그동안의 조사에 의하면 강변의 유적이 보통 그런 형태를 띠고 있어서, 실례로 미누신스크의 규모 있는 암각화유적으로서 샬라볼린스카야 핏사니차(Шалаболинская писаница)는 사자의 안식과 정화, 그리고 재생을 기원하는 의례가 조성의 주요 목적으로 기능하였던 곳이다. 바위지대 곳곳에는 사자의 영혼을 묘사한 표현물로 가득하고, 그 바로 앞으로는 뚜바강이 흐르고 있다. 그런 환경적 측면에서 강은 생명수로 기능하는 곳이었으며 동시에 조상의 세계와 이승의 공간을 이어주는 신이한 힘이 있는 공간이었다.

특정의 유적 중에는 현존하는 종교와 절묘하게 결합하여 공존하고 있는 곳도 있다. 우리나라에서 특히 그런 곳은 영주 가흥동암각화가 있어서, 암각화유적의 의례적 기능과 신성의 기운을 8세기경 불교가 그대로 계승하고 있는 형태로 나타나있다.

반구대암각화 마찬가지로 논의의 중심에는 언제나 제의와 관련하고 있으며, 거기에 대한 대답을 우리는 그림 56과 같은 화면 구성, 그 장면을 통하여 읽어내고자 하고 있다.

고래가 만들고 있는 화면은 웅장하다. 마치 어떤 스토리 전개상을 보여주는 것과도 같이 장황한 면모가 있다. 부감법의 시점은 그대로 이를 바라보는 사람의 시각까지도 실체감을 공감하게 하며, 그것이 의도에 의한 것인지는 알 수 없지만 삼각 구도는 그대로 수준 높은 조형성을 유감없이 발휘하고 있다. 그래서 이러한 화면은 고스란히 제의의 목적성에 직결되고 있는 양상이다. 하늘을 향하고 있다는 방향성이 암시하듯, 무리의 앞에는 3마리의 거북이가 이들을 이끌고 있다.

사실상 거북이나 새는 인간의 한계를 초월하여 물과 뭍, 그리고 하늘을 오갈 수 있다. 그렇기 때문에 이들은 인간이 접근할 수 없는 영적 세계와도 소통할 수 있을 거라고 믿어왔다. 그래서 이와 같은 영물에게 인도되는 고래는 고래의 영혼으로서, 결론적으로 바라보는 반구대암각화에서 의례의 주요 목적 하나는 이미 인간에게 죽임을 당한 고래의 영혼을 위무하고, 그들 영혼을 잘 달래어 안식하게 하며, 이윽고 정화로 이끌어 그들을 무사히 영계로 되돌리기 위한 한바탕의 신성한 굿판이었다고 할 것이다.

그렇다면 함께 구성된 과장된 수족에 사지를 활짝 펴고 있는 종교 직능자로서 샤먼은 여기서 어떤 역할을 하고 있는 것일까? 아마도 그는 고래의 영혼을 영계로 무사히 보내기 위한 의례의 주관자로서, 그는 탈혼 하여 영계로 훌쩍 날아올랐다. 그런 부유형의 신체는 영적 활동을 가시화하여 나타낸 것으로, 과장된 수족은 그가 더한 영능력으로 성공적인 제사를 이끌고 있음을 보여준다.

그림 56. 고래와 의례

제의의 전반적 과정에서 음악이 동반되었으리라는 생각은 자연스럽다. 세계 암각화의 많은 곳에서 음향의 동원은 필수적이었다. 그런 흔적은 유적 곳곳에 남아있었을 것이지만, 지금 반구대에서는 더 이상 찾아볼 수 없게 되었다. 그것을 글쓴이는

그림 57. 실로폰(Kupgal petroglyphs, Karnataka, India, 이하우)

인도 카르나타카(Karnataka)주의 신석기시대 유적 쿠팔 암각화(Kupgal petroglyphs)에서 돌 실로폰(그림 57)으로 남아있는 것을 확인한 적 있다. 물론 그것은 지금도 청아한 소리를 울린다.

일찍이 울산만은 동해안에서 고래사냥의 전진기지로서, 해양어로 활동의 거점이었다. 해마다 고래사냥의 시즌이면, 이곳 울산만으로는 많은 사람이 모여들을 것이다. 환동해 여기저기에 흩어져 살던 사람도 포경의 계절이면 모두 이곳으로 몰려들었다. 그렇게 모인 사람들이 어떤 특정한 날을 잡아 이곳 생업의 공간과는 멀리 격리되고 은밀한 장소를 찾아 나섰다. 강을 거슬러 근원까지 올라온 그들은 마침내 좋은 환경적 요소를 골고루 갖춘 대곡천에 이르렀다.

이곳에서 그들 집단은 얼굴을 익히고, 서로 간에 쌓인 갈등해소와 함께 동류의식을 고취하는 등 결속을 다졌다. 동시에 그들은 어로 활동을 위하여 신호체계를 수립하였으며, 포획물의 공평한 분배를 위한 법칙도 세우는 등 모든 것을 신 앞에서 엄정히 하고자 하였다. 그래서 유적은 그들이 모여 제사 지내는 한바탕 굿판이었으며, 동시에 고래사냥을 위하여 나름의 원칙을 세우는 등 조직화를 위한 화합의 마당이었을 것이다.

이곳에서 그들은 자신을 위해 희생당한 고래의 영혼을 달래었으며, 그 영혼이 새로운 육신을 얻어서 다시 자신들에게 돌아오기를 간절히 빌었다. 그런 차원에서 반구대암각화는 환동해 포경 중심의 해양어로 문화유적으로서 고래사냥관련 의례에서 항상 그 정점에 있던 곳이었다.

또 한 마리의 고래를 만나서

그래서 의례의 중요한 목적 하나는 고래의 회생에 있었다고 하는 것인데, 그런 관점에서 이제 와서 비로소 바르게 볼 수 있는 것은 복부에서 관찰된 한 점의 선 새김고래이다.

반구대에는 모두 57점의 고래가 있다. 그러나 그중에서 오직 그림 58과 같은 고래는 이제까지 논의된 것과는 반대로, 내려다보는 시점에 반하는 복부에서 관찰된 고래이다. 그것이 아래를 향하고 있다. 표현상으로 이상의 모든 고래를 망라하는 규모와 정교함이 있고, 동시에 중복상태로 확인된바 최상위에 자리 잡고 있다. 그래서 이와 같은 고래는 또 어떻게 바라봐야 하는 것일까 하는 의문을 갖는 것이다. 따라서 이전에 논의된 모든 사항과는 정반대의 상황 연출이라는 점에서 접근의 코드 하나를 이제 막 찾아낼 수 있을 것 같다.

이러한 고래가 묘사되었던 이유는 무엇일까? 그것을 앞서 논의된 고래표현의 구도에서부터 방향성, 그리고 그러한 전반적 상황에 대한 성격에 반한다는 관점에서 바라볼 수도 있을 것이다.

무리 지은 고래의 중심적 성격 하나가 영혼의 귀천에 있었다면, 이제 그것을 보다 큰 목적 하나로서 회생의 이미지로 바꿔 볼 수도 있지 않을까 하는 것이다. 반구대암각화에서 고래표현의 목적 하나가 영혼 위무와 귀천, 그리고 그것이 새로운 육신을 얻어서 우리에게 되돌아오기를 기원하는 것이었다. 그렇다면 하늘을 오르는 고래와는 반대로 표현된 고래는 그런 제의에 대한 합당한 응답과도 같은 생각에서, 듬직한 고래 한 마리는 이제 막 새로운 육신을 얻어서 회생하여 돌아오는 그러한 고래의 상황을 직설적으로 묘사한 것으로 봐도 좋지 않을까 하는 생각이다. 그런 점에서는 반구대암각화는 상당히 설명적 측면이 있다고 해도 좋을 것이다.

반구대암각화는 여러 번의 제작단계를 거쳐서 지금의 현상에 이르고 있다. 제작상의 과정이 수차례 거듭된 결과인데, 고래와 관련한 의례의 중심단계와 여기 복부에서 관찰된 선 새김고래는 그런 단계상에서는 분명하게 차이가 있다. 그래서 살펴봐야 하는 것이 서로 다른 제작과정을 갖는 표현물을 과연 상호적 시각에서 바라볼 수 있는 것일까 하는 의문이다. 물론 그런 점은 이 글의 중요한 주제의 하나가 유적의 순차적 단계라는 것을 중요하게 생각하기 때문이다.

사실상 반구대암각화는 물론, 세계의 많은 암각화는 여러 번의 제작단계를 갖는 것이 많이 있다. 그리고 그 각각의 단계는 단절

그림 58. 복부에서 관찰된 고래

적인 것이 없지 않지만, 어떤 것은 세부적으로 차이가 있음에도 불구하고 큰 틀에서 유적 전반은 항상 상호적이며 영속성을 갖고 이어져 왔다는 것이다. 그래서 이전단계에서, 또는 조상이 남겨 놓은 숙제와도 같은 그 어떤 것은 그대로 후대에 와서 새롭게 구현되기도 하고 또 어떤 것은 존중되는 그런 계승의 현상을 어렵지 않게 찾아볼 수가 있다. 그것이 암각화 시대의 보편현상과도 같이 나타나고 있는데, 반구대암각화에서 그러한 현상이 이렇게 복부관찰의 선 새김 고래로 나타났다고 생각되는 것이다.

이와는 전혀 다른 것이긴 하지만, 앞서 살펴본 표현물 중에서 그림 34와 같은 것도 단순 초식동물에게 나중에 그 뿔을 덧새겨서 사슴으로 완성한 것이다. 그런 점에서 볼 때, 암각화 표현상 유전(遺傳)의 현상은 언제나 당위성을 갖고 구현되고 있었다고 해도 좋을 것으로 보인다.

하늘과 땅, 물을 넘나드는 동물

거북이나 새는 인간의 능력을 초월한다. 무병장수한다는 거북이는 물과 뭍을 모두 오갈 수가 있다. 그런 생태적 기능은 단일한 능력을 넘어서는 초월성으로 하여 양성체(兩性體, amphibians) 동물로 이해되어 왔다. 그런 것은 새 또한 마찬가지이다.

가마우지와 같은 새는 해마다 동일한 장소를 찾아오는 회귀성의 조류이다. 하늘을 날며 물속도 자유로이 넘나든다. 땅에서도 머무는 그 생태적 기능을 이용하여 사람이 길들여서 부릴 수도 있다. 그런 가마우지는 변태 하는 개구리나 탈피하는 뱀과도 같이, 서로 경계가 뚜렷한 공간을 넘나들 수 있는 양성체로서 불통의 차원까지도 건넬 수 있는 존재로 받아들여져 왔다. 그런 초월성으로 하여 거북이와 가마우지는 반구대암각화에서도 특별한 존재성을 갖고 등장하고 있다.

양성체 동물에 대한 생각은 그것이 현세의 경계를 넘나드는 능력처럼, 이승과 저승, 물질계와 영계라는 서로 다른 차원까지도 통할 수 있을 것이라고 받아들여졌다. 그래서 많은 신화적 상징투에서는 양성체 동물의 기능을 즐겨 인용하여 왔다.

양성체 동물은 반구대에서는 모두 고래와 관련되어있다. 최상단에 거북이 세 마리가 나와 있어서, 이 거북이의 뒤를 따르는 고래의 무리라든지 그 오른쪽 가마우지 한 마리도 거북이와는 방향을 같이 하고 있다.

중심 암면 한가운데에도 존재감 있게 묘사된 고래가 한 마리 있어서(그림 59), 고래 양편으로 날개를 활짝 편 가마우지가 함께 날아오르고 있다. 그중 한 마리는 물고기를 물고 있으며, 이러한 표현은 가마우지가 하늘을 나를 수 있는 능력과 함께 물속까지도 드나드는 존재라는 것을 함축하고 있다. 그래서 거북이와 함께 가마우지는 이미 초월적 존재로서 고래를 영계로 이끄는 조력자이면서 안내자로 등장하고 있는 것이다. 동시에 그들은 영혼의 매개체(엘리아데 M./이윤기 1993)이기도 하다.

에드워드 버넷 타일러(Sir Edward Burnett Tylor)의 애니미즘(animism)적 사고방식은 이 세상에 생명이 있는 것이나 없는 것 모두 사람과 같이 영혼이 있다는 믿음에서 시작한다. 동물조차도 영혼은 존재하는 것이며, 따라서 사람은 그들 자신으로 해서 죽은 동물이 원한을 가지지 않게 위령(慰靈)의 의식을 치뤄야만 한다. 반구대암각화에서 고래는 사람에게 살해된 고래의 영혼을 묘사한 것이다. 그 영혼을 위로하고 달래어서 고이 영계로 보내야 하기 때문에 샤먼은 위령의 굿을 주관하고 있는 것이다. 부유형의 샤먼은 고래의 영혼과 함께 스스로 육신을 벗어던지고 구천으로 뛰어올랐다. 거북이와 가마우지는 그런 의식에서 샤먼을 돕는 조력자인 것이다.

동물의 주(主)라는 것이 있다. 동물의 주에 대한 개념은 수렵사회의 세계관에서 하나의 특징적 현상과도 같다. 대자연에는

그림 59. 가마우지와 고래

특정의 공간 또는 영역을 관장하는 고유한 주인이 있다고 하는 믿음이 있어서, 그 믿음의 결과로서 동물의 주는 넓은 의미에서 보면 그것은 자연의 주라고 하는 북아시아 수렵문화의 이상과도 같은 존재인 것이다.

자연의 주는 대자연의 수호자로서 그는 산이나 강, 바다는 물론이고, 숲이나 들판 그리고 그 속에서 살아가는 모든 동물까지도 주관하는 주인이다. 삼라만상의 모든 것을 주재하는 주인이 따로 있다고 생각하는 자연의 주에 대한 의례의 형태가 반구대 암각화라는 제의의 공간에서도 동일하게 적용되고 있었다고 한다면, 여기 고래의 영혼들은 그에게 보내지는 것일 수도 있다.

그 안에서 동물의 주는 각각의 공간의 주인이면서 보호자이고, 동시에 자신의 관할 내 모든 살아있는 동물을 수호한다. 어여삐 보인 사람을 위해서는 지속적으로 그들 식량원으로서 동물을 보내준다. 그래서 사람들은 그들의 주와는 항상 좋은 관계를 가지기 위하여 노력해야 한다. 그럼에도 불구하고 동물의 주는 숭배적 대상은 아니었다(서영대 1992, 2002; 조셉 캠벨 · 빌 모이어스/이윤기 19962; 조지프 켐벨/이진구 2003; Uno H. 1964).

같은 시각에서 볼 때, 한반도에서 자연의 주 또는 동물의 주에 대한 관념은 전통적으로 민간 사회에서 적극성을 띠고 수용되어 왔다고 할 수 있을 것이다. 그것은 산신령과도 같은 신격과는 많이 닮았다. 산신령의 동물에 대한 영향력으로 볼 때, 수렵문화단계의 신격이 한반도에서 일종의 성격 변화를 일으키면서 이어져 온 상태가 산신령으로 나타난 것이 아니었을까?

사냥의 금기, 그리고 공평한 분배를 위하여

중심암면의 중간부분을 가로질러 가면서 좌에서 우로 배가 불룩하게 나온 호랑이가 있고 멧돼지와 표범, 사슴과 같은 동물이 있다. 이러한 동물표현은 지금까지 살펴본 것과는 많이 다른 모양이다. 몸 안에 동물의 고유한 생태적 현상과는 전혀 다른 문양을 묘사하고 있기 때문이다. 그런 문양은 뭐라고 말하기 어려운 복잡한 선각 장식인데, 이제 그것이 무엇을 말하고자 하였던 것인지를 살펴보고자 한다.

이상의 동물에 더하여 중심 암면 우측 하단부와 그리고 Ⅲ면에서 이와 유사한 문양의 고래를 더하면, 반구대암각화에서 이렇게 색다른 문양이 있는 표현물은 모두 8점으로 조사된다.

이러한 동물은 우선 그 특징이 복잡하지만 규칙성을 읽을 수 있는 선각 문양이 시문되어 있다는 점이다. 그리고 그것을 육지 동물과 바다 동물로 구분할 수가 있다. 육지 동물은 모두 배가 불룩하게 나와 있어서, 그것이 새끼를 밴 어미를 묘사한 것으로 보인다. 그 외 바다 동물로서 고래는 그와는 좀 다른 모양이다. 장식문양의 동물 중에서 먼저 육지 동물을 살펴보기로 하자.

그림 60은 힘 있게 뻗은 긴 꼬리와 쫑긋한 두 귀, 그리고 잘 발달한 견갑부를 갖는 호랑이이다. 부풀어있는 큰 배가 아래로 처져있어서, 그 모양으로 봤을 때 호랑이는 새끼를 밴 어미를 묘사한 것이다. 호랑이에게 나타난 선각을 잘 보면, 외곽에서부터 엇갈리는 선을 내부로 그어오다가 복부 근방으로 오각형의 공간이 만들어지고, 그 안에는 동그라미를 한 점 새겼다. 이러한 문양으로 하여 호랑이는 보는 사람의 시선을 자연스럽게 복부 한가운데로 모으고 있다. 그렇다면 문양을 새긴 목적은 어쩌면 새끼 밴 호랑이의 배를 주목하게 하는, 일종의 경계의 의미를 나타내고자 했던 것이 아니었는지 모른다.

멧돼지는 세 마리가 있다. 멧돼지는 보는 사람에 따라 일부 형태적 문제로 해서 그것이 아닐 수 있다고도 하고 또 어떤 사람은 그것을 너구리라고 하지만, 너구리는 처음부터 암각화 표현대상이 아니었다. 물론 긴 꼬리가 거슬리지 않는 것은 아니지만, 종에 따라 긴 꼬리를 가진 멧돼지는 얼마든지 있다. 둔중한 체형에 복부가 강조되고 있고 삐쳐 나와 있는 주둥이나 두상의 표현, 그리고 무엇보다도 암각화 시대 동물표현에서 멧돼지는 항상 중요한 소재였다는 맥락상에서 보더라도 그림 61은 새끼 밴 멧돼지가 맞다.

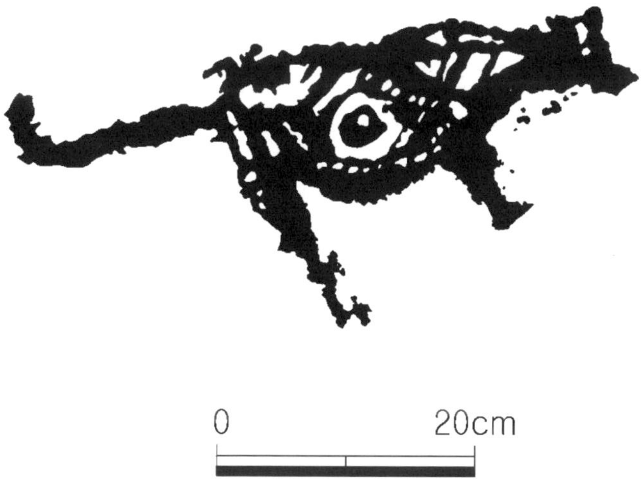

그림 60. 호랑이

사실상 암각화에서 멧돼지는 상당한 비중을 갖고 조사되는 표현물의 하나이다. 년 중 번식이 가능하여 한 배에 7~13마리까지도 능히 낳는 동물로서 부드럽고 많은 양의 살코기로 하여 일찍부터 인간에게 길들여지게 된 돼지는 증식의 기원으로 신성시되었다. 강한 송곳니를 가진 맹수이지만, 동시에 온순한 측면 또한 있다. 굽 동물로서 땅파기를 좋아하는 습성으로 해서 곧장 작물의 풍작을 주관하는 지모신(地母神) 신앙과는 겹쳐서 바라보게 되었다. 그래서 멧돼지는 풍요를 약속하는 땅의 신에 대한 훌륭한 제물이 됨(아리엘 골란/정석배 2004)과 동시에 즐겨 묘사된 암각화의 중점소재인 것이다.

그림 62는 표범과 사슴이다. 가까스로 뒷발이 겹쳐져 있는 상태로 해서, 먼저 사슴이 새겨진 다음 그 위에 표범이 제작되었음을 알 수 있다. 그러나 양자 간에 시차는 별로 없다.

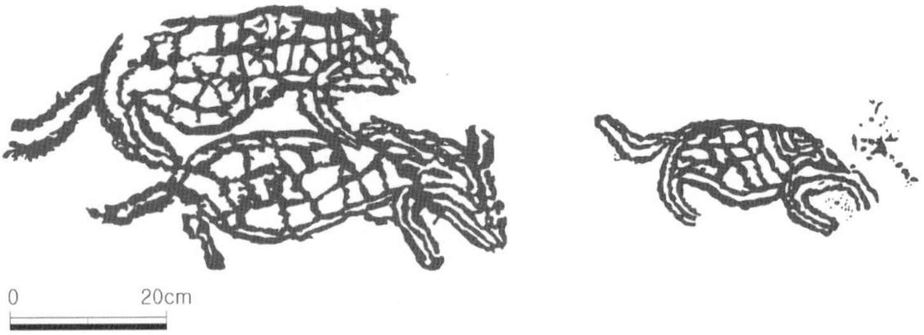

그림 61. 멧돼지

앞서 호랑이와는 다르게 멧돼지나 표범, 사슴에게 나타난 문양은 가로세로의 선각이 교차하면서 만들어내는 격자문으로, 교차하는 선각의 각도나 방향이 조금 달라지면 그다음에서 왜곡 현상이 바로 드러나게 되는 구조이다. 그런 점에서 볼 때, 전반에 걸쳐있는 문양은 대체적으로 고르게 깔려있다가 복부 가까이 와서는 한 눈에 드러나는 양상이다. 그래서 선각구성은 그대로 새끼가 들어있는 복부를 강조하고 있다.

선각 문양에 대한 그동안 연구자들 시각은 대체로 이것을 정육점 등에서 볼 수 있는 등심, 안심, 삼겹살과 같은 육류 부위별 도해(圖解)와 같은 것으로 보는 시각이 있었다. 또는 렌트겐과 같은 투시도법이거나 생명선을 나타낸 것이라는 생각이 지배적이었다. 그러나 장기와 같은 내부기관도 볼 수 없고, 그래서 그것을 다른 나라의 엑스선방식과 비교하면 전혀 다르다는 것은 단번에 확인된다. 예컨대 그림 63과 같은 오스트레일리아 북부 다윈에서 나온 암채화를 보면, 그것이야말로 진정한 엑스선방식으로서 표현물 제작에는 상상 이상의 수준급 해부학적 지식을 바탕으로 하고 있다는 것을 알 수 있다. 내장기관에서부터

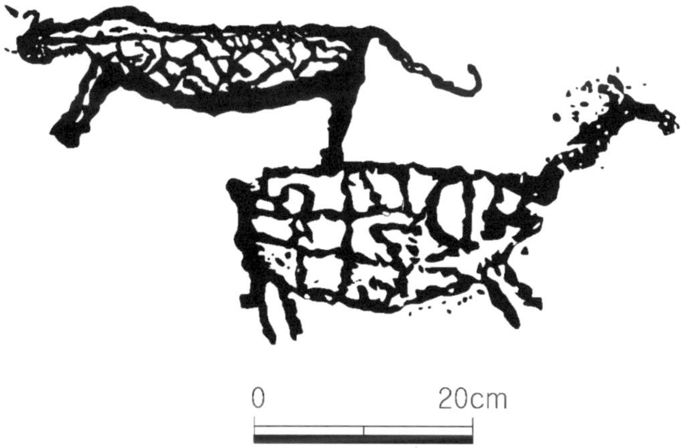

그림 62. 범과 사슴

충실한 골격묘사는 렌트겐 기법의 진수를 보여주고 있다. 하지만 반구대암각화 그 어디에서도 결코 그런 기법은 찾아볼 수 없다. 물론 생명선도 마찬가지이다.

선각 표현이 있는 육지 동물의 가장 중요한 공통점 하나는 모두 이상적으로 배가 불룩하게 나와 있다는 점이다. 그래서 그것은 새끼 밴 동물의 표식으로 받아들이게 되며, 이러한 장식의 동물은 모두 새끼 밴 동물에게만 나타나는 반구대 예술가의 독자적인 표현방식의 하나로서, 그런 동물에 대한 독특한 구상력이 발휘된 방식이라는 것을 분명히 하고자 한다.

따라서 이와 같은 장식문양이 고안된 이유도 어디까지나 새끼 밴 동물과 관련하여 일종의 경고의 뜻에서 나온, 말하자면 이러한 동물은 결코 잡아서는 안 된다고 하는 수렵에서 금기, 또는 보호되어야 하는 동물이라는 의미에서 그것을 명확하게 전달하기 위한 수단이었음을 알 수 있다. 수렵의 시대에 인류

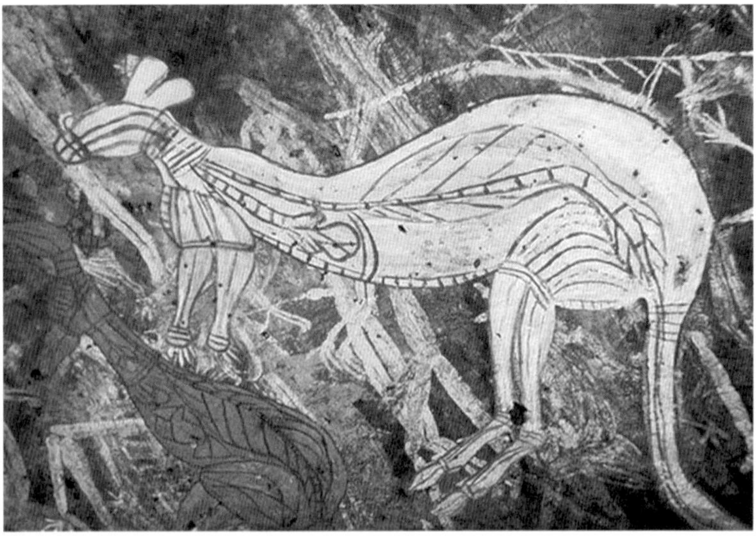

그림 63. 물고기(Oenpelli, Arnhem Land, Australia. W. E. Harney)

식량원이 온전히 유지되기 위해서는 새끼 밴 어미는 보호되어야 한다. 그런 경고의 뜻을 분명히 하기 위한 표식이 이러한 표현물로 나타난 것이었다. 그래서 문양이 있는 동물은 대자연의 영속성을 위한다는 그런 교육적 의미를 반영한 표식이었다.

그렇다면 이제 바다의 거대 포유류 두 마리 고래에게 나타난 선각 표현을 살펴보고자 한다. 그림 64는 배를 드러내고 뒤집혀 진 고래이다. 중심암면에서 나온 이것은 배 옆에 부구로 보이는 물체와 함께 또 다른 고래 한 마리와 함께 구성되었다. 그러나 동반되는 고래는 그런 문양이 없다. 뒤집혀 진 상태는 이미 인간에게 포획되어 목숨을 잃은 고래임을 보여준다.

Ⅲ면에서 조사된 그림 65도 이와는 다르지 않아서, 그림 64가 다소 거친 솜씨인데 비하면, 이 고래는 보다 정형화된 표현 상태를 보인다. 뒤집혀 진 모양은 그대로 포획된 상태를 나타내고

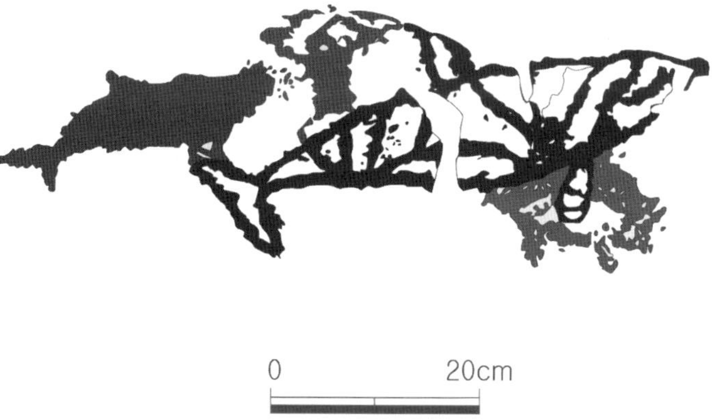

그림 64. 고래의 분배

있으며, 그 꼬리 부분에 한 척의 배가 있고 물속에 반쯤 잠긴 또 한 마리의 고래가 있다.

이러한 구성 상태는, 말하자면 그것이 "사냥물의 공평한 분배를 위하여 효과적으로 동물체를 나누기 위한 해부도를 나타낸 것(김원룡 1980)"이라는 견해는 그대로 인정되어도 좋다. 문제는 이러한 해체도는 왜 필요했던 것일까 하는 것이다. 물론 그것은 포경에 함께 참여한 사람 그 누구의 불만도 없는 엄정한 분배의 법칙을 세우기 위한 것이었다. 공평한 분배야말로 포경 집단을 결속하게 하는 원동력이기 때문이다. 앞서 이미 살펴본 바 있는 것이지만, 서로 간의 이해관계로 모인 고래 사냥꾼들이 때로는 여러 집단이 함께 선단을 꾸려서 조업에 나서야 하는 때도 있었을 것이다. 그런 입장에서도 흔들림 없는 영도력을 발휘하기 위해서는 이렇게 엄정하게 분배의 법칙을 분명히 할 필요는 있었던 것이다.

그것은 반구대암각화 주인공으로서, 고래 사냥꾼 집단의 성

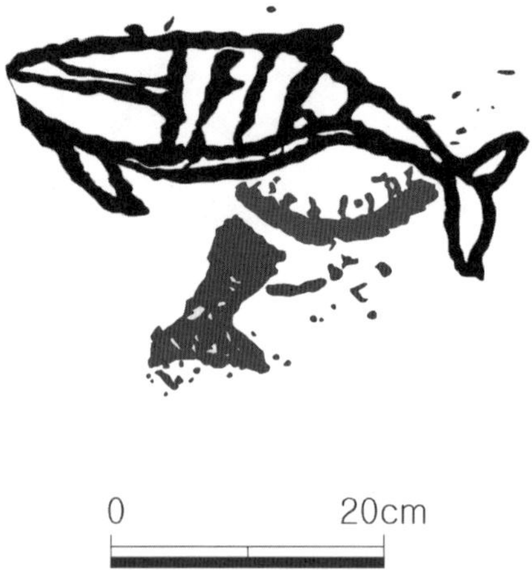

그림 65. 고래의 분배

격과도 깊이 관련되어있을 것이다. 최근의 연구 성과로서 작살과 같은 고고 유물이나 해양포유류 유존체의 분석결과, 그리고 기원전 8000~6000년경의 압인문이나 융기문 토기, 극동평저 토기 등 고고유물의 유통공간에 대한 비교에 의해 비정되는 고래 사냥꾼 집단은 원래 울산만을 근거로 살던 사람이라고는 보기 어려운 구석이 있다. 그래서 그들은 비교적 근거리로서 부산 동삼동에서부터, 멀리 북쪽으로는 울진 죽변리까지 원근에 흩어져서 살아갔던 집단이 아닐까 한다. 거기서 공간을 좀 더 넓혀서 볼 수 있다면 남쪽으로 제주도 고산리까지, 그리고 북쪽 함경도 서포항(2,3기 단계), 보다 멀리는 나진 초도나 연해주 보이스만에서도 융기문 토기와 같은 고고 유물은 동질성을 보이고 있다. 그런 유물의 유사성에 대한 연구 성과에 의하여. 관련성을 보이는 공유 공간은 보다 확대될 수도 있을 것이다.

만약 그렇다면 이곳 울산만으로 모여들던 옛날 고래 사냥꾼

집단은 보다 넓은 무대를 살아갔던 해양 수렵인이었다고 해도 좋을 것이다. 그렇게 멀리 또는 가까이에서 와서 모이게 된 이질적인 집단 간에 얼마든지 일어날 수 있을 법한 것이 사냥물의 분배를 두고 야기되는 갈등일 것이다. 따라서 그것을 막기 위해서는 먼저 일정한 분배의 법칙을 세우고 공표해야 할 필요성이 있는 것이다.

이 시점에서 살펴볼 만한 것으로 포획된 고래의 분배가 어떻게 이루어졌는가 알 수 있는 자료가 하나있다. 그것은 라마렐라에서 경우이다.

'남태평양의 사냥꾼 라마렐라의 고래 사냥꾼들'(BBC EARTH 2020년 7월 3일, 02시29분 방영분)에 의하면, 라마렐라의 원로 작살잡이 알로이시우스(Aloisius)는 프로그램 제작 당시, 마침내 오랜 기다림 끝에 두 마리의 향유고래를 잡아서 함께 나누게 되었다. 분배는 작살잡이가 그것을 정한다고 하는 전통에 따라, 알로이시우스는 다음과 같이 그 내용을 구술하고 있다.

"꼬리 쪽과 하체 부위는 성직자와 조선공, 그리고 우리 어머니에게도 보냅니다. 또 선원과 견인 보트의 선주에게도 나누어 주었습니다"

그래서 고래는 하체 부위를 소중하게 생각했던 것으로 보인다.

"마을 지주에게는 대가리를 주었지요. 턱 부분은 엔진의 소유주에게 나눠줬습니다. 갈비는 옛 동료 선원의 미망인에게도 얼만가를 보낼 겁니다"

"나는 심장을 가졌어요. 그리고 귀한 꼬리 고기는 바다에 뛰어들어서 직접 숨통을 끊은 어부에게 줬지요"

"정식 배당권이 없는 사람들도 모두 와서 고기를 자르고, 씻고, 그리고 나르는 일을 하는 것으로 고기 일부를 챙겨 줍니다"

이러한 분배가 얼마나 옛 전통에 부합한 것인지, 아울러 그것이 항상 규칙적으로 지켜졌던 것인지는 짧은 인터뷰를 통하여 더 이상을 알 수는 없다. 그러나 신석기시대 이래 인류의 오랜 포경의 전통과 더불어 항상 중요했던 항목으로서 분배의 법칙이 적어도 그들 포경집단 내부에서 나름대로 원칙을 가지고 이루어졌다는 사실만큼은 알 수 있다. 비록 제한적이긴 하지만 이와 같은 분배를 말하는 구술 자료를 통하여 그것을 어느 정도 짐작할 수 있다.

인어 전설의 원형이라지요, 바다소

어떤 사람은 물개와 같은 것이라고 한다. 또 어떤 사람은 고래의 소박한 표현이라고 하는 경우도 있었다. 그래서 자연스럽게 고래의 마릿수는 늘어난다. 두 마리가 짝을 지어서 유영하고 있는 이 동물은 그래서 소형의 고래 종류를 묘사한 것처럼 보이기도 하지만, 잘 살펴보면 분명 고래와는 다른 종의 해양포유류의 특성을 보이고 있다. 우선 두부에 대한 묘사가 비교적 명확하게 나오고 있다. 고래는 몸체와는 거의 구분되지 않는 둥그스름한 두상을 가진 데 비하여, 목과 몸체가 분명히 구분되고 있고, 넓은 주둥이가 뛰어나와서 그것이 생태적 현상인 것처럼 보인다. 가슴지느러미가 잘 발달해 있는 이 동물과 비슷한 해양 동물 중에는 물개나 바다사자와 같은 것도 있겠지만, 그것은 대부분 홀로 있거나 무리를 지어있는 것에 비하여, 항상 두 마리가 짝을 지어서 수심 얕은 바다를 오가며 살아가는 바다소(Dugong)의

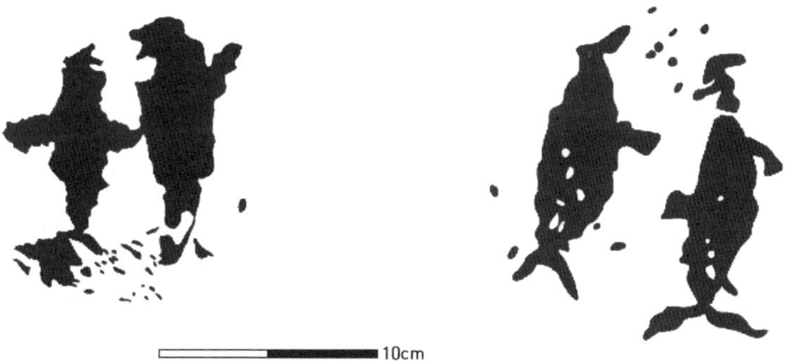

그림 66. 바다소

생태를 보다 빼닮았다.

바다소목의 바다소는 아열대 해역에서 사는 동물이다. 현재 오키나와 남부해역에서부터 오세아니아대륙 북쪽에 이르는 따뜻한 바다에 서식하는 바다소, 듀공은 지금도 필리핀 이남의 산호초가 발달한 곳에서 발견되는 희귀종으로, 행동이 느리고 유순하여 쉽게 포획되면서 지금은 거의 멸종단계에 이르렀다고 한다.

그 바다소가 동해 연근해에서 서식했는지는 오늘날에 와서 확인할 길은 없다. 유존체에 대한 정보가 없기 때문이다. 하지만 그러한 생태적 현상을 보이는 동물이, 그것도 두 쌍이 똑같이 이렇듯 반구대암각화에서 조사되고 있다는 사실로 볼 때, 그것을 미루어 짐작할 수 있는 것이다.

바다소에 대한 인식은 첫 보고서(황수영.문명대 1984)에서 비롯된 것이지만, 지금에 와서 그렇게 주목되는 표현물은 아니었다. 그것을 구태여 달리 볼 만 한 동물도 딱히 없긴 하지만, 그림 66과 같은 것이 바다소가 맞다면, 우리가 유적과 관련해서 할 이야기는 많아진다. 적어도 세계유산의 등재를 앞두고 유적의 가치를 긍정

그림 67. 듀공(Dugong, photo by WWF Australia)

적으로 높일 수 있는 그런 이야기의 발굴이 가능해지기 때문이다.

신석기시대의 한반도는 아열대성 기후에 속해있었다고 하는 연구 성과(이동주 2009)에서부터, 창녕 비봉리 패총이나 진주 목도, 궁산 패총에서 물소 뼈와 같은 아열대성 동물화석의 존재로 미루어 볼 때, 한반도 연안에서 바다소의 서식 가능성은 그렇게 낮지 않다. 바다소를 원형으로 하여 나온 인어 전설이 우리나라보다 더 북쪽 오호츠크해 근방의 아이누(Aainu) 설화에서 등장한다는 점을 참고한다면, 그보다도 훨씬 남쪽 바다 동해에서 서식 가능성을 절대로 낮춰볼 이유도 없다.

동해 바다의 해수 온도는 점진적으로 낮아져 갔다. 그에 따라 인간은 물론, 해양포유류의 생존환경도 나날이 변하여만 갔을 것이다. 그래서 환동해 해역에서 살던 많은 아열대성 동물은 따뜻한 남쪽 바다를 찾아 차츰차츰 옮겨갔으며, 이윽고 오키나와 이남까지 멀리 남하하여 갔을 것이다.

글쓴이가 바다소 표현을 주목하고자 하는 것은 바로 이를 통하여 반구대암각화 제작 당시 한반도사람들의 생존환경 및 그 변화상을 알 수 있을 거라는 기대감 때문이다. 그래서 표현물은 이제는 돌이킬 수 없는 특정한 시기의 한반도 동해상의 인류 생존환경, 그 변화상을 반영한다는 뜻에서 가치는 보다 높아질 수 있는 것이다.

사냥의 목적은 어디에

사냥과 관련한 표현물 중에는 고래잡이배와 같은 것에서부터 신호하는 사람 또는 분배의 법칙을 말한다고 하는 표현물이 있다. 이러한 것은 우리에게 암각화의 제작목적과 함께 반구대 주인공집단의 정체성에 관하여 중요한 메시지를 전하여 준다. 좀 더 나간다면 반구대암각화가 어떤 사람들의 성과물인가 하는 문제까지도 소급해서 살펴볼 수 있는 부분이다. 그래서 이와 같은 표현물 분석을 통한다면 보다 의미 있는 답변을 또한 찾아나갈 수도 있다는 생각이다.

이제 방향을 바꿔, 육지 동물의 사냥을 살펴볼 수 있을 것이다. 사실상 상당수의 동물이 육지 동물이라는 점에서 볼 때, 의외로 사냥과 관련한 표현물은 그렇게 흔한 것이 아니다. 우선 쉽게 찾아볼 수 있는 직접적인 사냥 관련 표현물도 단 3점 밖에는 없다.

그림 68~70은 사냥꾼이 활을 들어 동물을 겨누고 있다. 표현물은 그대로 동물사냥의 장면을 완성한다. 그러나 그것을 잘 보면 사냥꾼이 활을 겨누고 있다고는 하지만, 사냥의 대상은 모호

한 상태이다. 한 점은 바로 앞의 종을 알 수 없는 큰 몸집의 동물을 겨누고 있고, 또 다른 한 점은 사냥꾼의 화살이 선 새김의 사슴을 겨누고 있다. 그림 70과 같은 것은 사냥꾼 앞에 사슴이 있고 그 사슴의 등위에는 식육목으로 보이는 동물이 올라타고 있다. 그래서 사냥의 대상은 사슴이 아니라 등위의 동물이 되었다.

서로 다른 종의 동물 두 마리가 짝을 이룬 것처럼 다정하게 보이는 표현물에서 등 위의 동물은 그 종을 한눈에 알아보기 어렵다. 쫑긋한 두 귀가 도드라져 있고 긴 허리에 짧은 다리를 하고 있다. 거기서 튼실하고 길게 뻗은 꼬리는 이 동물의 생태적 현상으로 보인다. 이러한 형태로 볼 때, 동물은 한반도에서 시베리아에 이르기까지 폭넓게 분포하고 있던 붉은 여우 또는 노랑목도리 담비와 같은 동물과는 유사한 점이 많다. 그러나 여우가 사슴과 같은 동물을 습격할 수는 없는 노릇이고, 이와 같은 체형을 하고서 사슴도 잡아먹을 수 있는 동물로는 담비가 거의 유일하다고 할 것이다.

그런 점에서 이러한 상황 전개는 적어도 사람의 식량원확보로서 사냥이 이루어지는 것이라기보다는 다른 의미에서 동물수호라고 하는 또 다른 인식이 바탕이 된 것이 아니었을까 한다. 왜냐하면 사냥꾼이 겨눈 그 대상이 등위에 올라탄 동물이기 때문이다.

사실상 반구대암각화에서 동물의 대부분은 정적자세로 나타나고 있는데, 이러한 광경은 평온한 대자연의 모습 그대로의 상태와도 별반 다르지 않다. 그렇다면 여기서 사냥의 장면이 말하고자 하는 것은 단순한 사냥을 이르기보다는 또 다른 시각에서 자연계, 특히 동물계의 평온한 일상을 희구하는 정서적이고 심상적 현상을 적극 반영한 것으로 보인다. 그래서 그것은 큰 틀

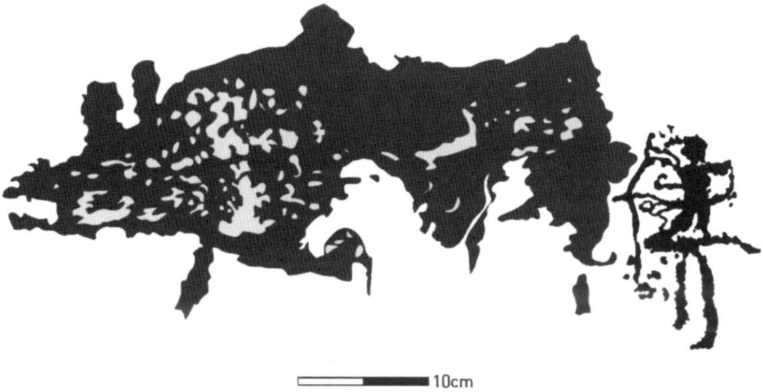

그림 68. 동물과 사냥꾼

그림 69. 사슴과 사냥꾼

그림 70. 사슴을 덮친 담비와 사냥꾼

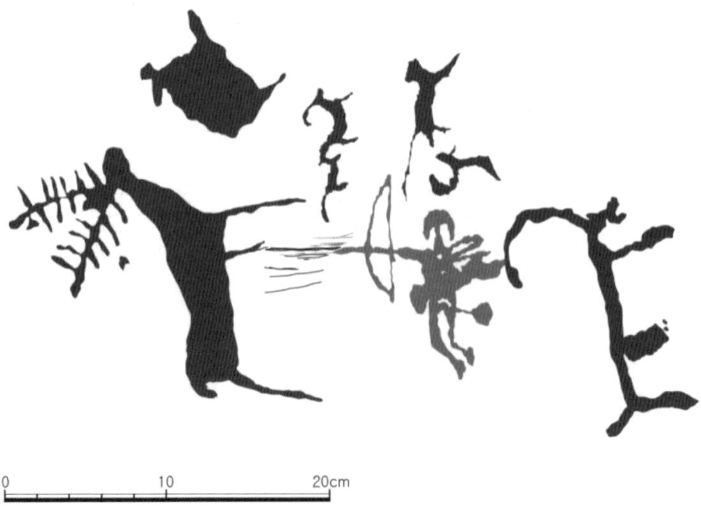

그림 71. 사슴사냥(차강골, 몽골 알타이, 이하우)

그림 72. 사슴사냥(알타이 옐란가쉬, 이하우)

에서 자연계의 풍요 염원과도 일치하고 있다. 숭배적 의미를 갖는 사슴은 자연계의 평온과도 다름 아닐 것이다. 그러한 동물수호의 의미가 그림 70과 같은 장면으로 나타났다.

여기서 주의해야 하는 것이 하나 있다. 그것은 사냥꾼과 표적물의 표현기법이 서로 다른 속성이라는 점이다. 제시된 세 점의 표현물 모두가 그런 양상이라는 점은 사냥꾼과 동물이 동시적인 것이 아닐 수 있다는 것인데, 어쩌면 사냥꾼이 동물보다 훨씬 나중에 일괄하여 나타났을 가능성이 있다. 그런 점은 통상적 표현과는 차이가 있어서, 크기에서부터 비례는 물론 그 위치까지도 옹색하다는 현상에서 야기되는 부분이다. 그런 점에서 암각화의 보편적 사냥표현물과는 차이가 있다. 그림 71과 같은 참고자료를 보면 우선 사냥꾼과 동물의 대척 관계에서부터 자연스러운 상황 전개와는 많이 다르다. 그것은 그림 72도 마찬가지이다.

이와 같은 표현물구성이 등장하는 이유는 무엇일까? 통합적 시각으로 바라보는 그것은 아무래도 암각화 주인공의 세계관과는 일정하게 관련되어있을 것으로 보인다. 단순하게 사냥표현의 이상 현상 하나 정도로 넘길 수도 있겠지만, 그러나 그것은 어쩌면 반구대 사람들이 꿈꾼 자연계의 풍요차원에서 균형 잡힌 생존환경이라고 하는 다소 거창한 의미를 조금 보태어서 바라볼 수도 있을 것이다. 그런 입장에서 보는 사냥꾼의 등장은 상당한 후에 이루어졌던 것으로 보인다.

생업도구로 보는 반구대사람들

유적의 성격이란 것이 생활 도구와 같은 것으로는 쉽게 재단되지 않는다. 그렇지만 그것을 통하여 우리는 반구대암각화 주인공들의 삶의 다양성과 같은 생업의 일면이라든가 그 수준과 같은 것을 어느 정도 짐작할 수 있다.

반구대암각화가 해양어로 문화와는 밀접하다는 사실은 고래사냥과 같은 표현물을 통해서 익히 알 수가 있다. 거기에 생업도구와 같은 것을 또한 보탤 수 있다면, 반구대 주인공의 삶에 대한 진정성에는 더 가까이 다가설 수 있을 것이다.

생업과 관련한 도구는 대략 21점 정도가 나왔다. 서로 비슷한 수로 조사된 도구 중에서 가장 많은 것은 역시 어로 활동과 관련하여, 먼저 6척의 배가 있다. 그리고 그물이라든지 방렴(防簾)과 같은 것이 있고 부구, 작살과 같은 바다생물의 사냥에 쓰이는 것도 있다. 물론 도구는 모두가 어로와 관계된 것은 아니어서,

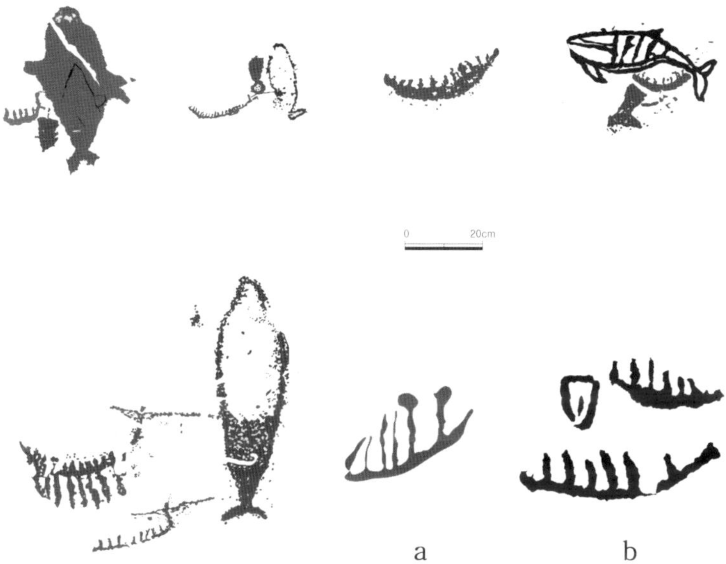

그림 73. 반구대에서 배와 고래사냥(a. 함안 도항리암각화 b. 경주 석장동암각화)

동물사냥에서 덫으로 보이는 것도 5점 정도는 찾아볼 수 있다. 그런 것은 주로 육지 동물의 포획에서 필요한 것들이다.

저기 떠나가는 배

도구 중에서 먼저 살펴보고 싶은 것이 있다. 그것은 6척의 배로서, 배는 중심 암면 Ⅰ면에서 5점이 나왔고, Ⅲ면에서 한 점이 나왔다. 그중에서 5점은 고래사냥과는 직접적으로 연관되어 있으나, 외따로 분포하고 있는 한 점은 정체를 알기 어렵다. 배 중에서 고래잡이배는 모두 옆에 있는 고래와는 직접 관련되어 있고, 거기서 두 점 정도는 또 부구와 같은 것이 달려 있다. 이와 같은 양상을 보더라도 반구대암각화에서 배는 고래잡이배라는 것이 확실하다. 이물과 고물이 치켜 올라있는 형태적 특징으로 볼 때, 배는 파도를 헤치고 나가 보다 먼 바다까지도 오갈 수 있는 외양선(外洋船)으로 묘사된 것이다.

특히 그림 73에서 두 척의 배가 한 마리의 고래를 잡는 광경은 글쓴이가 찾기 전 까지만 해도 아무도 모르고 있던 것이었다. 여러 점의 다른 표현물과는 서로 중첩되어 있었기 때문에, 그것은 처음부터 배로 분류되었던 것도 아니었다. 그러다가 지난 2000년 5월경 글쓴이의 현장조사에서 새롭게 '발견'한 그것은, 고래와 고래잡이배 두 척이 먼저 이곳에 새겨진 그 위에, 시차를 두고 또 다른 표현물로서 사슴, 호랑이 등이 거듭 중첩되면서 상당기간동안 전혀 다른 표현물로 인식되어 왔던 것이다.

이렇듯 반구대에서 조사된 6척의 배 중에서 5척은 모두 고래사냥과는 직접적으로 관련되어 있다. 그러나 나머지 한 점은 언듯 보아 그 용처를 알기 어렵다.

중심 암면 우측 상단부에 외따로 분포하는 배가 한 점 있다. 그 배 주변으로 고래나 다른 표현물이 없이 홀로 분포하고 있는 배는 포경선과는 크게 다른 점이 있다. 표현물의 군집과는 격리된 상단 한가운데 홀로 있다는 점으로 볼 때, 우리는 거기서 어떤 정신사적 현상을 연상할 수 있다.

배는 처음 이기(利器)로 등장하였다. 반구대암각화 마찬가지로 배는 물에서 활동을 위한 것이었고, 그래서 배는 포경을 위한 생업의 도구이다. 배와 관련하여 본다면 반구대암각화가 해양 수렵인 집단이 남긴 유적이라고 하는 시각은 대체로 옳다.

오래토록 바다는 인류가 결코 다가갈 수 없는 미지의 공간이었다. 언제나 바다는 두려움의 영역이었다. 그러나 배가 발명되면서 바다 또한 인류의 활동공간으로 편입되었으며, 배가 고안되면서 사람들은 배를 통하여 영원히 불가능할 것만 같던 바다저 멀리까지도 오갈 수 있게 되었다. 따라서 배는 발생과 동시에 이미 초월적 의미를 갖게 된 것이었다.

바다가 사람의 활동공간으로 성큼 들어오면서 뭍과 물이라고 하는 서로 다른 두 세계는 비로소 통하게 되었다. 그런 점에서 새롭게 깨달은 사항 하나는 배가 갖는 정신적 측면과 같다. 그것은 아무래도 배의 소통성에서 나온 초월성과 같은 의도하지 않고 얻어진 성격에서 나온 효과이다.

사람이 죽어서야 비로소 닿게 되는 저세상 또한 미지의 영역인 것은 마찬가지이다. 이제 사람이 배를 타고 바다를 오갈 수 있게 된 것처럼, 사람들은 배를 통한다면 저세상까지도 닿을 수 있을 거라는 생각에 이르게 되었다. 그런 의식의 깨달음은 마침내 죽은 자를 저승으로 실어 나른다는 '영혼의 배(Ship of the soul)'를 떠올리기에 이른다. 이러한 생각은 이 세상의 처음에서 끝으로 이어지는 모든 곳에서 확산된 사고의 틀과 같다(이하우 2010; 장명수 1995, 1999; 황용훈 1987; Мартынов А.И. 1996; Пяткин Б. Н.·Мартынов А.И. 1985; Заика А.Л. 2008). 그렇기 때문에 반구대암각화에서 모든 배가 일률적으로 고래잡이배로 재단되기 보다는, 직접적으로 그것과 관계된 5척을 제외한 독자적 배 한척은 따로 떼 내어서 다른 차원에서도 접근할 수 있는 여지를 남겨 두어야 할 것이다.

보다 넓은 세계에서 배는 대게 의례와 관련되는 것이 일반적이다. 함안 도항리나 경주 석장동에서 조사된 배도 그런 시각으로 바라봐 왔듯이, 한반도 인근 확대된 지역에서도 배는 의례의 소용에서, 또는 주술의 배(Cultural Ship)라는 입장에서 접근되고 있다. 그것을 우리는 그림 74, 75와 같은 예시 그림을 참고하는 것으로 그 이해의 폭을 넓힐 수 있을 것이다.

샬라볼리노의 그것은 사자의 영혼을 태워서 스틱스(Styx, 또는 Acheron) 강을 건네주는 뱃사공 카론(Charon)과 같은 존재가 그들 영혼을 모신 배를 몰고 있다. 여기서 사공은 온전한 존재로서 수족이 묘사되고 있으나, 승객으로서 사자의 영혼은 팔 또는 다리가 없다. 불완전한 존재이기 때문이다.

이와 같은 점은 쉬쉬키노(Шишикино)에서도 찾아볼 수가 있어서, 쉬쉬키노의 그것은 영혼이 타고 있는 배를 샤먼과 같은 존재가 높이 떠받들어 하늘로 올려주고 있는 모양이다. 그리고 두 유적은 모두 공통적으로 그 전방에는 뚜바 강, 레나 강이 흐르고 있다. 강의 상류는 조상의 영역이요 저승으로 통하는 경로라고 하였다. 그런 조상의 세계에서 사자는 새로운 생명을 얻어서 다시 우리에게 되돌아오는 순환의 법칙은 마치 강물의 도도한 흐름과도 같아서, 그러한 회생의 강물이 대곡천은 물론, 이 세상 모든 강을 흐르고 있는 것이다.

배와 영혼과의 관계는 그런 신화소가 바탕이 되면서 후대에 와서 성립된 씻김굿의 띠배라든지 영등 굿의 배방송, 불교의 반야용선(般若龍船)과 같은 것으로 성립되었다. 그런 것을 연상하는 것 만으로도 반구대암각화의 한 척 떠나가는 배의 성격을 알 수 있는 접경이 있다.

이렇듯 배는 하나의 도구에 불과한 것이었지만, 이를 통하여 우리는 반구대사람들의 정신세계를 깊이 성찰해 갈 수가 있다.

그림 74. 영혼의 배(샬라볼리노, 미누신스크)

그림 75. 영혼의 배(쉬쉬키노, 레나강변)

배는 영혼의 세계와는 직접적인 관련성이 있어서, 사자의 영혼은 배를 타고 강을 통하여 우주의 순환주기로서 일출과 일몰, 계절의 변화, 삶과 죽음, 부활의 의미(아닌스키 E. S. 2007; 자이카 A. Л. 1996, 2009)를 구체화 해 갈수가 있었다. 반구대에서 한 척의 배가 그런 기능성을 갖추고 있다면, 그것은 영혼을 실어 나르는 배이면서 동시에 그 영혼이 새로운 육신을 얻어서 우리에게 되돌아와야 한다는 의미의 확고한 의지를 보여주는 것이다. 그런 뜻에서 유적은 현세의 풍요와 내세의 삶을 대비한 복합적 공간이 되는 것이다. 동시에 서로 다른 시간의 흐름이 교차하는 접경으로서 반구대암각화는 물질과 비물질과의 경계와도 같은 곳이었다. 그것이 표현물을 통하여 절묘하게 이쪽과 저쪽의 세상이 대면하고 있다.

생업의 도구 중에는

도구 중에는 그물도 있고 방렴이나 부구, 작살과 같은 것도 있다. 이러한 것은 모두 바다에서 생업을 위한 것이었다. 그런 의미에서 그동안 고고학자들이 바라본 한반도 신석기시대는 해양어로 문화의 특성을 보인다고 하는 견해는 문화성격의 그 본질을 직시하였다고 하겠다.

반구대에서 그물은 Ⅰ, Ⅱ면에서 3점이나 나왔다. 그중 두 점은 U자형을 하고 있지만, 한 점은 그런 형태와는 많이 다른 모양이다. 여기에 방렴과 같은 물건도 한 점 있다. 방렴이란 긴 나무막대를 발처럼 엮어서, 그것을 물고기가 드나드는 여울목에

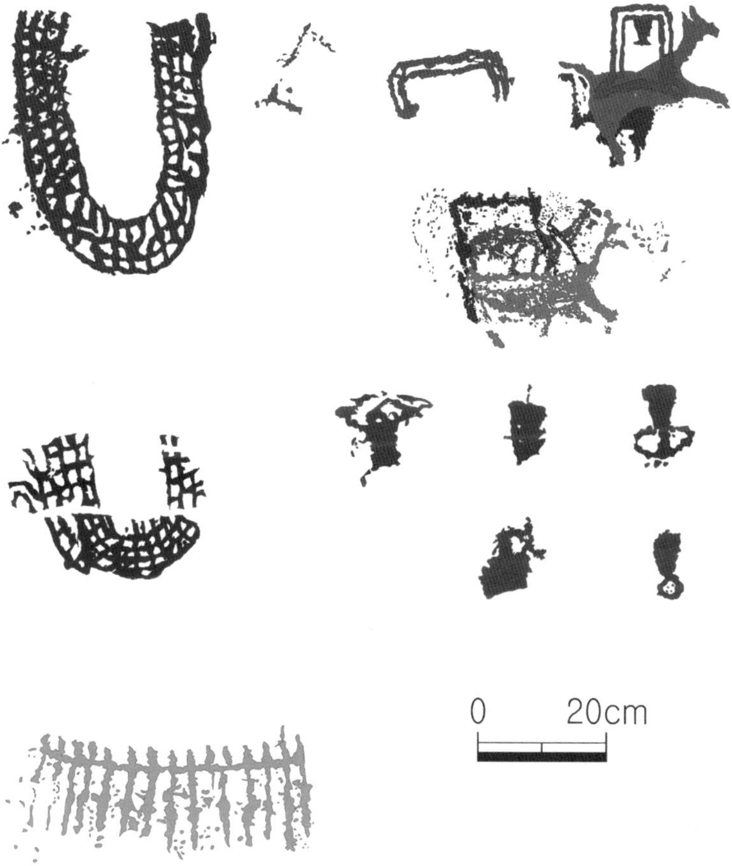

그림 76. 도구상

세워두고 물고기를 유인하거나 가두어서 잡는 어로 도구이다. 그런 방렴이 딱 한 점 그물과 함께 구성되어 있다. 방렴과 같은 것은 장기적으로 호(湖)나 곶(串)에 거주하면서 상시 물고기를 잡는 도구이다. 그래서 그 주인은 아마도 태화강 하구 또는 울산만 주변 여기저기에 거주하면서 정주 생활하는 사람들이었을 것으로 보인다.

부구와 작살은 보다 직접적으로 포경과 관련된 도구이다. 5점으로 확인된 부구는 세부적 형태상으로 차이가 있으나, 그 모양은 대체적으로 비슷하게 둥근 모양을 하고 고래 또는 고래잡이 배와는 연결되어있다.

작살은 사람이 들고 있는 것을 제외하면 딱 한 점이 고래 등에 박혀있는 체로 있다. 물론 작살은 당시 사람들이 직접 사용했던 그것과는 형태적 차이가 있어서 아마도 상투적으로 생각되는 그런 모양을 묘사했던 것으로 보이지만, 암면의 일부를 남기거나 쪼아낸 다음 그 부분을 또 예리하게 갈아서 만든 상태로 봤을 때 작살은 제작이 완료된 후에도 지속적인 가공이 있었다는 것을 알 수 있다. 그러나 그런 가공이 작살을 만들어가는 것이 아닌, 주술의 흔적으로 보인다는 점이다. 이와 같은 것은 특히 작살이 고래 등에 박혀있다는 현상으로 해서, 그것은 이미 성공한 사냥도구에 대한 기능적 감염을 기대하는 데서 나온 주술의 흔적과도 같다. 오로지 동일한 효험을 기대한 때문이라고 하겠는데, 여기서 발견되는 주술형태는 사냥의 성공을 기원하는 이른바 접촉(接觸)을 통한 감염주술(感染呪術)과 같은 형태로 이해된다.

이상에서 살펴본 도구의 대다수가 모두 해양어로 관련 생업의 증거였다고 한다면, 여기서는 또 다른 도구로서 그 기능을 알 수 없는 미상의 것들을 살펴볼 수도 있다. 그리고 그런 도구의 상당수가 동물과는 서로 겹쳐있거나 밀접하게 관련된 상태를 보이고 있기 때문에, 이것을 육지 동물의 수렵과 관련하여 동물을 잡기 위한 덫을 묘사한 것이 아닐까 한다.

전체에서 5점 정도가 확인된 이와 같은 도구는 정확히 그것이 무엇을 나타낸 것인지는 잘 모른다. 그러나 일부는 그 아래 또

그림 77. 작살이 박힌 고래

는 위에 동물이 있거나 물고기 꼬리와 같은 것이 겹쳐져 있는 것도 있다. 그래서 이러한 것을 덧으로 분류하는 것이다.

무엇인지 모르는 것도 있다

분류가 어려운 표현물이 있다. 의외로 많은 수가 조사된 미상의 표현물은 그중 상당수는 어떤 형상을 보이거나 형태적 패턴을 갖고 있다. 하지만 그것이 무엇을 나타낸 것인지 알 수 없는 것도 많아서 그런 것은 일단 큰 틀에서 미상으로 분류하여 놓고자 했다. 반구대에서 그런 표현물은 모두 114점으로, 생각 이상으로 많이 나온다.

분류되지 않는 것이 많다는 것은 그것이 알아보기 모호한 형태를 하고 있기도 하고 미완성의 표현물일 수도 있을 것이다. 또는 풍화의 결과로 흔적의 일부가 남은 것일 수도 있고, 처음부터 그렇게 모호하게 하여둔 것도 있을 것이다. 사실상 과거의 조사에서도 이러한 것들은 존재했던 것이지만, 그러나 거의 무시되었던 미상의 표현물이 이렇게 많은 수라는 것은 최근의 조사가 그만큼 철저하게 진행되었다는 점을 말한다.

그런 차원에서 주목할 수 있는 것으로 그림 78과 같은 것이 있다. 이것은 우선 보기에는 대충 새기다 만 미완의 표현물로 보이는 것이다. 작은 점을 연속적으로 찍어서 나타난 흔적이 형태적으로는 호랑이처럼 보인다. 사전에 밑그림을 그려둔 것과도 같은 그것은 오른편에 있는 초식동물도 마찬가지이다. 두 표현물은 서로 다른 예술가에 의한 것처럼, 기법이나 솜씨에서부터 차이가 있고 각각 다른 곳에서 나온 것이다. 하지만 이러한 스케치로 나타난 것을 볼 때 미상의 표현물에 대한 보다 자세한 분석이 이루어질 수 있다면 몇 점 정도는 더 찾아볼 수 있을 것 같다.

읽어내지 못한 것도 많다. 그림 79와 같은 것은 표현물의 전체 또는 일부를 묘사한 것처럼 보이지만, 우리가 읽어내지 못할 정도이거나 알아보기 어렵게 된 것들이다. 이와 같은 표현물을 놓고 그것이 무엇인가를 밝히기 위한 노력은 늘 있어 왔다. 그러나 그동안 제시된 그 어떤 것도 공감되기 어려운 것이 대부분이었다. 어떤 것은 불꽃과도 같이 보이지만 그것도 어디까지나 짐작일 뿐이다. 또 어떤 것은 말을 탄 사람이라는 시각도 없지는

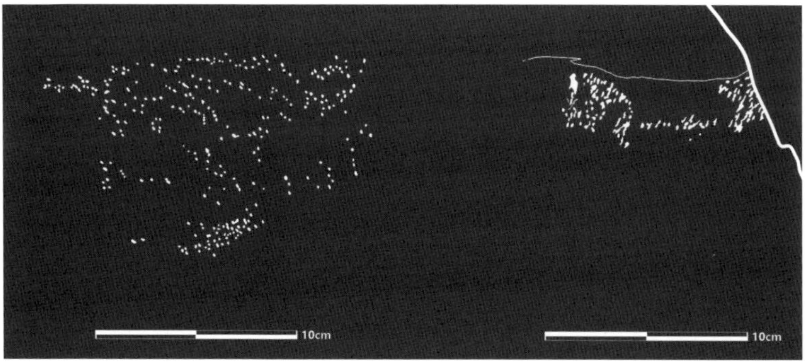

그림 78. 동물표현의 밑그림

않았다. 그러나 형태적으로 불분명한 것을 두고 비약해서 바라본다는 점에서 지지를 얻기는 어려웠다. 그래서 그것을 명료하게 무엇이라고 분명하게 말할 수 없는 현실에서는 미상인 채로 놓아두는 것도 무방할 듯하다.

이렇듯 분류가 어려운 표현물은 유적 전반에 고르게 분포하고 있다. 그러나 그중에서도 특히 Ⅱ면과 Ⅳ면에서 그러한 것이 많이 조사되는 현실은, 그것은 결국 훼손의 결과일 수 있겠는데, 두 암면은 중심 암면 보다 훨씬 많은 손상이 진행되면서 사라져버린 표현물이 상당하다는 점을 알아볼 수 있을 정도이다.

예전부터 유적은 태풍에 폭우라도 몰아치는 순간이면, 너무나도 쉽게 물에 맞닿게 되었다. 특히 Ⅱ면은 대곡천의 상류를 바라보고 있기 때문에, 큰물이 닥칠 때면 흘러드는 토사를 온몸으로 맞는 부분이다. 그만큼 손상에는 쉽게 노출되었다. 그래서 더 이상의 훼손을 막기 위한 노력이나 관리가 필요한 곳이지만, 모두가 중심 암면 만 쳐다보느라고 아무도 살펴보지 않고 있는 상태이다.

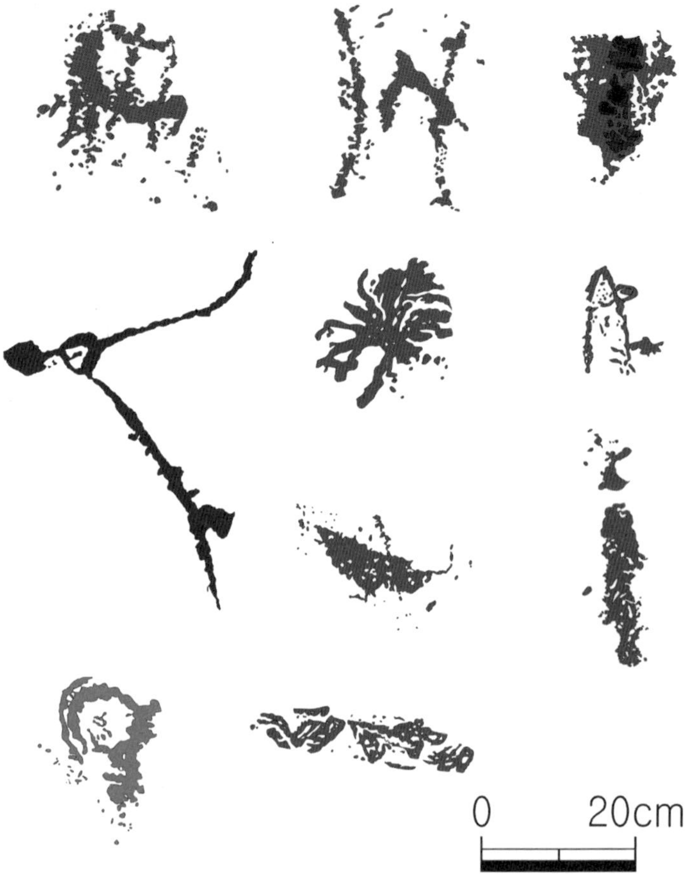

그림 79. 미상의 표현물

단지 상상만으로

앞에서 우리는 고래를 묘사하는 세 가지 표현방법을 살펴보았다. 이를 통하여 반구대 사람들의 조형의식이 남다르다는 것을 이제는 잘 알게 되었다. 그러나 고래의 묘사방식을 다른 표현물까지도 동일한 시각으로 바라본다는 것은 그다지 적합한 것 같지는 않다. 따라서 이제 암각화 제작이 직접 보고 기억한 이미지를 재현했던 것인가 하는 부분에 대하여 진지하게 살펴보고자 한다. 물론 암각화가 사생(寫生)의 결과물이 아니라 오로지 예술가의 기억에서 나온 상상에 의존한 것이라는 사실은 누구나 알고 있는 바이겠지만, 반구대암각화에서 표현물을 그려내는 솜씨가 고래뿐 아니라, 대다수의 동물표현까지도 실제 동물의 생태적 모습을 너무나도 정확하게 옮기고 있다는 점에서, 제한적이나마 이러한 부분에도 관심을 기울여보고자 하는 것이다.

암각화 제작기능은 어디까지나 선사 예술가의 형태인식의 재능에 의존할 수밖에는 다른 방법이 없었을 것인데, 그래서 그 조형성이 남다른 부분을 예의 주시하게 되는 것이다. 같은 관점에서 고래 주변에 있는 상어와 같은 물고기를 보면, 엄정하게 측면 관찰의 시점에서 나온 사실성이 크게 돋보이는 표현물이다. 상어의 날렵한 몸체에서부터 아가미와 같은 특징묘사는 물론이고, 세심한 관찰력이 바탕이 되어서 나온 지느러미는 그 개수나 위치마저도 거의 정확하다. 이렇듯 반구대암각화에서 동물묘사의 수준은 마치 실물을 보고 그린 것처럼 생생하기까지 하다. 그래서 선사 예술가를 오늘날에 비한다면 그들은 대상의 특징이나 성격묘사를 장점으로 하는 캐리커처(caricature) 작가에 가까운 면모가 있었다고 할 것이다.

반구대에서 동물은 모두 202점 정도가 확인되었다. 여기서 고래나 거북이와 같은 바다 동물을 제외하고 나면 육지 동물은 126점이 있다. 바다 동물과는 달리, 육지에서 동물묘사는 먼저 관찰 시점과 같은 부분을 주목할 수 있을 것이다. 고래의 묘사에 다시

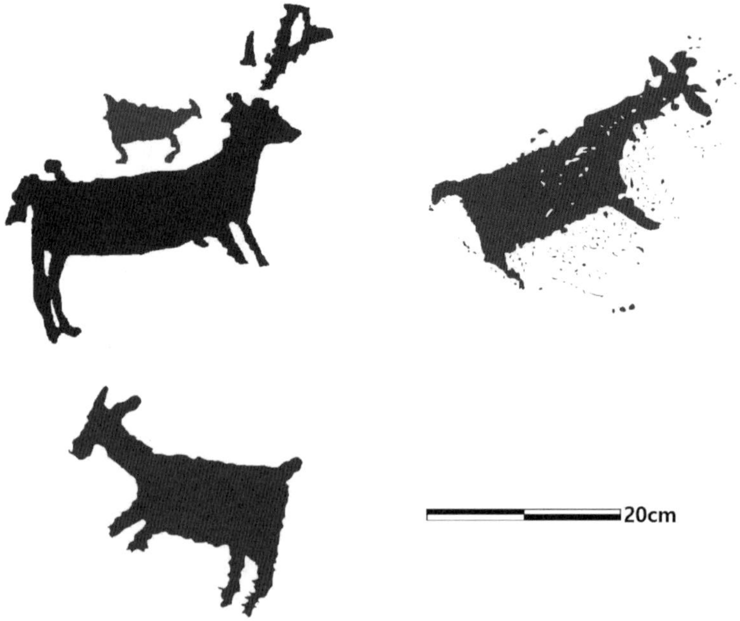

그림 80. 동물표현의 속성

점이나 비틀림 기법과 같은 다소 생소한 표현 기법이 적용되었다고 하면, 육지 동물의 경우는 보다 단순하게 측면 관찰이라는 관점 하나로 일색하고 있다. 그것은 어디까지나 측면이라는 단일시점만으로도 묘사가 충분하다는 현실적 이유라고 하겠다.

많은 동물은 표현상으로 일정한 틀 안에서 이루어지고 있는 것처럼 보인다. 예컨대 그림 80의 경우, 동물의 체형은 모두 직사각형에 가깝다. 마치 직사각형을 미리 그려놓고 그것을 기본으로 제작이 이루어진 것처럼, 그런 형태는 일종의 동물표현의 속성으로 작용하고 있으며, 그것을 기준으로 하여 동물은 몇 개 정도의 형태적 분류도 가능할 수 있을 것 같다.

세계 암각화에서 동물의 뒷면을 묘사한 것이 전혀 없는 것은 아니다. 하지만 그러한 표현물의 경우, 바위 그림이라는 표현 제재 상 개체파악에서 변별력을 포기해야 할 수밖에 없을 것이다. 그래서 처음부터 그렇게 유용한 기법은 아니었으며 더더욱 보편화될 수는 없었다. 더욱이 사람이 육지 동물에 훨씬 익숙하다는 사실도 중요한 요인이었으며, 바위를 쪼아서 그 속살을 드러내는 것으로 묘사하는 음각(陰刻)이라는 기법상 문제로 하여 현실적으로 다른 표현방법을 찾기도 어렵다. 그래서 암각화 세계에서 육지 동물은 측면 관찰로 이루어지는 것은 어쩌면 당연하였다.

시점이 측면 관찰로 제한된다고 할 때, 쉽게 발견되는 것이 두 가지 있다. 먼저 정확한 관찰에 의해 몸체의 반을 가르기라도 한 것처럼, 각각 다리도 한쪽만으로 묘사한 것이 있다. 그리고 또 하나는 바라보는 각도를 살짝 바꿔, 엄정한 측면 관찰이라고 하더라도 4개의 다리가 모두 보이도록 묘사한 것이 있다. 이러한 차이가 어떻게 동시에 만들어진 동물에게까지 나타나고 있는 것인지는 알 수 없다. 혹시 예술가적 의식이라도 있어서 자신만의 개성이 나타났던 것일까?

하지만 명백한 사항 하나는 이와 같이 서로 다른 표현방식이 적용되고 있다는 점보다는 동물의 자세한 생태적 지식, 특히 외형에 대한 정확한 표현력이 어떻게 학습되었는가 하는 점은 궁금함을 넘어서 풀 수 없는 문제와도 같이 다가온다.

이제 와서 비로소 가까이서 살펴볼 수 있는 부분이 하나 있으니, 그것은 반구대암각화의 구성단계와 같은 것으로, 반구대암각화가 어떤 과정을 거쳐서 지금과 같은 완성에 이르게 되었는가 하는 의문과 같은 것이다. 사실 이것은 글쓴이의 주요 연구

테마의 하나로서, 그러한 연구를 위해서는 유적에 대하여 다양한 제작기법에서부터 표현상 속성에 대한 전반적이고 폭넓은 현상이해, 그리고 표현물 성격에 대한 기본적인 인식이 바탕이 되어야만 비로소 접근이 가능한 부분이기도 하다. 물론 그림에 대한 기본 소양은 필수적이다.

4

어떤 과정을 거쳐서 완성되었나?

반구대암각화에 대한 그동안의 연구 성과는 우리에게 많은 정보를 제공하고 있다. 그러나 더 많은 것을 품고 있는 유적을 보다 잘 알기 위해서는 당연히 그것이 어떤 과정을 거쳐서 지금의 모습으로 완성될 수 있었는가 하는 의문에 답할 수 있어야 할 것이다.

발견 이후로부터 반구대암각화에 대한 일관된 시각 하나는 표현물이 어느 특정의 시기에 동시적으로 만들어진 것이 아니라는 것이었다(문명대 1973; 황용훈 1977; 김원룡 1980; 임세권 1994; 장명수 2001). 그러나 그런 제작과정과 관련하여 진전 있는 연구 성과는 찾아볼 수 없었다. 물론 표현물의 중복상태를 살펴서 제작의 선후를 알고자 했던 연구가 없지는 않았다. 그렇지만 수긍되는 성과가 제출된 바는 없었다. 암각화연구자가 표현물의 고유한 본질로서 '그림'을 바라보는 안목이 준비되어 있지 않았던 것이었다. 물론 암각화는 미술작품과는 많이 다르다. 그러나 암각화가 그림의 한 방편인 것이 분명하고, 그래서 연구를 위해서는 그림을 보는 최소한의 기본소양이 필요하다는 점만은 분명하다. 그동안의 연구는 그것을 확인하는 순간이었다고 할 수 있을 것이다.

표현물의 중복 또는 중첩상태를 바탕으로 제작의 선후 과정을 알고자 하는 방법은 타당하다. 그러나 일부의 현상만을 보고 전체를 쉽게 재단하려 하는 비약적 연구는 전혀 옳지가 않다.

글쓴이 역시 반구대암각화에서 '표현물의 겹침 상태'와 함께 일관성 있게 질서를 갖고 나타나는 '몇 개의 표현속성'의 분류에 의해 그러한 구성단계를 알고자 하였다. 따라서 반구대에서 둘 이상의 표현물이 서로 겹쳐져 있는 33개 정도의 표현물그룹에 대한 분류와, 그 순차적인 겹침 상태에 대한 분석 끝에 반구대암각화의 구성단계를 제시한 바 있다. 이제 그것을 다음과 같이 간략하게 정리하는 것으로 그 전반에 대한 이해를 돕고자 한다. 결국 구성 단계의 분석 연구는 반구대암각화의 세부적인 제작과정을 낱낱이 들여다볼 수 있게 하면서, 동시에 달라져 가는 표현의 내용변화, 그 의미를 알 수 있게 할 것이다.

반구대암각화의 제작단계별 분석은 두 가지 방법이 있다. 그것은 먼저 중첩해서 분포하는 표현물의 순서에 따른 분석과 함께, 표현물에 나타나 있는 서로 다른 형태별 특성으로서 전체 표현물을 표현속성에 따라 분류하는 것으로 이루어질 수 있다. 따라서 각각의 암각화 개별 형상을 유형에 따라 분류하고 계통화하는 작업이 필요하다. 그것은 말하자면 서로 다른 표현속성의 동물이 두 점 이상 겹쳐져 있는 경우, 아랫부분에 깔려있는 것이 먼저 제작된 것이고, 그 위에 있는 것은 나중에 만들어진 것이라는 매우 기본적 인식에 의한 분석방법이라 할 것이다. 물론 모든 것들은 각각 서로 다른 시간대를 갖는다. 그래서 그것을 속성에 따르는 유형별로 단계적으로 순서화할 수 있다면, 그것이 바로 제작단계의 수순이 되는 것이다. 글쓴이는 제작 층별 분석 연구를 I 면, 중심 암면을 대상으로 실시하였다.

홀로인 것은 아무 것도 없다

반구대암각화에서 겹침 상태를 보이는 표현물은 서로 모여서 그룹을 이루고 있는 것이 전체에서 대략 33개 정도가 있다. 그 중 중심 암면에서 그런 것은 20개 정도인데, 그 안에는 서로 다른 속성을 보이는 91점 정도의 개별 표현물이 확인되고 있다. 그런 표현물을 잘 살펴보면, 그 전체는 일정하게 질서 있는 겹침 상태를 보여주고 있다는 사실을 발견할 수 있다. 그래서 그러한 표현물을 분류하는 것으로 제작단계는 몇 개 정도로 세분화할 수 있다. 물론 그것을 실험적으로 표본이 될 만한 부분 여러 곳을 깊이 분석하는 것으로 전반에는 쉽게 다가갈 수 있을 것이다.

반구대암각화에서 중첩 현상을 보이는 표본적이라 할 만한 것은 여러 점이 있다. 그중에서 대표격으로 그림 81과 같은 그룹이 있는데, 이것은 서로 다른 새김법과 속성을 갖는 개별 표현물이 복합적으로 구성된 그룹으로, 기법상으로는 선 새김과 면 새김이 혼재되었으며 표현속성과 같은 것도 복잡하게 뒤섞인 양

그림 81. 겹쳐있는 표현물

상을 보인다. 그렇기 때문에 선제적으로 그림 81을 분석한다면, 일관되게 나타나는 전반적 현상까지도 확연하게 알아볼 수 있을 것으로 판단된다. 물론 이런 것은 그 외에도 여러 그룹이 있다.

그림 81은 중첩 현상이 심화한 그룹 중의 하나로서, 발견 이후 상당한 기간 동안 실상과는 전혀 다르게 이해되어 온 것이다. 한참 동안 이를 놓고 “울타리 또는 목책 안에 가두어진 호랑이”로 인식되거나, “올가미에 끌려가는 사슴” 또는 “뿔이 휘어져 있는 사슴”과 같이 오인되어왔던 것이다(김원룡 1980; 황수영.문명대 1984). 그러나 그것은 제작 의도와는 달리 크게 잘못

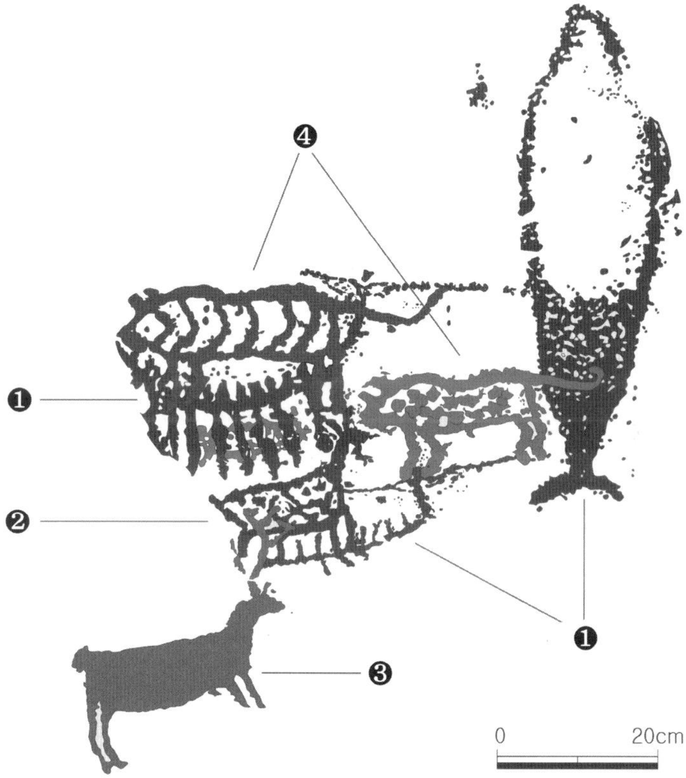

그림 82. 중첩 제작된 표현물

읽혀진 것으로, 표현물을 낱낱이 해체해 볼 때, 사실상 여기서 가장 먼저 등장한 것은 두 척의 고래잡이배가 한 마리의 고래를 잡고 있는 장면이다. 그리고 그 위에 시차를 두고 선 새김의 점박이 사슴이 겹쳐지고, 그 위에 또다시 면 새김 사슴이 중첩되었다. 그 후 얼마간의 시차를 두고 재차 중첩된 것이 바로 선 새김 호랑이 및 표범이다.

그림 82는 그런 중첩상태의 순서를 한눈에 알아보기 쉽게 색

을 바꿔본 것으로, 표현물의 제작은 표기된 순서에 따라 이루어졌다는 것을 분명히 하고자 했다. 그렇게 형성된 표현물을 잘못 읽은 조사자는 이를 "울타리 또는 목책...", "올가미에 끌려가는..." 또는 "뿔이 휘어져..."처럼 이해되었던 것이었다. 이와 같은 구성양상을 보더라도 그동안 일부 연구자가 말하는 면 새김이 선행기법이라는 주장이 얼마나 잘못되었던 것인가를 알 수 있다. 물론 여기서 그림 81과 같은 단 한 개 그룹의 분석만으로 모든 현상을 소급적용하여서는 안 된다. 당연히 또 다른 표현물 그룹에 대한 분석도 있어야 할 것이며, 따라서 전반을 교차적으로 잘 살펴서 결론에 닿을 수 있어야 할 것이다.

서로 다른 표현형태와 속성이 뒤섞여 있다

중첩된 표현물을 살펴보는 것으로 우리는 반구대암각화가 서로 다른 새김법과 속성을 갖는 표현물의 복합체로서 완성되어왔다는 사실을 확인할 수 있다. 이러한 분석에 따라 이제 개별 표현물이 갖는 차별적 속성과 함께 그 수순을 정리하여서, 반구대암각화가 어떤 과정을 거쳐 지금에 이르게 되었는가를 구체적으로 알아볼 시점이다. 이것은 서두에서 말한바, 일관성 있게 그리고 질서를 갖고 나타나는 몇 가지 서로 다른 속성의 표현물을 각각 유형별로 분류하고 나서, 그 순차적 순서를 정리하고자 하는 것이다.

반구대암각화에서 각 표현물은 스스로 고유한 형태적 특성, 이른바 표현상의 속성을 갖고 있다. 앞서 예시로서 분석된 그림 82를 보면, 그것은 일단 4개의 서로 다른 유형의 표현물이 일정한 순

그림 83. 표현상 속성 및 단계별 유형분류

서에 따라 중첩되고 있음을 알 수 있게 한다.

그림 82와 같이 구분된 4개의 유형을 포함하여, 중심 암면에서 차별적인 유형은 대략적으로 7가지 정도를 찾아볼 수 있다. 여기서 분류의 복잡한 과정 전반을 재론하기 보다는 글쓴이의 선행연구(이하우 2004, 2007, 2009, 2012, 2019)에서 나온 결론을 인용하는 것으로 그것을 대신하고자 한다.

반구대암각화 중심 암면에서 서로 다른 표현속성별 유형은 모두 7개 정도가 있다. 그러나 그중에서 중첩 관계의 일관성과 같은 것을 찾아볼 수 없는 유형이 두 개 정도 있어서, 그런 것을 제외하고 나면 순서에 따라 다른 차별적 유형은 모두 5개라고 할 수 있을 것이다. 따라서 그 5개의 유형을 중심으로 반구대암각화에서 제작 단계별 순서를 다음과 같이 정리할 수 있다.

처음으로 분류되는, 그리고 가장 먼저 이곳에 나타난 것은 그림 83에서 타입1과 같은 표현물이다. 이것은 그림 82에서 가장 아래에 깔려 있는 두 척의 배 및 고래와 같이, 전체 표현물의 최하위에서 조사된 것이다. 선 새김으로 단순한 형태를 간략하게 나타내고 있는 타입1은 4척의 배와 함께 분포하는 고래가 있고, 그리고 작살을 든 작살잡이로 구성된다. 현재 남아있는 것이 별로 없는 타입1의 표현물 상당수는 그 위에 순차적으로 등장하는 또 다른 표현물로 가려져서 대부분이 사라지고 이제 수적으로 몇 점 남지 않았다.

두 번째 유형은 그림 82에서 점박이 사슴과 같은 선 새김의 동물로 구성된다. 몸체를 좌우로 압축한 것과도 같은 짧은 체형 묘사가 표현속성으로 작용하는 타입2는 동물 종에 따른 생태적 묘사력이 특히 돋보이는 단계로서, 전반적으로 무질서하게 산발적으로 분포하고 있다. 상대적으로 하위의 층에 속하기 때문에, 그중 많은 표현물은 손상된 상태이다.

세 번째 유형은 면 새김 사슴과 같은 초식동물이 주가 되는 유형으로 타입3과 같다. 이러한 유형은 우선 직사각형의 체형을 갖는 사슴을 기본으로, 두 마리 이상의 동물이 서로 짝을 지어 구성되고 있다는 특징을 보인다. 조사되는 타입3의 표현물은 그 다음 단계의 표현물이 넓은 면적을 차지하고 있기 때문에 전반적으로 오른쪽으로 치우친 상태로 보인다.

이 시점에서 층서(層序) 관계를 명확히 해야 하는 것은 바로 반구대암각화를 대표하는 고래표현의 단계이다. 동일유형 안에는 거북이, 가마우지와 같은 동물이 포함되고 있으며, 모든 표현물은 면 새김으로 구성된다. 좌우 대칭적 형태에 볼륨감 있는 체형으로 묘사되고 있는 고래 중심의 타입4의 대부분은 하나의 방향성을 지향하고 있다.

타입4는 상대적 분석에 의하여 그 위치가 규정된 것으로, 타입1, 2, 3의 상위에서, 그리고 최상위단계 아래에서 확인되고 있기 때문에 네 번째 단계로 자리매김 된다.

반구대암각화에서 최상위의 표현물은 모든 부분에서 뚜렷하게 상위에서 드러나고 있다. 굵은 선 새김의 동물은 새김선의 수준에서부터 정교성에 이르기까지 다른 타입의 표현물과는 명백하게 차별적이다. 도식화가 깊이 진행된 타입5 안에는 뚜렷한 선 새김의 호랑이와 표범이 있다. 이와 함께 선각의 장식문양이 있는 동물 6점과 위에서부터 거꾸로 내려오는 고래 한 마리가 최상위의 단계에 포함된다.

이와 같이 모두 5개의 타입으로 분류된 유형별 단계는 그 순차적인 순서에 따라 차곡차곡 겹쳐지면서 반구대암각화는 완성에 이른다. 각 단계는 일정한 시차를 갖고 중첩되어왔다. 여기서 단계별 제작을 거쳐 완성에 이른 반구대암각화, 그 성격의 변화상을 다음과 같이 요약할 수 있다.

그림 84. 첫 번 째 제작층

마침내 우리는 반구대암각화에서 제작단계별로 달라져 가는 상징의미에는 한걸음 다가설 수 있게 되었다. 그것은 표현물 하나하나의 성격을 넘어, 시간의 흐름에 따르는 의미를 종합적으로 바라볼 수 있게 된 것과 같다. 이제 반구대암각화에서 가장 먼저 등장한 표현물, 그것이 어떤 성격을 갖고 있는가 하는 것을 살펴보고자 한다.

첫 번째 제작단계는 선 새김의 고래잡이배와 몇 점의 고래로 구성된다. 그리고 고래사냥과 관련된 작살잡이가 첫 번째 제작층을 함께 하고 있다. 여기서 잘 살펴봐야 하는 것은 한가운데에 있는 두 척의 배인데, 배는 공동으로 고래를 잡고 있는 생생한 포경의 장면을 묘사하고 있다.

단순하게 형태를 묘사하는 선 새김으로 이루어진 첫 번째 층은 당초 많은 표현물이 있었을 것이다. 그러나 시간을 달리하여 나타난 또 다른 표현물로 하여, 상당부분은 사라져버리고 더이상 보이지 않게 되었다. 그래서 간혹 중복제작 된 표현물 아래에서 선 새김 고래를 찾아볼 수도 있다.

현 상태에서 바라보는 최초 단계의 성격은 고래사냥과 관련한 어로 활동이 주제가 되었다고 할 것이다.

두 번째 단계는

그림 85. 첫 번째 제작층 위의 두 번째 제작층

알 수 없는 시간차를 갖고 등장하는 두 번째 단계는 비교적 소형의 선 새김 동물로 구성되고 있다. 대부분의 동물은 그 형태적 특징으로 허리 부분을 짧게 압축한 것과도 같이 작달막한 체형의 동물로서, 선 새김이라고 하는 기법은 해당동물의 생태적 현상으로서 호랑이의 줄무늬나 사슴의 반점과 같은 동물의 외형을 묘사하는 적절한 기법으로 작용하고 있다.

다른 단계의 수준에는 다소 못 미치는 두 번째 단계의 표현물은, 그러나 동물의 생태적 현상 묘사에 있어서는 그 어떤 단계보다도 자세한 특징묘사가 이루어지고 있다. 그런 묘사력으로 봤을 때, 수렵문화에서 사냥의 대상을 잘 알면 알수록 그의 영혼은 물론, 육신까지도 지배할 수 있다고 하는 유사율(類似律)에 바탕 한 동종주술(同種呪術)의 의미가 충실하게 반영된 층이라고 할 수 있을 것이다.

사슴, 수렵문화의 주인공

측정할 수 없는 얼마간의 시간이 흐른 다음 세 번째로 등장하는 것은 면 새김 동물의 단계로서, 특히 사슴이 중점 표현물로 등장하고 있다. 물론 그 안에는 멧돼지라든가 승냥이와 같은 개과 동물이 동반되고 있으며, 동시에 담비와 같은 식육목의 동물도 함께 분포하고 있다.

타입3의 유형으로 구성되는 세 번째 단계는 이전보다 확연히 수적으로 많아진 표현물로서, 여기서 우선적으로 발견되는 현상 하나는 같은 종 또는 서로 다른 종의 동물이 짝지어 나타나고 있다는 점이다. 어미와 새끼 또는 암수가 그런 경우, 이러한 현상은 이웃 천전리 각석이나 한반도 인근의 여러 지역에서도 공히 찾아볼 수 있는데, 그것은 자연계 특히 동물의 풍요기원에 관한 사람들의 깊은 성찰이 바탕이 된 것이라고 할 수 있을 것이다.

그러나 서로 다른 종의 동물이 짝지어 있는 현상은 그것과 근본적으로 달라서, 사슴 등 위에 담비가 올라타고 있는 것과 같은

그림 86. 첫 번째와 두 번째 단계위의 세 번째 제작층

것은 그것이 수렵을 위한 것이라기보다는, 외부적 위협으로부터 사람의 풍요로운 삶을 보장하는 사슴과 같은 동물수호를 위하였던 것처럼 보인다. 그런 점에서 풍요를 기원한다는 큰 뜻의 의식구조는 온전히 보존되고 있다.

같은 관점에서 세 번째 단계는 자연계의 풍요 기원의 인식이 바탕이 된 층이라고 할 수 있을 것이다. 그것은 대부분의 동물이 수렵사회의 고유한 조형전통의 전형으로서 사슴과 같은 굽동물이라는 점에서 더욱 그렇다.

마침내 고래의 시간

네 번째의 제작단계는 20점 정도의 고래와 함께 거북이, 가마우지로 구성된다. 비교적 넓은 면적을 차지하고 나타난 면 새김 고래로 하여, 상대적으로 그 아래에는 이전단계의 표현물이 깔

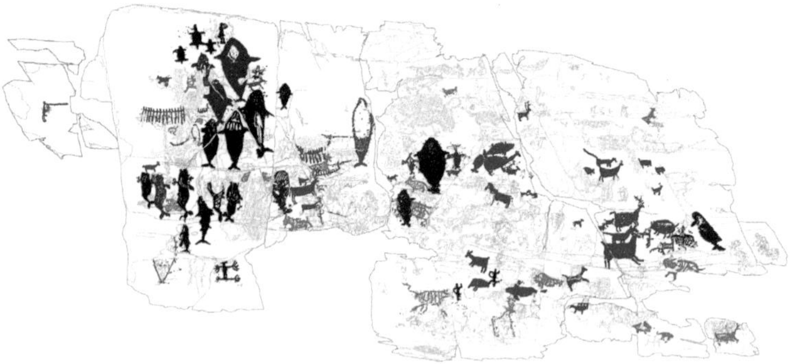

그림 87. 네 번째 제작층

려 있는 것이 다수 관찰되기도 하고, 같은 단계 안에서는 샤먼과 같은 존재가 함께 층을 이루고 있다.

고래는 좌측 상단에서 하늘을 향하여 올라가는 구성으로, 그 어떤 제작단계보다도 짜임새 있게 완성도에 이르고 있다. 고래의 전체구성이 삼각 구도라고 한다면, 이러한 구성은 이미 구상단계에서부터 특정한 의도가 있었다는 것을 말해준다.

사실상 표현물은 일정의도를 갖고 만들어지는 것인데, 그것을 우리는 삼각 구도의 고래표현의 성격에 소급해서 바라볼 수 있을 것이다. 궁극적으로 바라보는 반구대암각화의 네 번째 단계의 성격이라면 그것은 결국 고래와 관련한 의례가 중심이 된 층으로, 여기서 의례는 고래의 영혼 위무와 귀천, 그리고 그 영혼이 새로운 육신을 얻어서 되돌아오기를 바라는 회생의 염원이 그 목적이었다고 판단된다.

마지막 단계에서 새끼 밴 동물은 ______________________

그림 88. 최상위의 제작층

반구대에서 가장 마지막 단계는 그 어떤 단계보다도 명료하고 뚜렷한 새김새의 동물표현으로 이루어진다. 우선 한눈에 드러나는 동물은 중심부의 호랑이와 표범이 있다. 그리고 또 다른 호랑이와 함께 멧돼지와 사슴, 표범이 있고 거꾸로 내려오고 있는 고래가 있다.

모두 선 새김으로 구성되는 마지막 단계는, 새김법이 단순하게 형태묘사를 위한 것이라기보다는, 특정의 의미소를 반영하기 위하여 일부러 고안된 것처럼 보인다. 그런 것은 특히 선각이 장식문양으로 나타난 호랑이와 멧돼지 3마리, 사슴 및 표범이 그렇다.

선각의 장식문양이 나타난 동물은 반구대 사람들이 새끼를 밴 동물을 묘사하는 독자적인 표현방식과 같다. 그런 문양을 만들어낸 이유는 수렵사회 단계에서 새끼 밴 동물은 잡아서는 안 된다고 하는 사냥에서 금기를 나타내는 하나의 독특한 방법이었다. 그렇기 때문에 반구대암각화의 마지막 단계는 바야흐로 신성시되는 동물 또는 보호되어야 하는 동물에 대한 개념이 이곳 사람들에게서 한층 의미를 갖게 된 단계라고 할 것이다. 물론 그러한 표현물이 등장하게 된 이유는 어디까지나 영속적인 자연계의 풍요의 희구, 그리고 안정에 무게를 더한다는 차원의 의미변화가 이루어졌다고 할 수 있을 것이다.

단계별로 달라져 가는 성격, 그 흐름

우리는 반구대에서 암각화 제작이 시작되고 나서, 그리고 그것이 시간적 흐름에 따라 어떻게 변해 갔는가 하는 순차적 단계를 살펴보았다. 반구대암각화가 모두 다섯 단계의 과정을 거쳐 지금에 이르렀다는 것은 이미 제시된 각 제작 층으로 확인할 수 있다. 고래사냥으로 시작하는 첫 번째 단계에서부터 마지막 단계에 이르기까지 순차적으로 변해가는 표현물의 성격 변화 또는 상징성의 흐름은 표 3과 같이 정리할 수 있을 것이다. 하지만 단계별로 갖는 시간적 폭이나 그 간격에 대해서는 알 수가 없다. 그러나 그것이 암각화를 표현수단으로 하는 문화적 배경이 유지되는 특정의 환경 또는 그 변화에 반응하는 일정한 기점이 있었을 것이라는 짐작으로 그 대답을 대신할 수 있을 것이다.

이 시점에서 정리하고자 하는 것은 새김법의 변화상과 같은 것이다. 이 세상 모든 암각화가 그렇듯이, 반구대에서 가장 먼저 등장한 기법은 선 새김이었다. 선 새김으로 시작된 반구대암각화는 거듭된 제작에 따라 이내 면 새김으로 달라져 가는 양상이다. 초기의 선 새김은 두 번째 단계에서도 여전하지만, 세 번째 단계에 와서는 표현력의 발전에 따라 보다 조형적 새김법인 면 새김으로 발전하고 있다. 그것은 네 번째 단계역시 마찬가지로 나타나고 있으며, 그래서 기법상으로 고래는 보다 실체감 있는 표현이 가능해 졌다. 하지만 마지막 단계에서 재차 선 새김이 등장하는데, 또다시 나타난 선 새김이라는 기법은 복고적 차원의 형태재현을 위한 방법이 아니라, 어떤 특별한 의미소의 반영을 위하여 그것을 보다 명료하게 나타내고자 고안된 발전적인 기법이라는 것이다.

새김법의 변화만큼 상징성의 변화상 역시 잘 확인되고 있다. 반구대에서 가장 먼저 등장한 것은 선 새김의 간략하게 묘사된

표 3. 층별 특성과 그 변화

	표현상의 특징	특징적 표현물	새김법	성격
마지막 층	격자문 선각/선각 폭, 깊이 뚜렷한 정형화 한 형태묘사	새끼 밴 멧돼지, 사슴, 선각의 호랑이	선 새김	안정적 동물번식에서 비롯된 수렵에서 금기관련 동물의 층
네 번째 층	부감법과 삼각구도/좌우 대칭적 동물표현	고래, 거북이, 가마우지, 샤먼	면 새김	어로활동, 특히 고래사냥과 관련한 회생의례의 층
세 번째 층	자세 강조/배, 엉덩이부분 비대, 상체와 수족이 왜소한 표현/직사각형의 체형과 이종의 동물이 짝을 이룸	동종, 이종의 짝지은 동물, 사슴	면 새김	동물번식과 풍요기원에 대한 인식, 신성시된 사슴이 주가 됨
두 번째 층	짧은 허리, 작달막한 체형의 동물/선 새김은 생태묘사	소형의 초식동물, 육식동물이 혼재	선 새김	생태적 관찰력 충실하게 표현. 유사력에 의한 동종주술의 층
첫 번째 층	단순 선각표현	선 새김 고래, 고래잡이배	선 새김	고래사냥과 관련된 어로활동의 층

고래와 함께, 이를 잡는 고래잡이배이다. 이러한 표현물 구성양상으로 볼 때, 첫 번째 제작층은 고래사냥과 관련된 어로 활동의 층으로서, 당연하게도 반구대암각화의 성립은 고래사냥에서 비롯되었다고 할 수 있다. 두 번째 단계는 생태적 묘사력이 잘 반영된 동물표현이라는 점에서 그 성격 또한 수렵과 관련, 동종주술의 층이라고 요약할 수 있을 것이다. 세 번째 단계는 신성시된 사슴이 중심이 된 층으로, 그중에서 특히 짝지은 동물이 등장한다는 점에서 이 단계는 자연, 특히 동물계의 안정적 증식을 목적으로 하는 풍요의미가 중점주제라고 할 것이다.

네 번째는 고래가 중심이 되고 있다. 그 안에는 양성체 동물이 동반하고 있고 샤먼이 포함된다. 이러한 점에서 네 번째 단계는 어로 활동과 관련한 의례가 중점주제가 되었다고 하겠는데, 물론 제의의 목적은 고래사냥과 관련한 회생의례에 있었다. 그러나 네 번째 단계를 단지 그런 한마디의 말로서 모든 것을 정리할 수는 없다. 작살과 같은 특정의 표현물에게 감염주술과 같은 흔적이 발견되고 있기 때문이다. 그래서 유적의 의미는 같은 단계, 동일한 표현 형태라고 할지라도 또 다른 요소가 복합적으로 반영될 수밖에는 없을 것이다.

반구대에서 마지막 단계는 상당히 관념적 사고가 지배하는 층이라는 점에서 이전과는 크게 다르다. 지나간 여러 단계에서 동물은 항상 수렵의 대상으로서 그 자체에 집중하였다고 한다면, 마지막 단계는 그런 차원을 넘어 표현 대상에게 특정의 의미를 주입하고 있다. 그것은 바로 자연계의 평화, 나아가서 영속적이고 안정적인 동물계의 풍요희구라는 메시지와 같은 것으로, 마침내 유적에서 금기와 같은 인식이 등장하기 시작하였다는 점에서 이전과는 크게 달라졌다.

5

암각화를 만들어가는 몇 가지 기법 이야기

암각화를 만드는 방법에는 여러 가지가 있다. 우선 암면을 쪼아서 만들거나 부드럽게 갈아서 만드는 방법이 있다. 또는 날카로운 돌이나 금속으로 선을 그어서 나타내는 방법이 있고, 바위의 표면을 얇게 긁어서 속살이 드러나게 하는 방법도 있다. 이러한 기법은 표현물의 성격과 함께, 제작 시기나 문화적 배경과도 밀접하게 연관되어 있다. 그렇기 때문에 처음부터 제작기법에는 관심이 많을 수밖에는 없었다. 반구대암각화도 발견 당시로부터 기법분석에서는 심도 있는 접근이 있었다고 보이는데, 그러한 문화적 배경을 주목하고 있었기 때문이었다.

암각화 제작기법에서 가장 보편적으로 활용된 기법에는 쪼기(Pecking skill)가 있다. 암면을 거듭 쪼아서 생기는 타격 흔적의 집 점으로 표현물을 만들어가는 쪼기는 세계 암각화 대부분이

이를 선택하고 있는 것과 같다. 그다음으로 암면을 갈아서 형상을 명료하게 하는 갈기 기법(Grinding skill)이 있다. 갈기는 단독적으로 나타나는 것도 있지만, 대다수는 쪼아서 형태를 잡은 다음, 그곳을 재가공하는 방법으로 적용되어 왔다. 천전리 각석의 기하문 단계를 비롯한 한국 암각화의 대부분이 그렇게 갈기로 만들어졌다.

그러나 암각화 제작에서 가장 먼저 발생한 기법은 가는 선각으로 사물을 묘사하는 긋기 기법(Engraving skill)이라고 할 것이다. 긋기는 형상을 나타내는 기법이면서 동시에 표현을 위한 밑그림으로 흔히 적용되어왔던 방법이라는 것은 조사과정에서 어렵지 않게 확인되고 있다. 여기에 우리나라에서 아직 발견된 적 없는 기법이긴 하지만, 형태에 따라 바위의 표면을 날카로운 도구로 긁어서 바위 속 피부를 드러나게 하는 것으로 형태를 묘사하는 긁기(peeling skill)가 또 있다. 이러한 기법역시 암각화제작에서 중요하게 활용된 네 가지 주요기법 중의 하나이다.

그동안 조사된 암각화 제작기법을 정리하면 표4와 같다. 그중에서 반구대암각화 제작에 주로 활용된 것은 쪼기인데, 쪼기라고 해서 단 하나의 방법만 있는 것은 아니다. 알려진 바와 같이 쪼기는 두 가지 세부기법으로 구분할 수 있어서, 먼저 대상의 형태로서 윤곽선을 묘사하거나 생태적인 현상을 선각으로 나타내는 선 새김이 있다. 나머지는 대상의 형태를 잡은 다음, 그 내부를 고르게 쪼아서 나타내는 면 새김이 있다. 반구대에서 거의 모든 표현물은 이 두 가지 기법으로 이루어졌다. 그러나 일부 표현물에게는 선 새김과 면 새김이 혼용된 기법도 찾아볼 수 있다.

선 새김에서 잘 살펴봐야 하는 것은 초기형의 단순 선 새김이

그림 89. 암각화의 스케치(샬라볼리노, 미누신스크, 이하우)

표 4. 암각화 제작기법

<table>
<tr><th></th><th>새김형식</th><th>구분</th><th>세부구분</th><th colspan="2">유형</th><th>새김도구</th><th>비고</th></tr>
<tr><td rowspan="5">1</td><td rowspan="5">쪼기
Pecking skill</td><td rowspan="4">단순쪼기</td><td rowspan="2">선 새김</td><td rowspan="2">P1</td><td>p1-a</td><td>석제도구</td><td>단순 선 새김</td></tr>
<tr><td>P1-b</td><td>석제도구</td><td>의식적 선 새김</td></tr>
<tr><td>면 새김</td><td colspan="2">p2</td><td>석제도구</td><td>두드림 도구사용</td></tr>
<tr><td>선・면혼용</td><td colspan="2">p3</td><td>석제도구</td><td>..</td></tr>
<tr><td colspan="2">쪼아낸 후 채색</td><td colspan="2">P4</td><td>석제도구, 안료</td><td>암화와 절충식</td></tr>
<tr><td rowspan="3">2</td><td rowspan="3">갈기
Grinding skill</td><td colspan="2">쪼아낸 후 갈기</td><td colspan="2">G1</td><td>석제도구</td><td>쪼기와 복합양식</td></tr>
<tr><td>단순갈기</td><td>표현물 갈기</td><td colspan="2">G2</td><td>석제도구</td><td>.</td></tr>
<tr><td>전면갈기</td><td>여백 갈기</td><td colspan="2">G3</td><td>석제도구</td><td>.</td></tr>
<tr><td>3</td><td>긋기
Engraving skill</td><td colspan="2">선각긋기</td><td colspan="2">E</td><td>석제, 금속도구</td><td>.</td></tr>
<tr><td rowspan="2">4</td><td rowspan="2">긁기
Peeling skill</td><td colspan="2">문지르고 긁기</td><td colspan="2">Pl1</td><td>석제, 금속도구</td><td>.</td></tr>
<tr><td colspan="2">표면긁기</td><td colspan="2">Pl2</td><td>금속제 도구</td><td>.</td></tr>
</table>

그림 90. 갈기 기법의 표현물

있다. 그리고 나중에 재차 등장하는 또 다른 선 새김도 있다. 그래서 양자를 동일하게 부르고는 있지만 실상 둘은 크게 다르다. 단순하게 형태를 잡아나가는 방법으로 채용된 선 새김과, 그리고 그런 형태묘사의 수준을 넘어 또 다른 성격 또는 상징의미를 반영하기 위한 수단으로 개발된 선 새김과는 그 차이가 명백하게 다르기 때문이다.

그런데 반구대암각화에서 결코 잊어서는 안 될 사항 하나가 쪼기 이외에 또 다른 새김법으로서 갈기가 발견되고 있다는 사실이다. 아무도 눈여겨보지 않던 반구대암각화에서 갈기 기법이란 사물의 형상이 만들어진 다음, 그 형태를 따라가면서 재차 부드럽게 갈아내는 가공방법으로, 그것은 표 4에서 G2와 같은 기법을 말한다.

반구대암각화에서 G2는 모든 표현물에 일괄적으로 적용된 것은 아니다. 그것은 그림 90과 같이 일부 한정된 표현물에게서 발견되고 있다. 그리고 그것이 서로 다른 새김법이나 표현속성을 막론하고 나타나 있다는 점을 잘 살펴야 한다. 동시에 그런

그림 91. 갈기 기법의 동물표현

것이 조사되는 곳이 모두 일정한 위치대에 있는 표현물에게 한정적으로 발견된다는 사실을 주목해야 할 것이다.

갈기가 적용된 것은 주로 중 하단부에 있다. 잘 알고 있는 바와 같이, 반구대암각화 바로 아래는 13° 정도의 기울기가 있는 암반대가 형성되어있다. 그 경사진 바닥을 따라 왼쪽으로 올라가다가 보면, 주로 사람의 눈높이 대에 있는 표현물에게 갈기 기법이 집중되고 있다. 그렇기 때문에 갈기가 암각화 제작과정에서 동시에 적용되었던 것이 아니라, 표현물 제작이 모두 완료되고 난 다음, 어떤 알 수 없는 시간대에 재차 그 위를 부드럽게 어루만지듯이 일종의 주술적 의도를 갖고 나타난 것이었다고 판단하는 것이다.

통상적으로 갈기는 쪼기가 발생한 이후 일정한 시간차를 갖고 나서 비로소 발생하는 기법으로 알려져 있다. 처음 신석기시대 후기에 등장하기 시작한 이 기법이 중점적으로 활용된 시간대는 청동기시대이다. 그래서 반구대암각화에서 이러한 기법의 적용 예로 봤을 때, 반구대암각화의 제의공간으로서의 효용 가치는 우리들 생각 이상으로 꽤 오랫동안 유지 되어 왔던 것이 아닌가 하는 것이다. 그림 90에서 점선 부분은 표현물과 상관없이 그 전체를 부드럽게 갈았다.

갈기 기법의 등장 시점이 언제인지는 명확하지 않다. 그러나 그동안의 연구자들이 바라본 중심적 활용 시기는 농경문화가 크게 확산하는 청동기시대라고 이해되고 있고, 그렇기 때문에 주목해서 바라봐야 하는 곳은 이웃의 천전리 각석이 있다. 반구대암각화에서 갈기가 나타난 배경에는 천전리 각석에서, 특히 기하문암각화 단계를 놓고 고민할 수 있겠는데, 그것은 갈기가 가장 적극적으로 적용되었던 단계이기 때문이다.

이러한 기법연구를 통하여 우리가 생각할 수 있는 것은 대곡천의 두 암각화 유적의 상호 관련성과 같은 부분이다. 반구대암각화에서 이와 같은 기법의 등장은 아무래도 두 유적이 어느 순간부터는 서로 간에 교섭과 같은 의미를 갖기 시작하였던 결과라고 할 수 있을 것이다. 그래서 두 유적은 조성의 과정이나 시기는 물론, 표현물의 내용과 같은 전반적인 것이 모두 크게 다름에도 불구하고, 어느 시점에서부터 관계를 갖고 발전하여왔다고 판단할 수 있는 것이다.

그런 현상은 선행하는 암각화 유적으로서 반구대암각화에 대한 존중이거나 계승적인 의식의 발현으로 이해될 수 있을 것이다. 같은 관점에서 볼 때, 두 유적은 어느 일정시점에 이르러 같은 문화 현상을 공유하게 되는 연대감을 갖기 시작하였던 것이 아닐까 한다. 그것은 단지 기법 문제에만 한정되는 것은 아니다. 대곡천에서 서로 떨어져서 발전해 온 두 유적이 동물표현의 단계에서는 또 비슷한 양식사적 현상이 동시적으로 발견되고 있는 것과도 같기 때문이다.

6

반구대암각화의 시간

제작 년대와 같은 것은 모두의 관심이 큰 사안의 하나이다. 하지만 반구대암각화가 언제부터 시작되었는가 하는 문제는 한마디로 쉽게 말 할 수 있는 것이 아니다. 일부 세간의 시각이 최대, 최고, 최초에 의미를 두는 현실에서 더더욱 그렇다. 물론 연구자의 견해마저도 편년에는 쉽게 합의에 이르지 못하고 있다.

유적의 연대를 올려 본다고 하여 그 가치가 더 빛이 나는 것은 아닐 것이다. 늦춰진다고 해서 그 고유한 의미가 퇴색하는 것이 아님에도 불구하고, 대중적 관심은 가급적이면 올려다보려는 것이 고고 미술사적 유물유적에서 나타나고 있는 보편적 생각처럼 보인다.

사실상 연대는 암각화 연구에서 난제중의 하나로서, 과학적인 측정이 불가하다. 그래서 해외에서는 유적 바로 앞이나 주변, 혹은 근처에 있는 고고유적에 대한 발굴을 수행하거나, 암면의 고착지의류(固着地衣類)와 같은 것을 채취, 분석하는 것으로 의미 있는 성과를 내기도 한다. 그러나 우리나라에서는 그것을 알기 위한 조사가 쉬운 것도 아니고 타 분야와 융합연구와 같은 것도 그렇게 원활하게 이루어지는 것이 아니다. 따라서 편년연구는 주로 상대적 관점에 크게 의존해 왔다고 할 수 있다.

반구대암각화는 연구 초기 단계에서 이미 상대적 편년으로서 "신석기시대 말기에서 청동기시대에 이르는 장구한 문화단계에 의한다"고 했던 보고자의 생각에서부터, "청동기 후기부터 원삼국기 초기"(김원룡 1980, 1983)의 현상으로 보고자 했던 시각까지도 있어서, 편년과 관련한 견해는 일찍부터 큰 폭에서 모든 가능성을 열어두고 고려되었다고 하겠다.

그중 넓게 확산되어 있던 것은 청동기시대 설이었다. 청동기시대라고 하는 생각은 연구초기로부터 근년에 이르기까지도 정설처럼 받아들여져 왔으며, 심지어 중등학교 교과서에도 그렇게 수록된 바와 같다. 그러나 해외 연구 성과의 교차적 시각이라든지, 청동기시대 설에 대한 문제점이 수차에 걸쳐 지적되고 재검토되어오면서, 지금에 와서는 신석기시대라고 하는 주장이 보다 폭넓게 받아들여지고 있는 상황이다.

물론 연구자 중에는 한국 암각화의 대부분은 청동기시대이고, 청동기시대의 표본적 의미가 있는 것이 구상화이기 때문에, 반구대암각화는 의당 청동기시대로 봐야 할 것이라고 하는 시각도 여전히 있다. 이러한 생각은 암각화라고 하는 미술 사료에 대한 이해의 부족이라는 말 밖에는 달리 보탤 것이 없어 보인다. 구상에서 비구상으로 변해간다고 하는 미술사 기초개념의 큰 흐름이 있고, 한국 암각화에서 청동기시대 암각화의 대부분은 추상화 과정을 거쳐서 나온 표현물이라고 하는 현상이해가 별로 없는 상태에서 자신의 생각을 말한 것이기 때문에, 이를 두고 뭐라고 할 게제도 아니다.

최근에 와서 신석기시대라고 하는 생각은 나름 힘을 얻고 있다. 비교사항으로서 고고학적 자료증가와 해석이 크게 진보하였기 때문이다. 그럼에도 불구하고 암각화 표현상 일정하게 의미를 들여다 볼만한 것 중에서 양식사적 측면의 견해(안휘준 1988)는 참고할 만하다.

사실상 청동기시대라고 하는 의견을 무작정 경시할 수 없는 이유는 표현물의 정형화의 정도가 심화하여있다는 지적 때문이기도 하다. 글쓴이는 신석기시대에 무게를 둔 입장이긴 하지만, 표현물의 도식화, 정형화라는 관점에서 바라보는 반구대암각화는 표현물의 구성양상이나 조형적 완성도에서 이미 상당한 수준에 도달하고 있다는 사항을 항상 염두에 두고 바라보고 있다. 그렇기 때문에 보다 깊은 성찰 없이 신석기시대로 올려다보는 시도에는 신중하게 접근할 것을 지적해 왔다.

유수한 해외유적들, 예컨대 북아시아나 중앙아시아, 그리고 멀리 북구 암각화의 조형적 수준을 넘어서는 것이 반구대라는 생각은 시기를 비약해서 바라보는 것을 가로막고 있다. 특히 대표적 표현물로서 고래를 만들어가는 방법상 일정한 발전단계를 보여주는 대칭적 묘사라든지 다시점 구도가 있고, 비틀림 기법의 적용이라는 관점에서 볼 때 더더욱 그렇다. 그런 측면에서 일부 연구자가 바라보고자 하는 청동기시대 설은 대책 없이 가볍게 무시되어도 좋은 것은 절대 아니라는 생각이다.

표현물의 조형성과 같은 부분을 우리는 세간에서 하는 말로 '세련되었다'고 정리할 수 있을 것이다. 물론 측량 불가의 감성적 용어로서 재단하고자 하는 것이 한계가 있는 것이지만, 적어도 반구대암각화가 묘사에서 서투르지 않고, 어색한 데 없이 잘 가다듬어져 있다고 하는 점에서 세련되었다는 말은 여전히 타당하다.

사실상 이와 같은 편년연구가 어딘지 모르게 위축되게 이루어진 원인 중에는 초기 연구자들이 '호기롭게', 또 어떻게 보면 '어처구니'없이 함부로 한국 암각화를 규정하였던 때문으로 보이기도 한다. 이른바 북구 스칸디나비아의 영향력이 대륙의 동단에 까지 미치고 있다고 하거나, 시베리아의 영향력을 크게 받고 있는 것이 한국 암각화라고 하는 근거 없는 말에서 기인한 바 크다고 보인다. 차분하게 접근해도 좋은 편년연구가 본격적으로 시작하기도 전에 이미 연구자 스스로 눈높이를 자기검열과도 같이 제한적인 관점에서 접근하게 하였다. 그래서 어쩌면 반구대암각화가 그러한 모든 것보다 선행한 것이었다고 한다거나 영향력을 끼친 원형으로서의 가능성을 내비춰 볼 수조차 없는, 그런 사고의 싹이 트기도 전에 토양을 엎어버리는 듯한 환경의 조성이 있었던 것이다.

초기 연구자들은 그런 말을 여과 없이 함부로 하였고, 또 듣고 배운 후학은 자연스럽게 한국 암각화는 '외부적 영향력을 받아 성립되고 발전해 왔다'고 하는 등식 하나를 머리속에 품고 바라보고자 하였던 것이다.

청동기시대 설이 일부 긍정적인 측면이 있다고 하여 글쓴이가 그것을 지지하는 것은 아니다. 암각화는 절대적인 편년법이

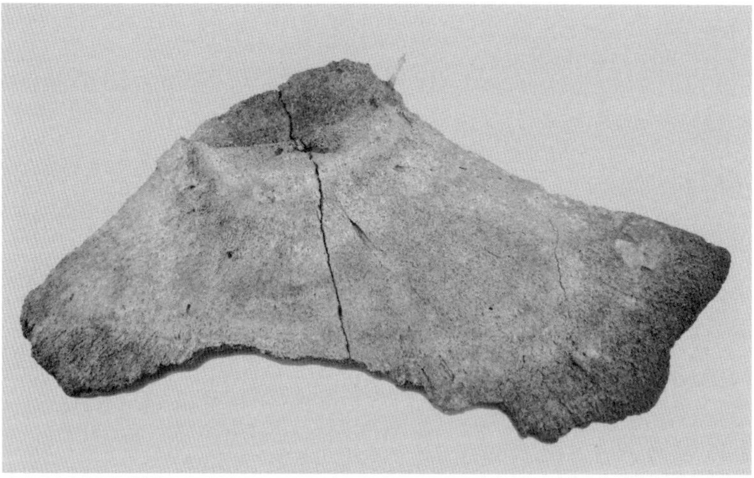

그림 92. 골촉이 박힌 고래뼈(울산박물관)

없기 때문에 우리나라에서는 주로 문화사적 현상 사이의 상호관계를 살펴서 그것을 설정하고자 해왔다. 이를 교차 편년 또는 상대 편년이라고 하는데, 상대적인 자료 비교라든지 그동안에 누적되어온 고고학적 증거나 맥락, 비교문화사적 접근을 토대로 그것을 봤을 때, 지금은 이전에 비해 한층 정교한 접근이 가능해진 상황이다. 따라서 오늘날 신석기시대로 보는 견해는 날로 힘을 얻고 있다.

사실상 반구대암각화는 최근의 연구에서 "B. C. 8000-2000년 사이, 신석기시대 초기에서 후기에 걸쳐"(문명대 2015) 있거나 "신석기시대 기원전 2000년 이전"(강봉원 2015)이라고 하는 시각과 함께 "7200년 전에서 5800년 전"(이상목 2015)으로 볼 수 있다고 하는 넓은 시간적 폭이 제시되어 있기도 하다. 이러한 시간대는 대체로 6000~2000 B. C. 사이로 볼 수도 있다는 것인데, 여기서 앞서 살펴본 반구대암각화 제작단계별 분석의 결론으로서 다섯 단계라는 것을 적극 대입해서 본다면, 그것을 좀 더 촘촘하게 좁혀나갈 수 있는 여지가 하나 있다.

편년연구에서 시간적 접점을 다소 좁혀 볼 수 있는 자료가 있다. 그것은 울산 황성동에서 나온 '골촉이 박힌 고래 뼈'(한국문물연구원 2012) 화석자료와 같은 것이다. 고래 뼈 화석은 견갑골과 미추에 골촉이 박힌 것으로, 우선 그것의 성격이 직접적인 고래사냥의 결과인 것인지, 아니면 더 많은 고래를 잡게 해 달라고 하는 의례과정에서 나온 것인지는 잘 모른다. 그러나 골촉이 박힌 그 부위는 사냥의 과정에서는 찌르기 어려운 부분이고(최종택 2012), 골촉 또한 통상의 작살의 형태가 아니라는 점에서 고래사냥과 직접 관련된 것이었다고 보기에는 좀 어렵지 않나 하는 생각이다.

탄소연대 특정에 따르면, 화석자료는 지금으로부터 5500년 전의 것으로 나오고 있다. 그렇기 때문에 보정 없이 그 시기는 대략적으로 반구대암각화에서 고래사냥 관련 의례가 중점주제로 등장하고 있는 네 번째 단계와는 일정하게 맞닿는 접점이 있을 것으로 보인다. 아울러 골촉 박힌 고래 뼈가 의례의 결과물이라고 판단될 수 있다면 그것은 즉각 네 번째 단계의 중심주제가 의례와 관련한 상황묘사라는 점에서 서로 다른 두 자료로서 고래 뼈와 단계적 표현물은 내용상 동질성이 있다. 따라서 반구대암각화 네 번째 단계의 시작점이 고래 뼈의 시점과 서로 엇비슷하게 닿고 있다고 봤을 때, 그 시기는 대략 3500 B. C. 언저리에 닿는 어떤 시기로 비견될 수 있을 것이다.

작살 등 어로 도구가 진지하게 검토되고 있고, 신석기시대 패총 등에서 나온 동물유체의 분석결과와 함께, 기원전 8000~6000

년경의 압인문, 융기문, 극동 평저 토기 문화의 비교연구도 신석기시대 설을 적극 지지하게 되는 하나의 요인이다. 그리고 중요한 사항 하나, 한반도 신석기시대의 생업의 특징이 해양어로 문화라고 하는 고고학연구 성과에 의거해서 볼 때, 반구대암각화의 상당부분은 분명 신석기시대 바다를 근거로 살아간 환동해 해양어로 문화의 주역들이 남긴 것으로 판단될 수가 있다.

결론적으로 글쓴이가 바라보는 반구대암각화의 성립 시기는 신석기시대, 그것도 비교적 이른 신석기시대에 처음 유적조성이 이루어지기 시작한 이래, 최소 다섯 차례 정도의 제작 수순을 가지면서 완성에 이른 것이었다고 할 것이다. 특히 네 번째 제작단계의 시간대는 대략 3500 B. C.에 겹치는 시간으로 이해될 수 있을 것이다.

물론 반구대암각화의 신성지역으로서 효용 가치는 그 이후, 문화단계가 크게 달라진 훨씬 훗날까지도 일정하게 유지되어 왔을 것이다.

천전리 書石

1. 저짜게도 그림인지 뭔지
2. 천전리 각석의 구성단계
3. 암각화의 언어
4. 기하문암각화의 시대로
5. 세선각 표현의 시대
6. 書石이라고 불러주시게

1

저짜게도 그림인지 뭔지

전설처럼 전하는 천전리 각석의 발견은 이제 몇 장의 남겨진 사진으로 전하고 있다. 보고자 일행이 이곳을 찾은 이유는 동국대학교 박물관이 1968년부터 수행해 오던 울산지역 불적 조사에서, 삼국유사에 전하고 있는 반고사(磻高寺)를 찾고자 하는 의도에서 비롯되었다고 한다. 사찰의 명칭이 지금의 반구대와도 비슷하고, 지리적 조건 역시 기록과도 잘 맞아 떨어지는 곳이 바로 이 일대이기 때문에 그것을 확인하고 싶었던 것이다.

그러나 그들이 이곳을 찾았을 때는 이미 근방의 많은 곳은 사연댐에 잠긴 이후로 실망이 컸다고 하지만, 다행히 집청정 주인 최경환 옹과 손진영 옹의 안내를 받아 다음날 1970년 12월 25일, 천전리 각석 맞은 편 탑거리에서 절터를 찾게 되었다. 이곳에서 탑 부재를 확인하고 만족한 일행에게, 그때 최 옹의 권유가 있었다.

"저짜게도 그림인지 뭔지 통 구별이 안되는 희미한 게 있니더. 여기 중(僧)이 심심해서 지 그린 그림 같은 거도 있으이 함 볼라는교?"

마침내 천전리 각석의 발견이었다.

당시만 하더라도 이와 같이 암벽에 새겨진 것이 무엇이며, 또 언제, 누가 만든 것인지는 아무도 모르는 상태였다. 발견 당시의 보도 자료에 의하면, "최고(最古)의 화랑유적(花郎遺蹟)발견"이라는 제목 아래, "울주군 언양면 반구동(蔚州郡 彦陽面 盤龜洞) 절골산서 선각대벽화금석문(線刻大壁畫·金石文) 확인. 천사백년 풍상(千四百年風霜)을 견뎌온 최고(最古)의 벽화(壁畫)...(1971년1월1일자 한국일보)"라고 하고 있다. 발견된 자료를 일종의 벽화처럼 바라보았던 것이다.

이후 상당한 시간 동안 이러한 유적의 호칭은 암각 또는 암벽각화, 석화, 암화 등으로 보는 사람 마음대로 자의적으로 불러왔으며, 암각화라고 하는 명칭은 우리나라 최초의 암각화 박사 황용훈이 처음 사용하였다.

천전리 각석이 보고된 이듬해, 황용훈은 '남해도 선사시대 암각화(南海島 先史時代 岩刻畵)'라는 글을 대학주보 제452호(1972년 3월16일자)에 기고하면서 비로소 암각화라는 말을 사용했다. 하지만 이 용어가 통용화 되기에는 그 후로도 상당한 시간이 흐르고 나서이다. 암각화에 대한 개념조차 못 세운 체, 연구자들이 여전히 자신이 정한 호칭을 고집스럽게 사용해 왔기 때문이다. 그만큼 명칭 하나가 정리되는데에도 이렇듯 노력과 시간이 드는 법이고, 적합한 용어를 찾아가는 과정은 제법 힘이 들었다.

당시의 조사는 관심 분야의 몇몇 연구자들이 협력하여 짧은 시간 동안에도 많은 정보를 얻을 수 있었던 것으로 보인다. 몇

그림 93. 천전리 각석의 발견(황수영·문명대 1984)

차례의 예비조사를 거쳐, 1971년 4월 10일부터 시작된 1차 조사는 5월 2일까지 이루어졌으며, 그 조사에서 미비점은 11월 12일에서부터 25일까지 다시 날을 잡아서 수행되었다고 한다. 두 차례의 조사를 거쳐 유적세척에서부터 실측조사에 병행하여 전반에 대한 탁본 및 사진 촬영이 이루어졌는데, 지금도 전하고 있는 몇 장의 공개된 사진 자료를 통하여 그때의 사정이나 조사과정의 면면들을 겨우 짐작할 수 있을 정도이다.

그런데 여기서 반드시 지적하고 싶은 사항 하나는 이러한 유적의 조사과정에 대한 기록이라든가 수습유물, 또는 해당 공간에 대한 조사의 기초자료가 아무것도 전하는 것이 없다는 사실이다. 그런 점에 대해서는 아쉬움이 없을 수가 없다. 물론 당시는 최초의 암각화 조사라고 하는 사정, 그리고 조사자 역시 약관의 청년학자 신분에서 그 이상의 많은 것을 요구한다는 것은

The Hankook Ilbo 西紀1971年1月1日 (金曜日)

最古의 花郞遺蹟발견

蔚州郡彦陽面 盤龜洞절골산서 線刻大壁畵·金石文확인

民主韓國誇示의 해로

朴大統領 新年辭 民族中興의 前進계속

運營委 명단발표

新民 選對本部長 柳黨首兼任키로

新春詩壇

그림 94. 천전리 각석 발견보도자료(한국일보 1971년 1월 1일자), 당시 대통령의 연두교서를 밀어내고 일면 첫머리를 차지했다는 점은 놀라운 일이었다. 비록 지방지에 한정적이었지만.

주제를 넘는 일이기도 하다. 하지만 유물자체를 넘어 단 한 번 밖에는 없는 최초 조사에서 수습될 수 있는 각종 기초자료의 확보기회를 영영 놓쳤다는 점에 대해서는 애석함밖에 없다.

2

천전리 각석의 구성단계

국보 제147호 천전리 각석은 우리나라에서 최초로 발견된 암각화유적이다. 구비 구비 흐르는 대곡천을 따라 이어진 산은 물과 벗하여 있고, 그곳에서 물길을 건네 바라보면 서있는 하나의 반듯한 바위는 마치 병풍과도 같이 펼쳐졌다.

동쪽을 바라보고 있는 950×270cm(길이×높이)의 바위는 맞은편 절벽 위로 해가 뜨는 순간 활짝 볕이 든다. 그러나 그마저도 오래 머물지는 않고 하루 중 대부분을 그늘 속에 있다. 약 15° 정도로 앞으로 기울어져 있기 때문이다. 그나마 하절기에는 빛이 머무는 시간이 오래 지속되지만, 동절기에는 확연하게 짧은 시간만을 머물고 있다.

1980년대 중반까지만 해도 유적 바로 앞은 크기나 모양이 고르지 않은 큼직한 바위들이 불규칙하게 깔려있고, 그 사이사이로 물이 흐르고 있었다. 그러나 지금은 바위 사이를 잡석과 흙으로 메꿔 고르게 한 다음, 방부목으로 데크(deck)를 만들어 넓혔다. 물론 관람에는 더할 나위없는 좋은 여건이 되었으나, 그 하부에 대한 조사는 앞으로도 상당 기간 동안 이루어질 수 없게 되었다.

개울 건너편으로는 넓은 암반대가 형성되어있다. 그 위로 백악기 공룡발자국화석(울산문화재자료 제6호)이 흩어져 있다. 이 일대는 2000년대 초반만 하더라도 은밀하게 치성을 드린다거나 하는 행위가 끊이지 않고 이어져 왔던 곳이다.

천전리 각석은 선택된 하나의 장소에 긴 시간 동안 암각화 제작이 이루어져 온 곳이다. 그래서 그 어떤 유적보다도 연대기적으로 변해가는 표현양상을 한눈에 알아볼 수 있는 곳이다.

크게 네 개의 제작과정을 거친 끝에 지금의 현상에 이르게 된 천전리 각석에서, 가장 처음 나타난 표현물은 사슴과 같은 구상표현물이 있다. 그리고 그 위로 얼만가의 시차를 두고 이전과는 크게 달라진 기하학 문양이 나타난다. 기하문은 동물표현단계위에 당당하게 전면을 장악하면서 등장하고 있다. 그러한 양상으로 봤을 때, 천전리 각석의 주인공은 바로 이 기하문 단계인 것처럼 보인다.

그러나 암각화의 제작은 여기서 그치지 않고, 그로부터 또다시 한참의 시간이 흐른 다음, 새롭게 등장하는 세선각 그림이 명문을 동반하여 나타나고 있다. 그런데 여기서 잘 살펴봐야 하는 것은 기하문 단계와 세선각 표현 사이에서 또 하나의 단계를 설정할 수 있다는 점이다. 그것은 특정의 형상을 띠고 있는 것이 아니라, 암면의 상단부 전반에 걸쳐 무수하게 찍혀있는 타격흔적과 같은 것으로 나타나고 있다. 이러한 타격의 흔적을 주술

표 5. 천전리 각석의 표현물분류(울산대학교 반구대연구소 2014)

		인물상			동물상									기하문							명문/근현대	도구상	건조물	자연물	미상	계
		전신상	인면	기마인물	사슴	산양	멧돼지	개과동물	말	어류	조류	용/뱀	미상	마름모	동심원문	회오리문	원	물결문	격자문	미상						
	구상	2	1	.	74	3	1	24	.	6	.	.	101	.	.	.	.	.	.	.	.	.	.	.	.	212
	기하문	2	1	.	.	.	.	.	.	.	.	/1	.	50	5	1	14	6	8	46	.	.	.	.	.	133
	세선	20	.	16	2	.	.	4	18	.	1	4	44	.	.	.	.	.	.	.	.	8	3	4	.	124
	명문	.	.	.	.	.	.	.	.	.	.	.	.	.	.	.	.	.	.	.	218 /3	.	.	.	.	221
II		.	.	.	.	.	.	.	.	.	.	.	15	.	.	.	.	.	.	.	/3	.	.	.	.	18
III		.	.	.	.	.	.	.	.	.	.	.	9	.	.	.	.	.	.	.	/11	.	.	.	.	20
IV		.	.	.	.	.	.	.	.	.	.	.	.	1	.	.	1	2	.	.	/18	.	.	.	9	31
계		24	2	16	76	3	1	28	18	6	1	4 /1	169	51	5	1	15	8	8	46	218 /35	8	3	4	9	760

의 결과물로 바라보는 글쓴이는 그것을 또 하나의 단계로 설정하고자 하며, 따라서 세선각 및 명문의 단계는 천전리 각석에서 마지막 네 번 째 단계가 된다. 이와 같이 한 꺼풀 한 꺼풀 각 단계가 순차적으로 쌓여서 이루어진 천전리 각석의 표현물을 그 순서에 따라 가장 먼저 이곳에 나타난 동물표현 단계에서부터 살펴볼 수 있을 것이다.

반구대암각화가 여러 단계를 거쳐서 지금에 이른 유적인 것처럼, 천전리 각석 또한 수차례의 제작과정을 거쳐 지금과 같이 되었다. 그러나 반구대와 크게 다른 점은 각각의 단계가 모두 명확하게 차별적인 표현물로 구성되고 있다는 점이다. 그렇기 때문에 우리는 큰 어려움 없이도 각 단계의 전개과정을 한눈에 알아볼 수가 있다. 그러나 그것이 어쩌면 너무나 명백하게 구분되고 있기 때문에, 혹여 우리가 놓치고 있는 것은 없었던 것일까? 하는 의구심을 항상 갖고 바라보는 것이 또 천전리 각석의 구성단계와 같다. 이제 각 단계 별로 순차적인 발전과정을 간략하게 정리하고자 한다.

모든 시작은 사슴으로부터

사물묘사에 있어서 눈에 보이는 그대로를 나타내는 것을 구상표현이라고 한다면, 그것을 의도적으로 단순화하거나 변형하여, 직관이나 상상을 자유롭게 표현하는 것은 비구상 표현이라고 할 수 있을 것이다. 구상과 비구상이 동시에 발견되고 있는 천전리 각석에서, 구상표현물에는 동물 및 사냥꾼과 같은 것이 있다. 비구상표현 안에는 동심원이나 물결문, 마름모꼴 문양과 같은 것이 있다. 거기서 먼저 나타난 것은 사슴과 같은 동물표현이다.

천전리에서 동물은 주로 반듯한 암면 왼쪽에 주로 모여 있다. 그러나 쪼아 파기한 면 새김 동물이 간혹 기하문들 사이에서 소략한 수준으로 발견되는 경우가 있어서, 구상표현물은 당초 상단부 전반에 걸쳐서 분포하고 있었던 것이 아닐까 한다.

그림 95. 천전리 각석

그림 96. 천전리 각석

구상표현물에는 사냥꾼으로 보이는 사람이 있다. 그리고 사슴, 산양과 함께 허리를 길게 늘어뜨린 개과 동물이 있다. 그러나 동물의 대부분은 역시 통상적 세계 암각화처럼, 사슴이 74점으로 압도적으로 조사되고 있고, 그 외에 물고기와 같은 것도 있으나, 구상표현물 중에는 형태적으로 완전하지 못한 것들이 많이 분포하고 있다.

동물표현에서 가장 눈에 띠는 현상은 암컷과 수컷 또는 어미와 새끼가 서로 짝을 지어있다는 점이다. 그런 동물 중에서 특정의 사슴은 머리의 뿔을 실제보다 몇 배나 과장하여 나타난 것도 있는데, 그것은 마치 한 그루의 나무처럼 우람하게 머리위로 뻗어있다. 그 외에도 크게 묘사된 동물 한 점은, 그 두부에 인면 하나가 겹쳐진 상태로 표현되었다. 이러한 동물을 보고 그동안 "동물 가죽을 둘러쓴 사냥꾼"이라 하거나, "신인동형적 인면화"(임세권 1984) 또는 "호랑이, 반인 반수 사상이나 전통적 산신사상의 시원을 밝힐 그림"(황수영·문명대 1984)이라고 보는 시각이 있었다.

물고기와 같은 것도 여러 점 있다. 그렇지만 그것이 어떤 물고기를 묘사한 것인지는 알 수 없다. 그 물고기 바로 아래에서 고래가 한 점 나왔다. 고래는 표현상으로 반구대의 그것과는 크게 다른 형상으로, 측면관찰의 고래는 형태묘사가 충실하거나 조형적으로 빼어난 것도 아니다. 그러나 대곡천 두 암각화 유적에서 모두 고래가 조사되고 있다는 점에서 그 의미는 새롭다.

동물 또는 기하문과 같은 명확한 차이의 표현물이 중복되는 경우, 새롭게 등장한 기하문암각화의 주인공들이 과거의 표현물을 어떻게 바라보았나 하는 것은 상당한 논의의 초점이 되었다. 동물이 좌측에 집중되는 양상으로 보아, 새롭게 자리를 차지한 기하문암각화 집단과는 선호하는 자리가 달랐던 것으로 보인다. 그러나 기하문암각화 사이에서도 간혹 동물표현이 보이기 때문에 그럴 가능성은 거의 없다. 기하문암각화가 원래 체적이 좀 있고 표현상의 차이점 또한 뚜렷하기 때문에 단지 그렇게 보였을 뿐, 사실은 동물의 단계를 폭넓게 덮어쓰고 있었던 것이다.

기하문 역시 자신들이 묘사하기 가장 좋은 곳을 선호하여 암면 상단부를 중심으로 하고 있고, 따라서 서로 간에서 존중과 같은 미덕이나 기존의 이미지에 대한 배려는 찾아볼 수 없다. 그것은 아무래도 새롭게 등장한 기하문암각화의 상징세계나 정신사적 의미의 중심축이 이전과는 확연하게 다르다는 점을 반영하기 때문일 것이다.

마침내 기하문의 시간이

누가 뭐라고 해도 천전리 각석은 그곳에 기하문이라고 하는 암각화의 세계에서는 흔치 않은 표현물이, 그것도 큰 규모로 분포하고 있다는 사실로 하여 반구대를 뛰어넘는 또 다른 의미를 찾을 수 있다. 기하문은 지배적으로 전체 암면을 장악하여 나타나 있다. 그래서 천전리 각석의 온전한 주인공은 기하문 단계라고 해도 과언이 아닐 것이다.

구상에서 비구상으로 달라져 가는 과정상의 표현물로서 특별

그림 97. 동물표현 단계

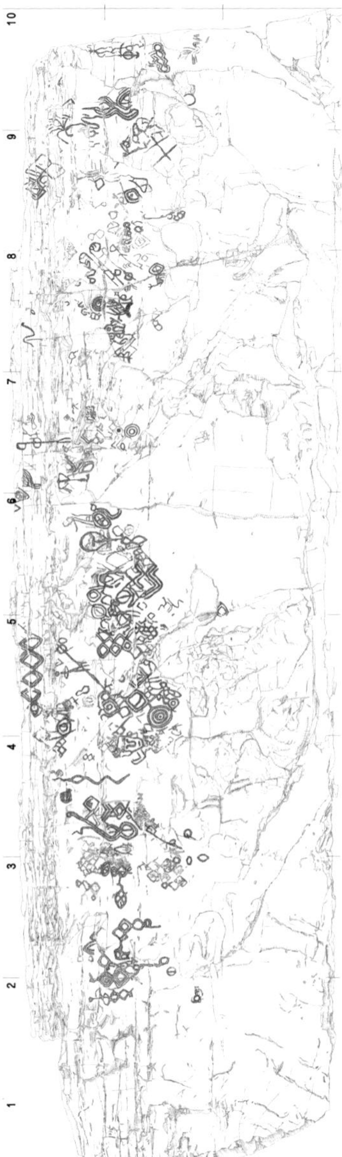

그림 98. 기하학문 단계

한 것으로 기하문암각화 안에는 가면 형태의 얼굴 한 점을 포함하여 마름모꼴 문양에서부터 동심원을 비롯하여, 물결무늬라든가 회오리문양 등이 등장하고 있다.

개별적 문양이 독자적으로 나타난 것도 있지만 그 대부분은 또 다른 문양과는 유기적으로 이어지고 있어서, 그것을 별도로 구분해서 바라보는 것은 어렵다. 기하문암각화 전체는 크게 3개의 구역으로 구분될 수가 있는데, 그러한 현상은 모든 표현물이 어느 특정한 시기에 이루어진 것이라기보다는 복합적 제작의 과정이 있었다는 점을 보여준다.

기하문암각화는 주로 사람의 눈높이 대에 자리 잡고 있다. 기하문암각화의 상태는 대체적으로 왼쪽과 오른 쪽의 그것이 표현상 미묘한 차이가 있는데, 말하자면 왼쪽에는 인면과 동심원문, 마름모꼴 문양이 서로 유기적으로 얽혀 있으며, 그 대부분은 굵은 선각의 명료한 형태로 나타나 있는데 비하여, 오른쪽으로 분포하는 문양대는 왼쪽의 그것에 비하여 명확성에서는 다소 떨어지는 모양새를 하고 있다. 새김선의 폭이나 마연 흔적에서부터, 서로 산만하게 흩어져 있는 문양의 표현상 차이는 좌우를 구분하여 바라보게 한다. 그것이 시차가 다른 데서 오는 현상인 것인지, 아니면 갈기라고 하는 기법이 반복되는 과정이 서로 달랐던 때문인지는 잘 모르겠다.

이 순간 마침내 아껴두었던 사실 하나가 있다. 천전리 각석의 기하문 단계를 말하고자 할 때 반드시 짚고 넘어가야 하는 문제 하나는 이 세상 수많은 암각화 유적에서, 특히 기하문암각화가 이렇게 중점적으로 규모 있게 나타나는 곳이 천전리 각석 만한 데가 또 있는가 하는 점이다. 말하자면 천전리 각석의 그것처럼,

세계 암각화에서 이곳만 한 기하문암각화를 어디서 찾아볼 수 있을까 하는 문제이다. 그 다양한 내용에서부터 규모에 이르기까지 천전리 각석과 비교할 만한 곳이 과연 있을까 하는 의문의 다른 표현이다.

오늘날에 와서 해외 유적의 조사는 더 이상 낯설지 않게 된 시대가 되었다. 암각화 연구자는 물론, 일반인조차 해외 이름난 유적을 다녀온 사람은 많이 있다. 그런 점에서 암각화 연구자의 한 사람으로서 글쓴이가 찾았던 유적은 이 세상에서 극히 일부분에 겨우 미치는 수준이다. 그럼에도 불구하고 지난 30여 년간 조사한 세계 암각화로 치자면, 결코 만만하게 봐도 좋은 양은 아닐 것이다. 중점적으로 거듭 찾았던 곳으로는 북아시아와 중앙아시아를 거쳐서, 몽골이나 중국 서북부의 여러 유적이 있다. 지구의 서북단 끝의 노르웨이 알타를 비롯한 북유럽의 세계유산 암각화 유적과 함께, 인도에서 동남아시아의 유적을 거쳐서 내려간 곳의 남단에는 오스트레일리아의 애보리진(Aborigine)의 암채화와 암각화까지도 포함될 수 있다. 이렇게 대륙의 동서와 남북을 관통하여 살펴본 유적은 쉽게 그 수를 헤아릴 수 있는 정도를 넘어섰다.

그런 조사 경험에 비추어 볼 때, 우리 천전리 각석만 한 기하문암각화 유적은 애써 찾으려 해도 찾아볼 수 없었다는 사실이다. 그런 시각에서 천전리 각석의 독자적 가치를 세계유수의 독보적인 기하문암각화라는 생각으로 바라보게 하고 있다.

물론 일찍부터 세계적으로 이름난 고분 유적으로서 아일랜드의 너쓰(Knowth)나 뉴그랭지(Newgrange)와 같은 곳에서 나온 기하문도 가볍게 바라볼 만한 수준은 아니다. 하지만 그런 것 모두는 암각화의 범위 안에서 말하기 조심스러운 고분유물이고, 비교적 인근의 유적으로서 타이완의 만산암조군유지(萬山岩雕群遺址)와 같은 것도 주의해서 살펴볼 만한 수준이라는 지적에는 동감이다. 그러나 이와 같은 유적이라고 하여 천전리 각석이상의 수준에서 논의될 만한 것은 결코 아니라는 판단이며, 그러한 차원에서 찾아볼 만한 기하문암각화는 사실상 없었다는 사실로 미루어 볼 때, 이제 조심스럽기는 하지만 비로소 말할 수 있는 사항 하나는 천전리 각석의 기하문암각화야 말로 내용상 충실성에서, 그리고 조형적 완성도의 수준에서 기하문암각화의 본격적이고 최대 규모의 유적으로 대접해 줄만 하다는 점이다. 당연히 심도 있는 검토의 시간이 필요하다.

단지 쪼았을 뿐인데

천전리 각석은 다양한 표현물로 구성되고 있다. 사람이나 사슴에서부터 물고기가 있고, 동심원이나 마름모꼴과 같은 기하문암각화가 있다. 제작기법상으로 서로 다른 표현물이 교차하면서 나타나는 현상은 비교적 쉽게 각 단계별 구성의 이해를 돕는다. 그러나 앞서 논의된 두 제작단계에 비하여, 지금 살펴보고자 하는 단계는 그렇게 분명하게 구분되는 것도 아니어서, 이를 별도의 단계로서 바라보는 것이 타당한 것일까 하는 의문은 늘 갖고 있다.

보고자는 그것이 풍화의 결과라고 고집하지만, 사실상 아무도 눈여겨보지 않는 그런 부분을 구태여 또 하나의 단계로 세분

그림 99. 타격흔 단계

할 필요가 있는가 하는 지적도 없지는 않다. 그럼에도 불구하고 이와 같은 단계를 차별화해서 살펴보고자 하는 것은 바로 전면에 가득한 무질서하게 나타나는 쪼아낸 흔적과 같은 것이다. 이와 같은 타격의 흔적이 무엇을 나타낸 것인지는 알아보기 어렵다. 그것이 동물이나 기하문암각화 단계를 막론하고 나타나고 있다는 현상으로 해서, 그리고 또 세선각 단계와는 차별적이기 때문에, 타격 흔의 단계를 기하문암각화 그다음으로 설정할 수 있다.

타격흔은 암면 한가운데를 중심으로, 그리고 사람의 눈높이 대에서 보다 조밀하게 나타나 있다. 하지만 손길이 닿기 어려운 높은 곳이나 허리를 숙여야만 하는 하단부에서는 거의 보이지 않는다. 좌우측면도 마찬가지이다. 흔적 상으로 그것은 기하문의 공간과는 거의 일치하고 있다. 그렇기 때문에 이와 같은 단계를 기하문암각화 이후, 그렇게 크지 않은 시간차를 갖고 나타났던 것으로 보고자 한다.

타격의 흔적은 그것이 마치 메마른 땅위로 이제 막 '후두둑' 하고 떨어지는 빗방울의 모양을 연상하게 한다. 그런 의미에서 이것은 비가 내리기를 기원하는, 일종의 빗방울모양을 모방하는 주술행위 및 그 결과로 보이는 것이다. 그렇다면 타격의 흔적은 결국 하늘의 비를 부르기 위한 기우 의례의 단순 기원행위의 결과물로 판단될 수 있다.

마지막에는 세선각 그림이

천전리 각석에서 세선각 표현으로 통하는 가느다란 선 그림은 매끈한 암면에 날카로운 칼과 같은 금속도구로 그어서 만든 것이다. 명문 기록과 함께 나타나는 그것은 천전리 각석에서 마지막 단계이다.

각석은 중간 부분에서 그 위로는 다듬은 것처럼 고른 암면인데 비하면, 하단부는 부분적으로 바위가 떨어져 나간 곳도 있는 그렇게 고른 상태는 아니다. 그러나 세선각 그림은 그런 하단부를 선택하고 있으며, 그 내용은 이곳을 방문한 방명의 기록과도 같은 많은 수의 글씨와 함께 세선각 그림으로 구성되고 있다. 하단부를 넓게 사용하고 있는 양상으로 봤을 때, 세선각 그림의 주인공들은 예의있는 사람들이었다. 적어도 앞선 시대의 기록으로서 구상 및 비구상표현물을 존중하듯이, 애써 그 자리를 피하여 하단부를 차지하고 있다는 점에서 발견되는 현상이다.

가장 먼저 눈에 띠는 장면으로 행렬도가 있다. 이런 것은 일종의 서사적 내용이 표현된 것으로 보이고, 그리고 그 뒤로는 돛을 활짝 펼친 배가 몇 척 떠 있다.

물론 이러한 표현물 이외에도 규모가 큰 서수형의 동물이라든지 몇 마리의 용 또는 소용돌이치는 물결문양도 있다. 거기서 오른쪽으로 원명(原銘)과 추명(追銘)이 마치 펼쳐든 책장과도 같이 열려있다. 그 위로 한 마리의 말이 있고, 아래에는 상반신이 깎여나간 사람이 서있다. 그 외에도 로(露)자나 법민랑(法敏郞), 승호수(僧好水)과 같은 뜻깊은 글자가 보이는데, 이러한 글자 아래에도 여러 점의 배가 떠 있다. 배는 포구와 같은 곳에 정박한 광경을 그려낸 듯하다.

암각화세계에서 널리 이해되는 통설 중에는 풍경은 처음부터 암각화의 표현대상이 아니었다고 하는데, 그래서 그것이 진정 경치를 묘사한 것이라고 한다면 그것은 또 다른 의미를 찾을 수 있기 때문에 이를 잘 봐두어야 할 것이다.

그 외에도 신라인의 복장을 한 사람이 있다. 그리고 삼층석탑 또는 가옥이나 망루와 같은 구조물도 여럿 확인되고 있다. 그중에서 가장 많은 것은 역시 사람이다. 사람은 전신상이 20점 정도이고 말을 탄 기마 인물상이 또 16점 정도가 있다. 이와 함께 말은 세선각 그림에서는 중요한 비중을 갖고 조사되는 표현물이다.

천전리에서 명문은 253점이 나왔다. 거기서 근, 현대의 낙서처럼 나타난 그것을 제외하면, 218점에 이르는 명문기록은 주로 5세기에서부터 9세기 사이에 이루어진 것이다. 가장 이른 기록으로 계사명(癸巳銘, 453년 눌지왕37년)을 시작으로 연대가 있는 것으로는 개성3년명(開成3年銘, 838년 민애왕원년)을 마지막으로 한다. 그 외에도 승려나 귀족, 화랑 등의 이름이 곳곳에 각자되어 있다.

명문에서 널리 알려진 것은 역시 원명과 추명일 것이다. 하단 중심부 한곳에서 당당하게 한 점의 말과 사람의 상체를 깎아내면서 나타난 그것은 신라 법흥왕12년(己巳年, 525년)의 기록으로

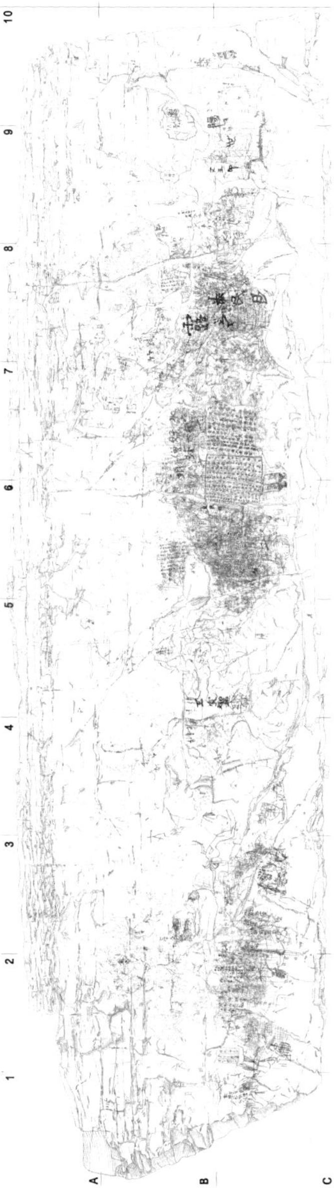

그림 100. 명문 세선각 단계

시작되고 있다.

원명은 법흥왕의 아우 사부지갈문왕과 어사추녀랑왕 일행이 이곳을 찾아, 이름 없던 이 일대를 서석곡(書石谷)이라 명명하였다는 내용과 함께, 방문기록으로 남은 12행의 긴 기록이다. 내용 중에는 동행한 사람의 신분과 이름, 그 역할까지도 세심하게 담고 있다.

추명은 법흥왕 26년(己未年, 539년)에 새롭게 추가된 글이다. 원명이 새겨지고 그로부터 14년이 흐른 다음, 이곳을 다시 찾은 사연을 말하고 있는 추명은 사부지갈문왕과 어사추녀랑왕 모두 세상을 떠나고, 그들을 그리워하는 지몰시혜비(只沒尸兮妃) 즉 지소부인과 부걸지비(夫乞支妃), 그리고 사부지갈문왕과 지몰시혜비 사이에서 태어난 훗날의 진흥왕 심맥부지(深□夫知)왕자 일행이 이곳을 찾은 사연을 기록하고 있다. 물론 동행한 사람까지도 낱낱이 기록하고 있는데, 그들이 이곳을 거듭해서 찾았던 목적에 관해서는 의문이 있을 수밖에 없다. 그것도 어둠이 깊은 시간을 정하여 이곳을 찾은 이유를.

조사된 명문 중에서 35점 정도는 근현대에 와서 새겨진 낙서 수준의 것이다. 그런 글자의 대부분은 탐방자의 이름을 새긴 것인데, 그중에는 지금도 이곳 가까이서 살고 있는 사람의 이름도 찾아볼 수 있을 정도이다.

원명과 추명이 새겨질 당시, 이미 그 자리에는 한 마리의 존재감 있는 말과 함께 사람이 자리 잡고 있었다. 그런데 이와 같이 먼저 있던 그림을 깎아내고 굳이 그 자리를 빌려서 글을 남겼다. 그렇다면 반드시 이곳이어야만 했던 어떤 이유라도 있었던 것일까? 두 그림이 보편적 표현물과는 다른 세련된 솜씨 끝에

표 6. 천전리 각석의 원명, 추명(울산대학교 반구대연구소 2014)

	판독문	해석문
원명	乙巳… 沙喙部葛… 文王覓遊來始得見谷 十 乙 十二道 之古 ▫(來?)无名谷善石得造 ▫(書?) 記?以下爲名書石谷字作 ▫(之?) 幷遊友妹聖德光妙於史 鄒女郎王之 ▫多煞作 ▫(功?)人尒利夫智奈… 悉得斯智大舍帝智 ▫作食… ▫▫智壹?吉干支妻 ▫(居?)知尸奚夫?… ▫(眞?)宍智沙干支妻阿丂?牟弘夫人 作書人慕 ⁝ 尒智大舍帝智	乙巳年(525)~에 사닭부의 갈(문왕이신 사부지 갈)문왕께서 찾아 놀러 오셔서 처음으로 골짜기를 보시게 되었다. 옛날부터 이름이 없던 골짜기였는데, 좋은 돌을 얻어 씀[書記] 수 있게 만드시고는 이름 하기를 書石谷이라 하시고 글자를 적게 하셨다. 함께 놀러온 友妹는 성스런 덕이 빛처럼 오묘하신[聖德光妙] 於史鄒 女郎님이시다. ▫多煞作 ▫(功?)人은 尒利夫智 奈(麻와) 悉得斯智 大舍帝智이며, ▫作食(人은) ▫▫智 壹?吉干支의 妻인 ▫(居?)知尸奚夫(人과) ▫(眞?)宍智 沙干支의 妻인 阿丂?牟弘 夫人이다. 글을 쓴 사람[作書人]은 慕慕尒智 大舍帝智이다.
추명	過去乙巳年六月十八日昧沙喙 善 部徙夫知葛文王王妹於史鄒女郎 王共遊來以後 ▫▫十八 ▫▫過 ▫妹王考 妹王過人丁巳年王過去其王妃只沒尸兮妃 天 愛自思己未年七月三日其王与妹共見書石 叱見來谷此時共王來 另卽知太王妃夫乞? 夫 支妃徙夫知王子郎深 ▫夫知共來此?時 ▫ 作 ▫▫喙部 ▫礼夫知 ▫干支 ▫六知 仇良 居伐干支 ▫乙 ▫▫知奈麻 ▫食人眞 宍智波珎干支婦何 ▫牟呼夫人 ▫夫知居伐 干支婦 ▫利等 ▫夫人 ▫▫▫▫干支 ▫沙 ▫▫夫人分 共作之	지나간[過去] 乙巳年(525) 6월 18일 새벽에 사닭부의 徙夫知 葛文王과 王妹인 於史鄒 女郎님께서 함께 놀러 오신 이후 ▫▫十八 ▫▫이 지나갔다. 누이님을 생각하니 누이님은 돌아간 사람이라, 丁巳年(537)에는 王께서도 돌아가시니[過去], 그 왕비인 只沒尸兮妃가 애달프게 그리워하시다가 己未年(539) 7월 3일에 그 왕과 누이가 함께 보고 글을 써놓은 돌을 보려고 골짜기에 오시었다. 이때 함께 님 오시니, 另卽知 太王의 妃인 夫乞?支妃와 徙夫知王의 子郎이신 深 ▫夫知께서 함께 오셨다. 이때 ▫作 ▫▫은 닭부의 ▫礼夫知 ▫干支와 ▫六知 居伐干支, ▫乙 ▫▫知 奈麻이며, ▫食人은 眞宍智 波珎干支의 婦인 何 ▫牟呼 夫人과 ▫夫知 居伐干支의 婦인 ▫利等 ▫ 夫人, ▫▫▫▫干支의 ▫(婦)인 沙 ▫▫ 夫人이 나누어 함께 지었다.

나온 것이고, 그런 그림을 애써 뭉개면서까지 그 자리를 빌려야 했던 이유를 궁금해하지 않을 수 없다.

사실 이러한 현상은 암각화 유적에서 쉽게 발견되는 현상과도 같다. 이와 같은 경우, 그것은 선행 표현물을 일부러 무시하거나 경시하고자 했던 흔적처럼 남아있다. 그 반대로 존중하여 계승의 증거로서 남겨진 것도 암각화에서는 쉽게 찾아볼 수 있다는 사실에 비춰, 천전리 각석은 그것을 어떻게 바라봐야 하는 것일까? 우선 보기에도 존중의 뜻과는 크게 달라 보인다.

명문내용 중에는 시기를 적시한 기년명이 있어서 정확한 제작 시기를 알 수 있다. 세선각 그림 중에도 그것을 암시하는 것이 있어서 이 또한 중요하게 바라봐야 하는 것은 물론이다. 최근의 조사에서 확인된 것 중에는 용과 같은 환상 동물 한 점이 있는데, 이런 것은 교차적 관점에서 그 제작 시기를 알 수 있는 것이다. 그래서 우리나라를 벗어난 곳에서는 암각화 조사와 겸하는 발굴조사가 의미 있게 수행되는 곳도 많이 있다.

천전리에 나타나는 세선각 표현과 관련해서, 우리가 분명히 알아야 할 것은 역사시대에 와서 불현듯이 등장하는 이러한 암각화가 한반도에서만 나타나는 현상이 아니라는 것이다. 중앙아시아에서 특히 알타이의 산록이나 스텝과 같은 곳에 폭넓게 분포하는 암각화 유적에서, 그리고 서몽골의 여러 유적에서 동일하게 조사되고 있는 이러한 세선각 그림은 서기 5~7세기라고 하는 아시아 풍운의 시대에 와서, 주로 고 투르크인들이 남겼던 그림과도 같다.

고 투르크 사람들은 그들의 기념비적인 사건이나 서사적인 내용, 혹은 개인적 소망을 룬니치(Руническoй)라고 하는 그들

고유의 문자 룬문자와 동반하는 그림을 곳곳에 아로새기고 있다. 동쪽 바이칼 주변에서부터 서몽골, 알타이, 카자흐스탄을 넘어서 우랄산맥에까지 이르고 있는 세선각 양식은 이렇듯 특정의 시대에 유라시아를 휩쓴 하나의 거대한 시대양식으로 나타났다. 그러한 표현방식은 이탈리아 발 카모니카(Val Camonica)와 같은 곳에서도 공히 조사되고 있는 로마 시대에 그들 병정 사이에서 유행했던 암각 양식과도 서로 일치하고 있는 바이다.

단계별 성격과 그 변화로 보는 천전리 각석

천전리 각석에서 최초로 나타난 것은 사슴과 같은 구상표현물이다. 암수가 서로 짝지어 있거나 어미와 새끼가 그렇게 있는 구성은 인근 지역에서도 쉽게 찾아볼 수 있는 표현방식인데, 특히 그것이 대곡천의 두 유적에서 공통적으로 조사되고 있고, 그렇기 때문에 양자는 교차적 시각에서 이와 같은 유형적 표현물의 등장 시기에서 일정한 관련성을 엿볼 수가 있다.

개과 동물이 엉덩이를 맞대고 있는 것이 교미의 또 다른 표현인 것처럼, 짝지은 동물 역시 그런 표현과는 동일한 의미의 구현처럼 보인다. 암수가 짝지은 것은 그대로 동물의 교접표현에도 소급해서 바라볼 수 있을 것이다. 동시에 어미와 새끼가 또 그렇게 나타나는 것을 볼 때, 그것은 대자연의 균형 있는 질서로서 영속적이며 안정적인 식량원 확보를 기원하는 의미로 받아들여질 수 있다.

이 첫 번째 층에서 주목해야 하는 표현물로서 동물 두부에 가면 형태의 인면이 덧새겨진 것이 있다. 이러한 동물표현은 문화 단계의 변화와 관련하여 생업의 중심축이 크게 변하여 갔다는 것을 보여줄 수도 있기 때문에 보다 주의해서 살펴봐야 할 것이다.

두 번째 단계는 기하문암각화의 층이다. 다양하게 나타나는 기하문은 그것이 농경이라는 생업환경과 관련되어 나온 적극적 조형 의지의 표현이라는 점에서 의미를 새롭게 한다. 사회상의 발전에 따라 점진적으로 농경의 규모는 커져만 가고, 거기에 따라 사람은 자신을 둘러싼 대자연의 환경 변화에 보다 큰 관심을 기울이게 되었다. 규칙적으로 계절이 바뀌거나 사람이 감히 예측할 수 없는 기후변화라든지 기상 현상, 그리고 그것을 여하히 극복하고자 하는 인간 의지는 결국 이와 같은 기하문암각화의 성립을 불러왔던 것이다. 그것은 어쩌면 자연적인 기상 현상이나 농경과 관련된 여러 이상적 현상들을 자신의 관념에 따라 변용하여 나타낸 결과인데, 이러한 표현물을 통하여 인간은 자연의 현상까지도 그들에게 유용하게 조절할 수 있기를 염원하는 데서 이러한 기하문의 탄생을 이룩해 내었을 것이다.

기하문암각화의 제작은 주로 갈기 기법으로 만들어진다. 반복되는 갈기의 동작은 그대로 비빈다고 하는 특정의 주술적 의례 행위와도 통하고 있다. 그래서 그것은 곧 풍요의 기원으로 이어지게 되었다.

세 번째 단계는 어떤 특정한 형상이나 상태를 나타난 것이 아니라, 상단부 전반에 걸쳐서 무수하게 나타나 있는 그것은 암면을 쪼아서 생긴 흔적을 말한다. 이러한 아무런 형태 하나 없이 무질서하게 나타나는 타격 흔적은 사람이 일어서서 작업하기 좋은 부분에서만 발견되고 있다. 동시에 세선각 표현이나 명문

표 7. 천전리 각석의 층별 특성

	표현상의 특징	특징적 표현물	새김법	성격
네 번째 층	세 선각 표현물	기마행렬도, 사람, 용	선 새김	5~9세기 시대양식
세 번째 층	불규칙하게 나타난 타격 흔적	타격흔	쪼기	기우의례의 행위, 흔적
두 번째 층	선 새김의 기하문암각화	인면, 마름모꼴, 동심원문, 격자문 표현	선 새김	농경, 자연에 대한 관심의 결과로서 기하문암각화 단계
첫 번째 층	거친 면 새김 표현	면 새김 사슴, 사냥, 개과 동물, 사슴두부에 중첩된 인면	면 새김	영속적인 대자연의 질서로서 안정적 식량원의 확보의미의 층

을 제외한 모든 표현물의 상위에서 확인되고 있다.

타격흔은 그것을 보기에 따라서는 별 의미 없이 저절로 생긴 것처럼 보인다. 하지만 동시대 고고 자료 중에는 물을 흩뿌리기 위하여 구멍을 낸 그릇과 같은 것도 많이 나오고 있고 저수시설에서 물과 관련한 의례의 흔적이 지속적으로 조사되는 바와 같이, 청동기시대 기우 의례와 관련한 주술적 행위의 예는 그렇게 어렵지 않게 찾아볼 수가 있다. 그것처럼 타격흔은 메마른 땅 위에 이제 막 빗방울이 떨어지는 순간의 그 모양을 모방하는 것으로 얻어지는 주술적 행위, 그 결과로 남게 된 것으로 판단되고 있다.

천전리 각석의 제작단계별 흐름을 보면, 먼저 구상표현으로서 동물의 단계가 있다. 동물이 등장하는 것은 수렵이 중요한 생활 근거라는 점을 암시하며, 따라서 전반적 의미를 대자연의 안정적 질서로서 영속적인 식량원의 확보와 함께, 풍요가 그 목적이었다는 것을 잘 보여준다. 이어서 등장하는 두 번째 단계로서 기하문암각화의 층은 이전과는 크게 달라진 의식세계를 보여준다. 생업에서 그 본질적 면모가 바뀌고, 이제 암각화는 외적인 형태변화뿐 아니라 그 성격까지도 달라졌다는 것을 암시하고 있다. 물론 뒤이어서 나타나는 타격흔 단계도 기하문과 서로 일정하게 통하고 있는 양상이다.

그러나 그 이후 비교적 명백한 시간적 간격을 두고 나타나는 것은 세선각 및 명문의 단계이다. 세선각 그림은 대체로 5~7세기경 천전리를 중심으로 하는 일종의 서사적 내용을 주제로 하고 있는데, 그런 사회적으로 불안한 풍운의 시대라는 시대적 배경을 바탕으로 해서 나타난 조형언어가 바로 세선각 그림이면서 명문을 동반하고 있는 현상과 같다.

이와 같은 표현단계의 흐름과 같은 전반적 변화상을 우리는 시간의 흐름에 따르는 조형의식의 변화상이라는 관점에서 바라볼 수 있을 것이다. 이제 그 단계 단계를 구성하는 표현물, 그 표현물이 들려주는 개별적이고 낮은 목소리에 귀를 기울여야 할 시점이다.

3

암각화의 언어

사람 얼굴의 사슴도 있고

발견되고 나서 한참 동안 이와 같은 표현물, 동물의 두상이 사람의 얼굴이라는 점에서 "이것은 호랑이를 나타낸 것이며, 그것은 곧 반인반수사상(半人半獸思想)이나 전통적인 산신사상(山神思想)의 시원을 밝힐 그림"이라고 이해되어왔다. 그러다가 2000년대 초반, 새롭게 조사된 결과가 나오고, 그마저도 실재하는 표현물과는 어딘가 다르다는 지적에 따라, 글쓴이는 개인적 관심에서 이 표현물만을 제한적으로 조사한 적이 있다. 그 결과 그것은 처음부터 그렇게 그려졌던 것이 아니었다는 사실을 확인할 수 있게 되었다. 동물이 먼저 만들어지고 난 다음 그 두부, 실은 두부라기보다는 목덜미 위에 재차 인면이 덧새겨지면서 실상과는 다르게 단지 그렇게 보이게 되었다는 사실의 확인이었다.

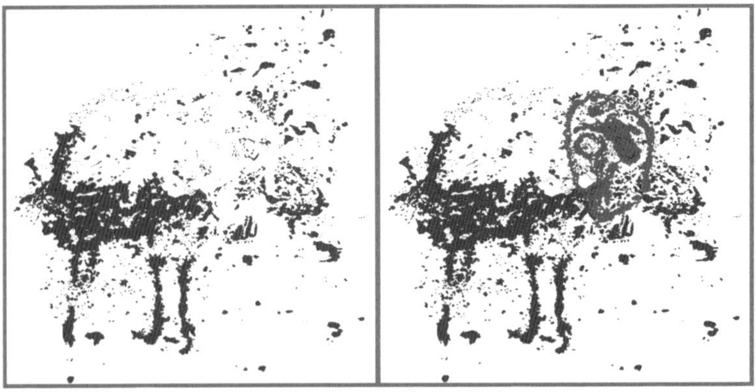

그림 101. 큰사슴과 인면

그런 관점에서 임의로 인면을 제거하고 보면, 그것은 한 마리의 큰사슴으로 나타난다. 비록 손상이 심하긴 하지만 명백하게 뿔이 묘사되어 있고, 긴 꼬리는 제작 도중에 슬쩍 멈추었던 것처럼 짧은 꼬리로 완성되었다. 볼록하게 솟은 견갑골은 그 부분의 암면이 떨어져 나가면서 사라져버리긴 했지만, 표현물은 호랑이가 아님은 물론 일부가 말한 것처럼 '동물로 위장한 사냥꾼'이나 '마법사'와도 하등 관련성을 찾아보기 어려운 것이었다. 물론 '반인반수 사상'과도 상관없는 그것은 오로지 '큰사슴의 목덜미에 인면을 중첩해서 새긴 것'에 불과하였다.

하필이면 사슴은 이 반듯한 병풍 모양의 바위 왼쪽 가장자리에 듬직하게 자리 잡았다. 당연히 다른 표현물과는 비교될 수 없는 존재감을 띠고 있는 사슴은 그래서 조형적 측면에서도 주목될 수밖에 없었다. 수렵문화권에서 숭배적 존재는 항상 동물태로 나타난다고 하는 사실에 비춰, 이러한 전통적 표현 소재의 전형으로 등장하는 사슴은 이미 신성시된 동물이었다.

일찍이 사람이 동물의 뛰어난 능력을 얻고자 하는 욕망에서 동물상 또는 인면수신(人面獸身)이 나타난다고 하는 젤레닌(Zélénine D. 1952)은 신상은 먼저 동물로 표현되다가 나중에는 인신수면(人身獸面) 또는 수면인신(獸面人身)의 모습으로 변화하고, 그것이 결국은 인간태로 변해가는 양식이 있다고 하였다. 아나티 E.(2000:123) 또한 동물 두부에 인면이 덧씌워진 것에 대하여 그것은 의인화한 형상이라고 보았으며, 같은 시각에서 바라보는 그림 101은 신성화된 동물표현이라는 관점에서 살펴볼 수 있을 것이다.

북아시아에서 하카스코-미누신스크 분지에서 조사된 인면의 경우, 그것은 인간과 동물, 식물의 이미지가 복합적으로 합성된 형상이라는 데블레트 M.A.(1998:143-157)는, 수렵에서 문화형태가 달라져 가는 과정에서 인면이 등장하고 있다는 견해를 명확히 하고 있다. 특히 자연 정령 신을 구체화하여 나타낸 신상 이즈바야니에(Изваяние)가 동물 또는 식물, 그리고 어류의 요소까지도 망라하고, 거기에 인간 형태까지 관련되어 있음을 직시하고 있는 자이카(Заика А. Л. 2010)의 견해도 참고가 된다. 바로 여기서 사얀 알타이나 아무르강 하류, 내몽골 인샨에 이르기까지 넓은 공간에서 조사되는 인면의 원형을 찾아볼 수 있다고 하는 데블레트 M.A.의 견해를 인용하여, 킬루노브스카야 M. E.(2007:87, 112)는 시조신과 신인동형의 우주적 이데아를 담고 있는 것이 바로 인면이라고 하였다.

인면 또는 가면(假面)은 대지모신상(大地母神像)이거나 조상신을 나타낸 도상으로 받아들여지기도 한다. 암각화로 표현되는 인면은 동물과 어떤 방식이든 복합적인 양상을 띠고 나타나는

그림 102. 동물과 인면
(좌: 북 하카시아 튜레, Ю. Н. Есин 우: 뚜바 알드이 모자가, 데블리트 M.A.)

특징이 있어서, 보통 동물형에서 인면으로 바뀌어 가는 양상을 보인다고 하는 지적(蓋山林 1995)에도 귀 기울여야 할 것이다.

결국 인면이 등장하게 된 것은 문화사적인 환경변화의 영향으로, 이전과는 달라진 생존환경에 적응하는 과정에서 나타난 일종의 상징주의적 사고의 발현으로 이해될 수 있을 것이다.

그러한 생각을 수용한다면, 그림 101에서 얼굴은 과장된 두 눈과 윤곽선이 아니더라도 그것은 명백하게 가면으로 묘사된 것이다. 이렇게 동물 두부에 인면이 중첩된 것은 우연히 그렇게 된 것이 아니다. 그것은 자연숭배의 문화형태에서 생업환경의 변환기를 맞아, 마침내 사람은 자기 스스로에 대한 관심이 날로 커지면서 그 자신의 본질과도 같은 조상신에 대한 인신숭배(人神崇拜)의 형태로 달라져 가는 과정에서 그것이 등장하게 되었던 것이라고 할 수 있다. 그렇다면 그것은 신성의 관념이 동물태에서 인간태로 변해가는 과정을 보여주는 매우 특별한 자료로서, 표현물 속에는 문화형태의 변화상과 같은 것이 충실히 반영되어있다고 할 수 있을 것이다.

황금의 뿔 사슴

한국 암각화에서 사슴은 일정한 구조를 갖고 나타나 있다. 반구대에서 그것은 소략하게 한 마리가 있는 것도 있으나, 두 마리가 서로 짝을 지어서 구성된 것이 더러 있다. 그러나 천전리 각석에서는 사슴뿐 아니라 확인되는 대부분의 동물이 암수 또는 어미와 새끼가 짝지어 있다.

짝지은 동물과 같은 구성은 주로 사슴 또는 산양이나 말과 같은 우제목 초식동물에게서 한정적으로 나타나고 있지만, 허리가 길게 강조되어 있는 개과 동물도 같은 구성형태이다.

이렇게 구조적 패턴으로 나타나는 동물표현은 인근 넓은 지역의 유적에서도 쉽게 찾아볼 수 있다. 물론 시기적으로는 대부분이 후대의 유적에서 나오는 것이지만, 적어도 표현물의 성격을 이해하는데 있어서는 좋은 참고가 되는 이러한 표현물은 고르반 만달(Горван Мандал)과 같은 몽골 중부 산악지대나, 남부 이흐 두를지(Их Дурлж)를 비롯한 고비 지역의 청동기시대 암각화를 중심으로 높은 빈도로 조사되고 있다. 동시에 신장 후투비(呼圖壁) 캉쟈시멘즈(康家石門子)나 내몽골 인샨(陰山)에서는 굽 동물로서 말에게서 동일한 패턴이 지속적으로 조사된다. 그런 표현물의 성격을 참고할 수 있다면 그것은 그대로 우리나라

그림 104. 말(a 신장 강쟈시멘즈, 진조복 2009. b 내몽골 인샨, 개산림 1999)

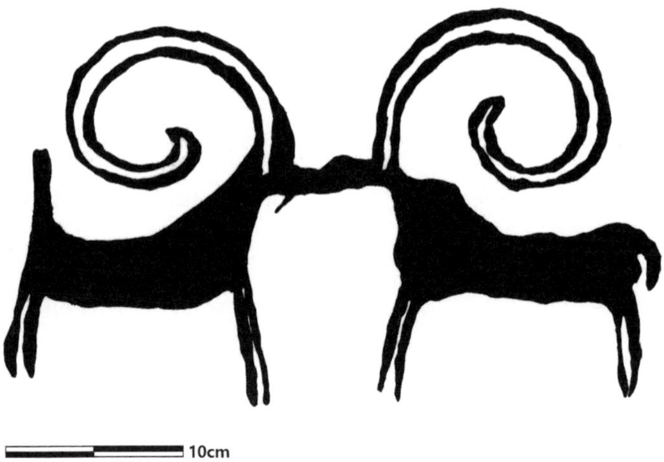

그림 103. 산양(몽골 이흐두를지, 이하우 1995)

그림 105. 짝지은 사슴

에서 짝지은 동물의 성격 또한 미루어 짐작할 수 있게 된다. 결론적으로 그것은 앞서 반구대에서 살펴본 것과 같이, 자연계에서 동물이 많은 새끼를 치며 안정적으로 번식할 것을 기원하여 나온 풍요의미라는 것을 알 수 있다.

비교적 단순한 종으로 구성된 천전리 각석에서 동물은 타격흔적의 집점으로 이루어지는 형태적 완성도 측면에서는 이웃하는 반구대암각화와는 비교되기에 미흡한 면이 많이 있다. 하지만 그것을 뛰어넘어, 이제 확대된 공간의 예를 살피는 것으로 그 성격 및 상징의미를 새롭게 할 수 있을 것이다.

처음 글쓴이의 해외 암각화 유적조사는 몽골 고비 지역의 이흐 두를지에서 시작되었다. 이곳에서 조사된 표현물은 대략

2,000점 정도인데, 그중에서 가장 관심을 갖고 봤던 것은 다양한 형태의 뿔을 지닌 산양과 사슴이었다. 실제 자신의 뿔보다도 몇 배나 더 크게 강조된 뿔을 달고 있는 사슴은 그것이 마치 한그루의 거대한 수목과도 같은 것이었다. 그런 것은 단지 이흐 두를지의 현상만은 아니었으며, 북아시아나 중앙아시아 등지의 넓은 지역에서도 일반화된 현상처럼 발견되고 있었다.

그렇게 아름답게 꾸며진 뿔 사슴이 천전리 각석에도 한 점 자리 잡고 있다. 과장된 뿔을 달고 있는 사슴을 시베리아 사람들은 이를 신화적인 시각에서 '황금의 뿔 사슴'이라고 부른다. 그 뿔은 세상의 중심으로서 세계나무(宇宙木)와도 같이 인식되었던 것이었다.

황소보다도 더 큰 몸체를 한 큰사슴은 온순한 동물로서 너무나도 쉽게 인간에게 죽임을 당했다. 많은 고기를 주는 식량원으로서 차원을 넘어, 인간은 삶의 과정에서 가죽이나 뼈, 힘줄 등의 유용한 고급 한 것을 모두 사슴에게서 얻어왔다. 그래서 사람들은 큰사슴이야말로 자연의 주께서 인간에게 베풀어준 은혜로운 동물이라고 생각하기에 이르렀던 것이다. 이윽고 큰사슴은 신성시되었다.

선사시대 수렵문화권의 사람들은 그들의 조형 의지를 나타내고자 할 때, 대부분 예술가는 사슴의 외형에서부터 특성까지 모든 것을 빌리고자 했다. 그렇게 하는 것은 전통을 충실히 따르는 것과도 다름 아니었다. 자신의 조형 의지를 적극 사슴에게 투영해 왔으며 그런 일은 계승적 조형의식으로 이어져 왔다.

큰사슴이 갖는 신성의 징표는 남다른 바가 있다. 영능이 뛰어난 동물로서 사슴은 숭배적 의미를 갖기 때문에(아리엘 골란

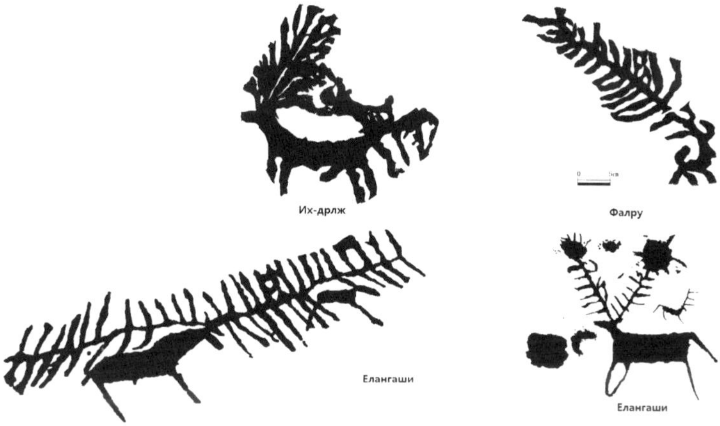

그림 106. 사슴(시계방향으로 몽골 이흐두를지, 몽골 팔로, 알타이 옐란가쉬)

2004:154-163), 조형적 표현까지도 다른 동물과는 쉽게 비교될 수 없었으며, 그 자체 순수한 태양의 정수라고 바라보았던 선사시대 예술가는 아글라 흐뜨이의 사슴처럼 그 엉덩이에 회오리 문양의 태양상징을 새기기도 하였다. 그런 사슴을 특별하게 '태양 사슴'이라고 하고 있는 모양이다. 마치 태양의 정수를 사슴이 그 자신의 신체에 받아들였던 것처럼.

천전리 각석에서 사슴처럼, 뿔이 실제의 몇 배에 이르기까지 강조되어 나타나 있는 것은 비교적 쉽게 찾아볼 수 있는 수목형의 뿔 사슴이다. 사슴에게서 대자연의 변화상, 나아가서 소우주와 같은 체계가 구비된 것으로 인식하였던 결과이다. 결국 이와 같은 사슴을 통하여 자연계의 완전성을 투영하고자 했던 조형의지의 또 다른 표출이 수목형의 사슴표현으로 나타난 것이었다. 자연계의 완전성, 그 흐트러짐 없는 질서를 바라는 선사 예술가가 이 세상을 바라보았던 세계관이 신성하게 여겨진 사슴에게 투영되어 나타난 현상이었다.

뿔은 한그루의 수목처럼 우뚝 솟았다. 그런 신성한 뿔 사슴의 원형으로서 처음이 바로 이곳, 천전리에서 시작되었던 것은 아니었을까? 그런 뿔 사슴이 타이거의 자작나무 숲길을 달리고, 알타이의 스텝을 질주하기 위하여 지금 이곳에서 숨을 고르고 있는 것처럼 보이는 것은 왜일까?

과장된 뿔을 갖고 있는 사슴은 종족의 시조, 조상신과 관련된다고 생각하였다. 그리고 그것은 결국 그들 종족을 지켜준다고 믿어왔다. 훗날 암각화의 시대가 끝나고도 한참 지나서, 서라벌 사람들은 그것을 금관의 관식으로 대신 표출하고 있다.

본론에서 살짝 벗어나는 이야기처럼 보이지만, 말하자면 스키타이(Скифы)사람들이 사슴을 어떻게 바라보았는가를 살펴보는 것으로 사슴에 대한 우리의 이해도를 한 단계 승격할 수 있을 것이다. 스키타이사람들은 그 누구보다도 자신들의 조형의지를 사슴을 통하여 드러내고 있었다. 예컨대 빼롬(Пером)양식의 사슴표현을 보면, 길게 삐쳐 나온 주둥이는 새의 그것을 그대로 빌렸다. 두 눈은 동그란 새 눈을 빼닮았다. 우람한 뿔은 새의 날개처럼 과장되면서 그의 엉덩이에 까지도 닿아 있다. 기원전 9세기경 초기 스키타이의 새끼사슴 한 마리는 자신의 발굽을 이미 새의 발처럼 세 갈래로 묘사한 것도 있어서, 그런 상징투의 성립이 이미 오래전에 시작된 전통적 조형표현이라는 것을 말하여 준다.

이러한 현상은 사슴에게 새의 기능을 부여하여, 수월하게 멀리까지 날아올라서 그들 소망하는 바가 그대로 하늘에 전해지기를 염원하는 데서 나온 조형 의지의 다름 아니다.

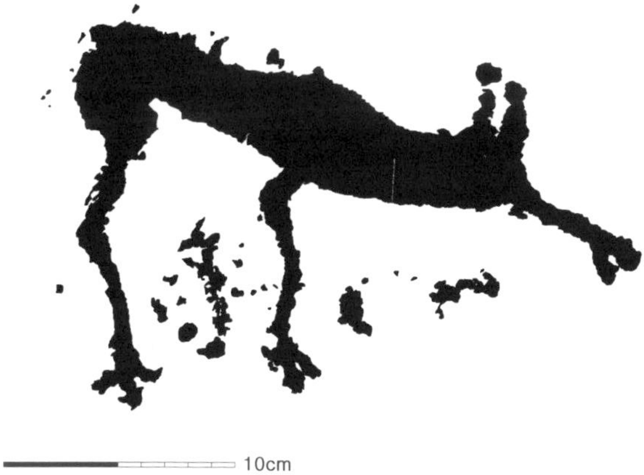

그림 107. 새끼사슴(몽골 고르반만달, 이하우)

그림 108. 사슴(차강가, 알타이, 이하우)

사슴 사냥꾼

활은 덩치가 작고 재바른 동물을 잡는 최종병기이다. 활을 든 사냥꾼은 암각화의 중요한 표현 소재로서 늘상 만나게 되는 표현물의 하나이다. 그것이 천전리 각석에도 한 점 있다.

각석 좌측 부분에는 교미하는 개과 동물이나 세 쌍의 짝지은 사슴이 듬직하게 자리 잡고 있으며, 그 왼쪽에서 사냥꾼은 이제 막 시위를 떠난 화살을 응시하고 있다. 사냥꾼은 솜씨가 어설픈 듯, 그 화살 여러 발이 날아가서 겨우 사슴을 맞추고 있다. 그런 화살이 날아가는 궤적이 생생하게 살아있는 사슴사냥의 장면이다.

암각화 시대의 사냥꾼은 대부분 활을 장착하고 있다. 간혹 창을 들고 있거나 전투용 도끼(鬪斧)를 착용한 사람도 있으나, 그들은 사냥꾼이라기보다는 전사와 같은 존재이고, 사냥꾼은 활을 장착하는 것이 일반적이다. 물론 곤봉이나 철퇴와 같은 도구를 사용하는 사냥꾼이 없지는 않지만(그림 72), 그러나 암각화에서 사냥꾼은 활을 사용하는 것을 기본으로 하고 있다. 고래사냥에서 작살잡이가 등장하듯, 육지에서 사냥은 보통 이렇게 하고 있다.

사냥 주술의 한 방편 중에는 '빛의 주살(呪殺)'이라고 하는 것이 있다. 암벽에 사슴의 모습을 새겨놓고 이제 막 솟아오르는 아침 햇살이 그 사슴의 급소로서 가슴 부위를 비추게 되는 어떤 순간, 재고 있던 화살을 그곳에 쏘는 시늉으로 타격하는 것만으로도 그날의 성공적 사슴사냥을 예감하는 것이다. 이러한 사냥 주술은 그림 110과 같이 암각화 유적에서는 크게 어렵지 않게 찾아볼 수가 있는 것이다.

그림 109. 사슴 사냥꾼

그런 빛의 주살을 맛본 것처럼 각석의 사냥꾼은 자신의 몸을 옆으로 비틀고 서서 화살을 날리고 있다. 몇 발의 화살에서 그 중 한 발이 사슴을 맞추었다. 몸을 비틀어서 활을 쏘는 이러한 자세를 뭐라고 하는지는 잘 모르겠으나, 그런 모습의 사냥꾼은 긴 목을 빼 들고 화살을 날리고 있다. 그 자세는 지금의 양궁 자세와도 다르지 않고, 사격 자세에서 '서서 쏴'의 모양을 취하고 있다. 그래서 사냥꾼과 사슴 사이에는 마치 만화의 한 컷처럼, 살이 날아가면서 '쉭쉭' 하고 내는 바람 가르는 소리까지도 들리는 듯하다. 그 소리가 공기를 찢는다.

그렇게 화살의 궤적이 살아있는 천전리 각석의 사냥의 장면을 조금 오버하여 지금의 미술용어를 빌려 말하자면, 살이 날아가는 모양새는 마치 옵아트(Optical Art)의 선사시대 형(形)을 바라보는 듯하다. 거듭되는 짧은 선각이 여러 개 모여서 길게 이어지고 있는 그것은 살의 날아가는 모양을 시간차를 갖고 실감나게 그려내고 있다.

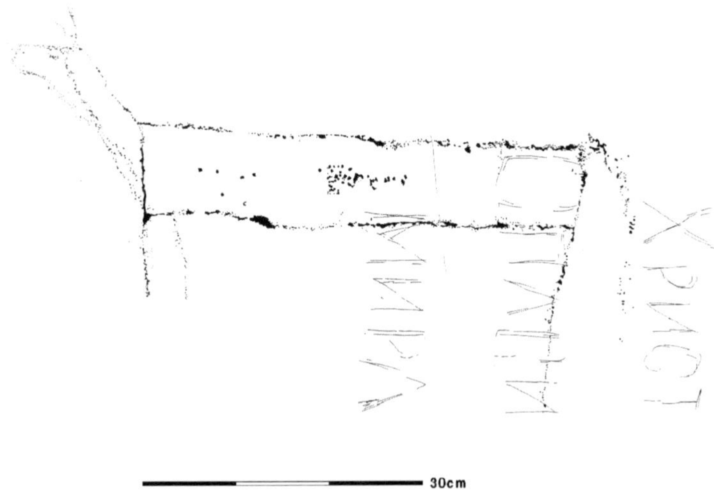

그림 110. 사냥주술과 사슴(알타이 옐란가쉬, 이하우)

물고기 몇 마리

암각화에서 물고기는 그렇게 흔한 표현물은 아니다. 하지만 그런 물고기가 대곡천의 두 유적에서 모두 조사되고 있어서 선사인들의 어로 활동의 다양성이라는 측면에서 흥미롭다. 천전리 각석에서 물고기는 여섯 점 정도가 나왔다. 그 물고기가 반구대에서는 열점 정도로 확인되었다. 그런데 반구대에서 그것은 단지 대략적 형상이 그렇게 나타난 것에 불과한 것이지만, 천전리에서 물고기는 지느러미의 개수까지도 정확하게 묘사되는 등 보다 구체적인 형상을 갖고 있다.

여섯 점의 물고기 형상 중에서 한 점은 물고기가 아니라, 그것은

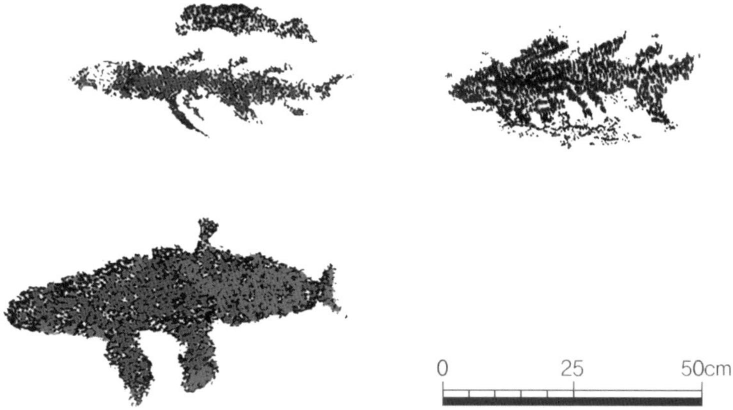

그림 111. 고래와 물고기

앞 지느러미를 늘어트리고 유영하고 있는 고래의 모습으로, 고래는 반구대암각화에서 그것과는 달리 측면에서 관찰된 형태를 하고 있다. 이로 인하여 대곡천 두 유적에서 모두 고래를 갖게 되었다.

물고기는 다섯 점인데, 여기서 살펴보고자 하는 것은 화려한 지느러미를 갖고 있는 두 마리의 물고기이다. 대체로 자세한 형태를 갖고 있는 물고기가 어떤 종인지는 잘 모른다. 그 종을 알 수 있다면 우리는 각석의 주인공, 그들의 생업활동에서 다양성을 더할 수 있을 것이다. 말하자면 어로 활동과 관련한 식생활 문화의 수준 정도를 짐작할 수 있게 되는 것이다.

물고기는 그 등 위로 세 개의 지느러미를 갖고 있다. 이와 함께 서너 점의 가슴지느러미와 배지느러미, 그리고 꼬리지느러미가 있다. 두 마리가 모두 같은 모양이라는 점에서 그것은 피상적으로 그려진 것이 아님을 알 수 있다. 날렵한 체형의 물고기는 우선 생김새로 봐서는 어느 정도의 크기를 가진 것으로 보이지만, 사실상 그 정도로 어종을 특정할 수 있는 것은 아니다. 체감비로 말하자면 고래에 버금가는 크기이다. 그래서 암각화 표현상의 크기대비는 의미가 없는 것이다.

복잡하게 나 있는 지느러미를 놓고 어종을 유추하자면, 우선 대곡천과 관련하여 쉽게 생각할 수 있는 물고기로는 피리, 먹지, 불거지 등으로 불리고 있는 피라미(pale chub)와 같은 어종을 떠올려 볼 수 있을 것이다.

피라미는 우리나라에서 물 맑은 개울의 여울목 어디에서나 흔하게 볼 수 있는 어종이다. 거기에 보태어 회귀성 어종으로서 연어나 은어와 같은 것도 떠올릴 수 있을 것이다. 하지만 근본적으로 형태상의 차이가 너무 커서 이러한 물고기를 제외하고 나면 생김새를 보고 찾아낼 수 있는 물고기는 그렇게 많지가 않다.

사실상 암각화 시대의 표현대상이 아무런 의도 없이 심심파적으로 그려지지는 않는다는 명제 아래에서 볼 때, 피라미처럼 한 끼 식사 꺼리 조차 어려운 것을 새겨 넣었을 리는 만무하다. 그러나 그 자리에 연어라도 놓을 수 있다면 이야기는 달라진다.

연어는 가을철 산란기를 맞아 강으로 엄청난 떼가 몰려오는 회귀성 물고기이다. 그래서 식량원으로서 가치는 물론, 러시아 나나이인(Нанайские)처럼 연어의 가죽으로 옷을 지어 입거나 신발을 만들어서 신을 수도 있다. 물론 삼국지 위지 동이전(三國志魏志東夷傳)에도 이르길 예국(濊國)의 바다에서는 반어피가 나온다(其海出班魚皮)라고 하는데, 그처럼 효용성에서 본다면 물고기는 연어가 되는 것이 더할 나위 없이 좋겠지만, 그러나 형태로 보아서는 도저히 연어처럼 보이지는 않는다.

열목어와 같은 것은 생각할 수 없을까?

그림 112. 명태(左, 위키미디어)와 대구(右)

이제 공간을 넓혀서 본다면, 대곡천 또는 태화강을 넘어서 바다의 어종으로서 외형상 유사한 명태나 대구와 같은 것도 떠올릴 수 있을 것이다. 특히 3개의 등지느러미 수는 명태 또는 대구와는 흡사한 측면이 있다.

명천(明川)에 사는 태(太)씨 성을 가진 어부가 잡아서 올린 것이라고 하여 그 이름을 얻게 되었다고 하는 명태는 몸길이 40~60cm 정도 나가는 해수 어종이다. 대구는 그보다 더 큰 몸집을 하고 있다. 둘 다 등지느러미에서부터 가슴 또는 배지느러미가 천전리 각석의 물고기와도 비슷하다.

주로 겨울철에 연근해에서 잡히는 명태는 무리를 지어 서식하는 냉수성 어종이라고 한다. 과거 흔하게 잡혀서 국민 생선이었던 명태가 지금은 가까운 바다에서도 거의 잡히지 않는다고는 하지만, 우선 외형상 물고기는 명태를 나타낸 것일 가능성이 있다.

대구 또한 생김새는 명태와 비슷하며, 년 중 잡을 수 있는 냉수성 어종이다. 그러나 따뜻한 바다에서도 살 수 있게 스스로 적응이 가능하다고 하는 대구는 명태와 함께 쉽게 잡을 수 있는 어종이다. 엄청난 양이 떼로 몰려다니기 때문에 먹거리 마련이 쉽지 않은 겨울철 육지동물의 사냥에서 충족되지 않는 부족분의 식량을 해결할 수 있는 좋은 먹거리이기도 하다. 말려서 오래 보관할 수도 있는 두 어종은 맛 또한 탁월하여 좋은 먹거리가 되기에 부족함이 없다.

그런 물고기가 천전리 각석 동물표현의 시대에 울산만에서도 쉽게 잡을 수 있었는지는 아무도 모른다. 전문가의 검토가 필요한 것이겠지만 물고기를 각석에 새겨 넣은 천전리 사람들의 마음한 곳을 훔쳐보는 지금, 그들 고단했던 삶의 모습이 물고기를 통하여 조금씩 투영되고 있는 듯 하다.

4
기하문암각화의 시대로

마름모꼴 문양과 여성

기하문암각화에서 중점표현물은 아무래도 마름모꼴 문양이라고 할 수 있을 것이다. 사물을 도드라져 보이게 하는, 그래서 집중력을 갖게 하는 마름모꼴 문양과 함께 분포하는 겹 타원이나 가로 혹은 세로로 묘사된 물결 문양의 일부도 우선 보기에는 서로 다른 독자적 문양으로 보이지만, 실은 그런 것들도 모두 마름모꼴 문양을 만들어가는 과정상의 변형으로 볼 수 있을 것이다. 그렇기 때문에 천전리에서 두 번째로 나타나는 단계를 넓게는 기하문암각화의 단계라고는 하지만, 일단 마름모꼴 문양의 층이라고 해도 대체적인 지칭이 될 만하다. 그래서 기하문 단계의 이해를 위해서는 먼저 마름모꼴 문양의 의미를 알고 들어가야 할 것이다.

마름모꼴 문양은 선사시대, 특히 청동기시대에 와서 보편성을 띠게 된 문양대이다. 암각화를 제외하고도 토기와 같은 고고유물에서 너무나도 흔하게 찾아볼 수 있는 마름모꼴 문양의 성격에 대해서는 우선 쉽게 이해되고 있는 것이 풍요, 그리고 다산을 기원하는 의미에서 성적 상징물로 등장하였다는 견해(송화섭 1993:119; 임세권 1999a:81; 장명수 2001:91)가 폭넓게 확산해 있는 상태이다. 그렇기 때문에 일차적으로 이를 참고할 수 있을 것이다. 그리고 이러한 견해를 보충하고 있는 것으로 구석기시대 도르도뉴(Dordogne, France)의 비너스, 로셀의 비너스(Venus of Laussel, France), 레스퀴그의 비너스(Venus of Lesqugue, France)와 같은 여성신상을 분석하여 나온 견해가 또 있다. 박영희(2005)의 생각은 이러한 여성상이 이미 생성 당시로부터 마름모꼴 문양대의 성립을 보여주고 있다고 지적하고 있다. 따라서 그것은 오직 대지모신에 대한 특성을 보여주는 문양이라는 관점에서 천전리 마름모꼴 문양에 접근하고자 하였다.

아일랜드의 연구자로서 토머스 N. L.(1987)은 마름모꼴 문양을 일러 낮과 밤의 교차현상을 도상으로 나타낸 것이라는 주장을 하고 있지만, 그렇게 폭넓은 지지를 얻지는 못하고 있다. 그 외 연구자들의 생각은 대체로 성적 상징으로서 음문을 나타낸 것이라는 견해가 폭넓게 확산되어 있고, 그리고 그것이 결국 여성과 관계되어 있다는 정도의 생각이 널리 퍼져있는 상태이다.

물론 우리나라나 해외연구자들 모두 그것이 원칙적으로는 농경에서 풍요기원의 의미에서 나온 대지 또는 여성의 상징성에서 비롯된 문양으로 판단하고 있는 듯하지만, 그러나 글쓴이는 그것이 선사시대 이래 여성 그 자체를 직접적으로 가리키는 고

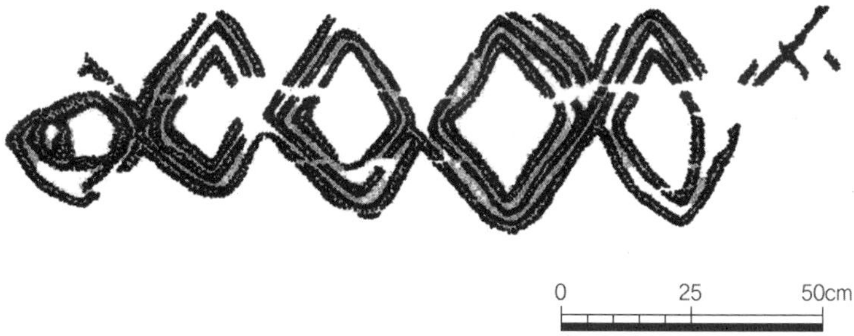

그림 113. 마름모꼴 문양

그림 114. 마름모꼴 문양

그림 115. 나체 부조 채도호(마가요문화)

그림 116. 쿠쿠데니 채도

유한 문양으로서 가소성을 갖고 발전하여 나온 것이 아닐까 하는 생각을 줄곧 하고 있다.

여성, 그리고 마름모꼴 문양의 성격이해와 관련하여 살펴볼 만한 고고 유물로서 넓게는 기원전 5000~3000년의 발전한 채도(彩陶)문화를 보여주는 중국 양사오문화(仰韶文化)나 기원전 3100~2700년경 마가요문화(馬家窯文化)의 토기와 장식문양과 같은 뛰어난 미술사적 자료에서부터, 멀리 떨어져 있는 기원전 5400~2700년경 흑해연안의 쿠쿠테니(Cucuteni, Iași County, Romania)문화의 토기(Trypillian ceramic)나 골각기조각상에서부터 테라코타(terracotta)와 같은 것을 참고할 수 있을 것이다.

양사오 토기 중에는 마름모꼴 문양이 시문된 것이 다수 있다. 이러한 것은 농경과 함께 신성체로서 여성과 관계된 것으로 이해되고 있는 것인데, 그것이 이방연속무늬 또는 사방연속무늬처럼 구성된 것을 다수 찾아볼 수가 있다. 어떤 것은 마름모꼴

그림 117. 쿠쿠데니 여성조상
(http://www.danel.com.hr/Cucuteni-Trypillian%20culture.html)

문양대가 이어져 있는 그 한가운데 공간 내부에 임산부가 그려진 토기도 찾아볼 수도 있다.

마가요문화에서 마름모꼴 문양은 보다 극적 요소를 갖고 등장하고 있다. 그중에는 문양과 문양 사이에서 성기가 과장된 여성상이 부착된 것이 있어서, 이러한 것은 마름모꼴 문양과 여성의 관련성을 직접적으로 보여주는 좋은 참고자료이다. 그것은 단지 문양의 관련성을 넘어, 토기의 고유한 상징성 또한 여성과는 깊이 관련되어 있음을 암시한다. 마치 인도신화에서 모든 만물의 근원이면서 으뜸이 되는 여신 락슈미가 태어나는 곳이면서 동시에 우주의 중심으로서 푸르나가타(Purnaghata, 滿甁)와도 같이, 선사시대의 토기가 여성을 상징하는 기물이라는 것을 그 어떤 것보다도 진솔하게 보여주고 있다.

마름모꼴 문양의 성격을 잘 보여주는 것으로는 쿠쿠테니의 토기문양을 찾아볼 수 있을 것이다. 쿠쿠데니의 그것은 어쩌면 마가요 토기와는 이상적인 모델을 서로가 공유라도 했던 것처럼, 비슷한 조형적 표현형태가 동일하게 적용되었다. 역시 마름모꼴 문양내부에 정면상의 여성이 표현되어 있다는 점 때문이다.

쿠쿠데니에서도 많은 수의 점토조각상이 나왔는데, 그중에서 몇 점은 여성 테라코타의 복부나 가슴에 겹 마름모꼴 문양을 시문 한 것도 다수 있다. 특히 복부에 새겨진 마름모꼴 문양은 임신과 출산이라는 생명 탄생의 본질로서 여성과 관련하여 시사하는 바가 분명하다.

이와 같은 자료상으로 여성과 마름모꼴 문양의 상관 관계는 보다 명백해 졌다. 여기 문양의 성격을 알아 가는데 있어서 크게 참고할 만한 암각화자료 중에 다음과 같은 것이 있다.

여성에 대한 상징이미지가 마름모꼴로 등장하는 예는 시공을 막론하여 찾아볼 수가 있어서, 서로 다른 문화권에서 보편적 현상 확인은 얼마든지 가능하다. 그러나 암각화로 나타난 것은 그렇게 흔한 것이 아니어서, 직접 확인할 수 있었던 것으로는 장군애(將軍崖)암각화 단 한 곳에 불과하였다.

십 수 년 전 몇몇 연구자와 함께 중국 강소성 연운항시 금병산(江蘇省 連云港市 錦屛山)의 장군애암각화를 찾은 적 있다. 이곳에서 명백하게 마름모꼴 문양과, 그리고 여성과의 관계를 보여주는 그것은 여성 신상 그 자체로서 구현된 마름모꼴 문양이었다.

장군애는 세계 암각화에서도 희귀하게 식물 모양에서부터 별자리는 물론, 은하수까지도 발견할 수 있는 곳이다. 여성 신상

그림 118. 여신과 마름모꼴 문양(강소성 연운항시 금병산 장군애, 이하우)

이 중점 표현물로 등장하는 이곳이 처음 발견된 1979년은 중원 문화가 황하를 중심으로 발전했다는, 소위 황하중심설(黃河中心說)이 중국학계에서 중요한 담론으로 논의되던 시기였다. 그런 환경에서 장군애가 발견되면서, 중국학자들은 연운항의 문화가 확산하여 마침내 중원문화로 발전하게 되는바, 바로 이곳은 그런 중원문화라고 하는 큰 수레바퀴의 살과 같은 역할을 한 곳이었다고 논평하기에 이른다. 그런 까닭에 고고학자 쑤 빙키(蘇秉琦)는 이곳 장군애를 일러 "동방의 천서(東方天書)"라고 명명하였다.

중국 미술사에서 기념비적 발견으로 기록되는 장군애에 대한 생각은 이곳이 농경신 또는 여신에게 바쳐지는 제사유적(陳兆複 1991), 또는 원시 씨족 부락의 천체숭배 사상의 제장 유적(盖山林 1995)으로 바라보기도 한다. 리홍보·루우동(李洪甫·武可榮 1990)

과 같은 연구자는 이곳이 동이 부락의 농경신 여화(女禍)에 대한 제의장소라고 하였다. 물론 여기서 동이라는 종족은 화하(華夏)계에 흡수된 선진(先秦)시대의 그것을 이르는 것이다.

장군애의 성립 시기는 대체로 기원전 3000~2000년 전후에 시작된 것으로 보고 있다. 그런 장군애에서 마름모꼴 문양은 여성표현과 관련하여 적극성을 띠고 있다. 천전리에서 그것은 위치나 구성이 다양한 차이를 보이면서 나타나고 있으나, 기하문 이외의 또 다른 표현과는 상관없이 분포하는데 비하면, 장군애에서는 마름모 꼴 문양 네 점이 연속적으로 이어지면서 그대로 여신상의 이마에 마치 머리띠를 두른 것처럼 묘사되고 있다. 그래서 여신과 문양대는 동일체로서 잘 결합된 상태로 표현되었다. 이러한 것을 볼 때, 우리는 마름모꼴 문양을 여성의 상징으로 받아들이는데 있어서 남아있던 약간의 부담감까지도 떨칠 수 있게 되었다.

진정 태양의 상징이었던가?

마름모꼴 문양의 성격에 더하여, 동심원암각화를 통한다면 우리는 천전리 기하문암각화에 대한 이해도를 크게 높일 수 있을 것이다. 깊은 분석적 접근이야 더 필요하겠지만, 현 상태에서 또 다른 표현물의 의미까지 두루 알 수 있다는 것이 사실상 어렵기 때문에, 두 표현물을 통한다면 꼬리를 물고 이어지는 다른 문양에 대한 성격 까지도 대체적인 접근이 가능할 것으로 보인다. 그런 열린 시각에서 마름모꼴 문양은 물론 동심원암각화의 성격에 다가서고자 한다.

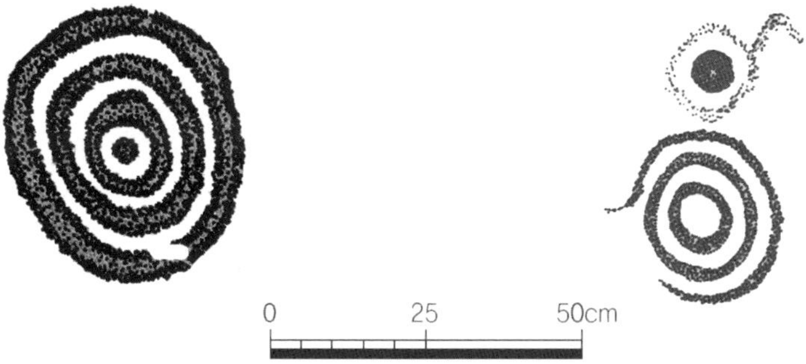

그림 119. 동심원암각화

동심원이란 하나의 중심을 갖는 둘 이상의 원으로 이루어진 문양을 말한다. 간단하게 여러 개의 동그라미로 구성되는 동심원은 그 어떤 문양보다도 인상적인 형상으로 하여 강하게 받아들여져 온 것이었다. 그런 동심원암각화에 대하여 그동안 우리나라 연구자들의 생각은 한결같이 그것은 태양을 나타낸 것이라는 주장을 수십 년째 거듭해 오고 있다. 그러나 글쓴이는 시종일관 동심원암각화가 태양의 상징이 될 수 없다는 생각을 진작부터 갖고 있는데, 여기서 글쓴이가 바라보는 동심원암각화의 성격을 간략하게나마 정리하고자 한다(이하우 2011:149-192).

우리나라에서 동심원암각화는 천전리 각석에만 있는 것은 아니다. 고령 장기리암각화와 안화리암각화, 그리고 함안 도항리 및 대구 진천동, 밀양 안인리에서도 동심원암각화는 나왔다. 그리고 전하기를 북한의 무산 지초리에도 그것이 보고된 바 있다. 동심원암각화 안에는 글쓴이가 처음 보고하면서 알려지게 된 대구 천내리 화장사(華藏寺) 경내의 고인돌 암각을 포함하면, 한반도에서 동심원암각화는 모두 8개 유적에서 31점 정도가 조사되고 있다.

태양을 상징한다는 설은 옛 양전동암각화로서 고령 장기리암각화의 조사 약보에서 이은창(1971)이 처음 제기한 바 있는 것이다. 그 이후 여러 연구자가 살펴본 바 있는 것이지만, 태양상징설은 그동안 아무런 반론 하나 없는 가운데 통설처럼 받아들여져 왔다. 하지만 당시보다는 자료가 월등하게 많아지고, 태양상징설의 주요인으로 지적된 향일성(向日性)과 같은 기본적 논점조차도 전혀 부합하지 않고 있는 지금까지도 여전히 관성처럼 사람들은 태양상징이라는 말을 거리낌 없이 하고 있다.

동심원암각화의 성격을 알기 위해서는 어느 특정의 유적 하나만을 바라봐서는 제대로 알 수가 없다. 조사된 모든 동심원암각화 자료를 모아놓고, 거기서 나타나는 어떤 공통적인 사항이나 차이점에 대한 검토, 그리고 그 결과에 따라서 성격은 보다 분명하게 드러날 수 있을 것이라는 생각이다. 그래서 동심원암각화의 성격 이해를 위하여 심층적으로 살펴본 사항은 다음과 같다.

일차적으로 유적의 환경이 문화적 성격과는 무관할 수가 없다는 차원에서 동심원암각화가 처해있는 환경적 면모를 주목하였다. 그런 측면에서 살펴봐야 하는 것 중에는 먼저 방향성이 있다. 동시에 동심원암각화가 조사된 바위가 자연 암석인 것인지, 아니면 고인돌과 같이 인위적 요소가 개입될 수 있는 것인지를 살펴봐야 한다. 아울러 표현물이 바라보고 있는 그 전방의 상황도 눈여겨봐야 하는 사항이다. 이와 같은 몇 가지 여건에 대한 검토와 함께, 동심원이라고 하는 이 상징성 깊은 도형의 형태적 발상은 또 어떻게 이루어졌는가 하는 것도 잘 살펴봐야 할 것이다.

먼저 보아야 할 것은 방향성이다. 암각화의 해석과 관련하여 표현물의 방향은 그 성격까지도 재단할 수 있다는 점에서 중요한 의미를 갖는다. 무엇보다도 동심원암각화의 성격과 관련하여 예의 주시해봐야 하는 것은 향일성과 같은 것이 있다. 적어도 동심원암각화가 태양의 상징이라면 태양을 지향하는 특정의 방위를 갖추고 있어야 하는 것이다. 따라서 자료검토에 의하면, 한국 암각화에서 동심원이 바라보고 있는 방향은 서로 일정하지가 않아서, 동향(東向)에서부터 서향(西向)까지 고르게 나타나는 양상이다. 그중 밀양 안인리의 그것은 땅속에 묻혀있는 고인돌 하부 구조물에서 나온 것이다. 동심원암각화가 서향을 하거나 땅 속에서도 나온다는 사실은 향일성과는 완전 상반되는 사항으로, 그래서 어떤 연구자는 고집스럽게 태양이 뜨는 곳을 바라보는 사람의 시선을 생각해야 한다고 항변하는 경우도 있다.

사정을 알 수 없는 북한 지초리암각화를 제외하고, 남한의 7개 유적에서 동심원암각화가 남향을 한 것이 없는 것은 아니다. 천전리 각석이나 천내리암각화 두 개는 모두 남쪽을 바라보고 있다. 이를 제외하고 나면 동향에서부터 남서향이나 서향도 있다. 심지어는 땅속에서도 나온다. 이러한 자료적 검토 아래에서 바라보는 동심원암각화는 절대 태양을 상징할 수가 없다.

동심원암각화가 새겨진 바위의 조건을 살펴봐야 한다. 그것이 자연 암석을 선택하였던 것인지, 아니면 인위적 가공물이거나 또는 옮겨진 입석이나 고인돌에 나타나는 것인가 하는 부분인데, 거기서 자연 암석을 선택한 것은 천전리 각석 외에 지초리암각화 밖에는 없다. 그 외 나머지는 모두 고인돌이나 고인돌의 하부구조물, 또는 입석에서 나온 것이다. 그래서 양자 간에 보다 의미를 둘 수 있는 것은 인공적 가공이 있는 고인돌 또는 입석에서 나온 것이다. 왜냐하면 자연 암석의 경우, 동심원암각

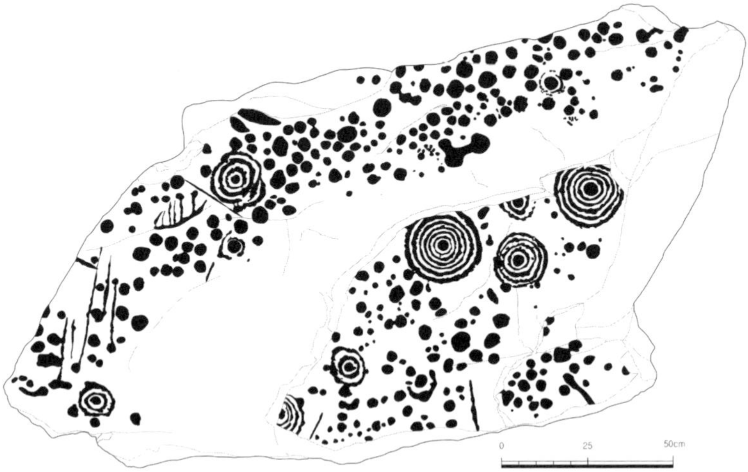

그림 120. 함안 도항리 고인돌암각(울산대학교 반구대연구소 2017)

화 만을 별도로 감안 해서 어떻게 할 수 있는 것이 아니다. 그런 반면에 고인돌의 경우에는 위치나 방위 선정이 그만큼 자유롭다. 따라서 인위적인 고려가 개입될 수 있기 때문에, 여러 가지 측면에서 제작상의 의도를 읽을 수가 있는 것이다. 그것은 대구 진천동의 입석도 마찬가지이다.

고인돌은 장묘의 하나이다. 그런 점에서 그 자체 물론, 제작상 모든 과정 과정이 의미가 있고 의도를 적극적으로 따른다. 축조의 전 과정에서 사람의 의지가 개입될 수밖에 없다는 것이다. 그것은 고인돌 조성 자체뿐 아니라, 거기에 새겨지는 표현물까지도 그런 뜻이 깊이 반영되어 나타날 수밖에 없다. 이와 같은 사항을 염두에 두고 전방의 상황을 살펴보면, 동심원암각화는 그 정면에 반드시 물이 있다는 점이다. 물이 흐르고 있는 것도 있고, 그렇지 않다면 적어도 이전에는 물이 흘렀던 곳이거나 그 흔적이 발굴과정에서 드러나기도 한다. 혹은 습지가 형성된 곳도 있다.

암각화와 물은 항상 긴밀한 상관관계를 갖는다. 그러나 그 물이 전후좌우 멀고 가까운 곳 어디라도 상관이 없는 것이었지만, 동심원암각화의 정면 가까이에 마치 정해진 틀과도 같이 물이 있다고 하는 점은 그만큼 물과 관련되어 있다는 사실을 증명해 주는 것이다. 암각화의 방향이 의미가 있다고 한다면, 그래서 동심원암각화가 향일성이 전혀 지켜지지 않기 때문에 태양보다는 아무래도 물과 관련성을 찾는 것이 쉬울 것이다. 결론적으로 글쓴이가 바라보는 동심원암각화는 잘 고안된 물의 상징문양과도 같다.

마지막으로, 이제 이 의미심장한 도형의 형태적 성립으로서 그 형에 대한 발상이 어떻게 이루어졌는가를 함께 고민해 보고자 한다. 단순하지만 큰 의미를 갖는 동심원은 작은 점 하나로부터 시작하여 서서히 커져가는 원이 거듭되는 형상이다. 점진적으로 커지면서 반복되는 원의 구성을 태양으로 보고자 했던 시각도 그것이 해 일(☉)자의 전서체(篆書體)나 고예체(古隷體)를 연상하였던 것이 아니었는지는 모르겠다. 태양상징이라고 하는 그 누구도 근거를 말한 적이 없기 때문이다.

그렇다면 이 아름답고 상징성 깊은, 그래서 더 인상적인 도안으로서 동심원암각화의 형태적 발상은 어떻게 이루어졌던 것일까? 만약 독자 여러분이 이러한 물을 암시하는 그 심오한 도안을 맡게 된 예술가라면, 님은 과연 어떤 형상을 제게 보여주실 수 있을까요?

먼저 그것을 창작의 모티브를 자연에서 찾는다는 현대미술가처럼 생각할 수 있을 것이다. 그것은 선사 예술가 마찬가지로 같은 관점에서 출발할 수밖에 없다는 점에서 사정은 그때나 지

그림 121. 물 위의 동심원

금이 별반 다르지 않았을 것인데, 사실상 기하문의 많은 부분은 대자연의 기상현상에 대한 지대한 관심에서 비롯되었다는 것이 글쓴이의 평소 소견이다. 그것은 불가해(不可解)한 자연재해 등을 여하히 안정시키고 인간에게 유익하게 조정할 수 있기를 바라는 의지의 발현과는 다르지 않을 것이다. 그런 대자연의 여러 현상에서 특정 형상을 착안한다는 것은 동심원도 크게 다를 바 없어서, 어쩌면 유사성의 관점에서 자연현상의 어떤 순간의 모습 그대로를 옮겨온 것과도 다르지 않을 것이다. 그것은 바로 고요한 물 위에 떨어져서 생기는 물방울의 파문, 거기서 처음 동심원에 대한 형태적 발상이 이루어졌을 것으로 판단된다.

농경의 발달에 따라 인간사회에서 물의 가치는 커져만 갔다. 아마도 의례의 필요에서이겠지만, 어떤 계기를 맞아 물의 구체적 형상화가 요구되면서 물의 상징적 형태의 고안은 선사 예술가의 과제가 되었다. 그래서 그는 물의 그럴듯한 형상화를 위하여 고민에 빠졌다. 맑고 투명하여 표현할 길 없는 생명수로서 물의 가시적인 형태, 그 도안을 위하여 그는 길을 걷다가도 멍하니 묵상에 잠겼다. 멈추어 서서 하늘을 바라보며 눈은 하늘을 닮아 갔을 것이다. 그래서 그는 때로 풀잎의 청량한 냄새나 이슬의 달콤함도 맛보았으며, 하늘을 나는 새의 지저귐마저도 예사롭게 듣지 않았다. 그러던 어느 날, 그는 빗방울 하나가 막 떨어지면서 생기는 물의 동그란 파문을 바라보았다.

그렇게 고안된 동심원은 그대로 물의 이상적인 형태가 되었다. 오랜 가뭄 끝에 내리는 비, 그리고 그것이 만들어내는 동심원의 무량한 형상부터가 예사롭지가 않았다. 하나의 작은 점에서 시작되는 동그라미는 서서히, 그리고 지속적으로 확산해 간다. 그러한 형상은 우리가 갈망해 마지않았던 농경에서 풍요를 염원하는 생각처럼, 한없이 커져만 갔다. 그렇게 딱 맞아 떨어지는 상징성의 일치를 맛보게 된 것이 동심원이었던 것이다.

동심원암각화는 결국 기우 의례와 같은 농경제의의 필요에서 요구된 물의 매우 구체적이고 사실적 형상이라고 할 수 있다. 동심원문의 발상이라는 관점에서 바라보는 천전리 각석에서 기하문암각화는 인간을 둘러싼 대자연의 변화상이나 그런 현상을 추상화하여 표기하였다. 그 안에 깃든 영적능력을 빌려, 인간 스스로 의지로서 대자연의 기상현상과 같은 것을 관리, 조절할 수 있기를 바랐던 때문이다.

어쩌면 기하문의 모여 있는 군집이나, 또 구분되어 있는 단락들은 그대로 계절의 변화상, 그 큰 흐름을 담고 있는 것은 아니었을까?

인면으로 보는 각석의 구성

천전리 각석에는 두 점의 인면이 있다. 그것은 각각 다른 형태의, 서로 다른 제작 시기로 보이는 것인데, 그런 두 인면을 동시에 살펴본다는 것은 사실상 알맞지 않다. 그중에서 한 점은 이미 앞에서 살펴본 바 있는 것으로, 동물표현 단계에서 문화적 변환기를 맞이하여 사슴에게 인면을 덧새긴 것이다. 말하자면 사슴과 겹쳐진 인면은 바로 자연숭배라고 하는 문화적 환경이 변해가는 상황에서 그것은 자연 정령에 대한 신앙형태가 인신숭배형태로 바뀌어 가는 과정상의 독특한 표현으로 이해된다.

나머지 한 점은 구상표현의 단계를 한참 지나서, 기하문암각화의 중심시대에 새롭게 등장하고 있는 인면이다. 유적의 중심부에 당당하게 자리 잡은 인면은 듬직한 콧대와 꽉 다문 입을 가진 의지 있는 남성의 모습을 하고 있다. 각진 훤칠한 이마 위와 옆에는 무엇을 나타낸 것인지 알 수 없는 장식이 있다. 그것은 바탕의 마름모꼴 문양과 같은 것 위에 인면이 중복되면서 장식처럼 보였던 것으로, 거기에 큰 의미를 둘 필요는 없다. 그 오른쪽에도 마름모문양과 함께 동심원이 있다.

기하문암각화는 전반적으로 크게 세 부분으로 구분되는 양상을 보이는데, 인면은 그중에서 두 번째 그룹의 첫머리에 있다. 첫 번째 그룹과 두 번째 그룹의 중간 부분에는 약간의 공백이 있고, 그곳에 하늘을 향하여 기어오르고 있는 것과 같은 지그재그의 선각이 하나 있다. 선각은 마치 혀를 빼물고 있는 뱀을 닮았다. 그리고 그 선각으로 해서 중간의 공백은 마치 의도한 것처럼 좌우를 서로 구분하고 있다.

그림 122. 얼굴, 뱀 모양 문양과 동심원암각화

선각이 뱀을 묘사한 것인지는 분명하지 않다. 우선 보기에 그렇다는 것이지만, 좀 더 사고의 비약이라도 있다면 이와 관련해서 연상되는 사항이 하나 있어서, 그것을 좀 더 구체화하여 살펴보았으면 한다. 그것은 뱀이 공간을 가른다는 기능성의 문제에서 나오는 것이다.

뱀이 공간을 가른다는 기능과 관련해서 살펴보고 싶은 유물이 하나 있다. 기하문 단계보다는 한 참 후대의 유물이긴 하지만, 그 중에는 경주 계림로 30호분과 노동동 11호분에서 나온 국보 195호 토우장식항아리(土偶裝飾長徑壺)가 있다. 두 점의 목긴 항아리에는 다양한 모양의 토우가 부착되어 있는데, 그 내용은 가야금을 타고 있는 사람이라든지 사랑을 나누고 있는 사람도 있다. 그리고 거북이와 새가 묘사되거나, 개구리를 잡아먹으려는 뱀이 있다. 다른 한 점의 목 항아리에도 또 뱀과 뱀 사이에서 풀죽은 자신의 성기를 잡고 서 있는 노인이 있다. 그렇게 사람과 동물이 서로 조화롭게 구성된 토우가 장식되었다.

여기서 주의를 기울여보고자 하는 것은 이러한 서로 다른 이야기를 담고 있는 토우 사이사이에 개구리를 잡아먹으려는 뱀이 묘사되어 있다는 점이다. 말하자면 뱀과 개구리는 토우가 만들고 있는 삽화적 내용이 또 다른 장면으로 바뀌어 가는 그 사이에서 반복되고 있다. 그래서 그것이 말하려 하는 그 뜻을 살피고자 하는 것이다.

뱀이나 개구리는 양성체의 생물이다. 탈피하여 거듭나는 뱀, 그리고 변태하여 모습을 바꾸는 개구리는 그 생태 현상으로 하여 일찍부터 보통의 많은 생물과는 차별화되었다. 그러한 능력을 예사롭지 않게 받아들인 까닭이다.

다시 천전리 각석으로 돌아가서, 하늘을 향한 지그재그 선각 그것이 진정 뱀을 나타낸 것이 옳다고 하면, 그래서 바라보는 이러한 기하문의 전반적 구성이 토기에서 마치 토우의 구성과도 같이, 뱀이 등장하고 있는 상태와도 일치하는 부분을 발견하게 한다.

토우 장식에서 장면과 장면이 바뀌는 시점에 뱀이 등장하는 것처럼, 천전리에서 첫 번째 그룹과 두 번째 그룹이 달라지는 교차점에서 뱀이 등장하는 현상을 같은 관점에서 바라볼 수 있다면, 또는 그런 접근 방식이 시공을 초월하여 타당성을 가진다고 하면, 어쩌면 천전리 각석의 장면구성의 고유한 표현방식이 그대로 5세기경 삼국시대로 훌륭하게 전승되어 나타나고 있는

그림 123. 토우장식항아리(국보 제195호, 국립경주박물관, 국립중앙박물관)

예를 우리는 두 점의 또 다른 국보 항아리에서 발견하고 있는 것인지도 모른다.

그렇다면 두 번째 그룹의 기하문암각화의 내용은 첫 번째 그룹과는 달라진 이야기를 새롭게 전개하고 있다고 할 수 있을 것이다. 그런 단락 변화가 나타나는 그 첫머리에 남성의 인면이 등장하고 있다.

청동기시대의 어떤 개별적인 내용이나 특정의 이야기가 전승하는 과정이 어떻게 이루어졌는지는 알 수 없다. 사실상 개연성을 찾아보기조차 쉽지 않다. 하지만 인간표현에 대한 의지의 발현은 시공을 초월하면서 뜻밖의 돌출현상도 있기 마련이고, 그렇기 때문에 그 모든 것을 일목요연하게 설명할 수 없다고 해서 마냥 단절적으로만 바라볼 필요는 없을 것이다. 혹여 우리가 눈치도 못 챈 사이, 서라벌의 토기 장인이 이곳에서 배워가기라도 했던 것은 아니었을까?

계절이 순조롭게 변화하는 때, 이 세상 많은 문화권에서는 계절제가 열렸다. 그것이 신화처럼 전해오는 것도 있지만, 가시적인 것으로는 북아시아에서 하지 의례와 같은 것이 암각화에서 표현물로 전해오는 것은 상당수 있다. 봄이 오고 이내 여름으로 바뀐다. 그리고 순식간에 가을이 지나고 나면, 겨울은 혹독하기 그지없는 곳이 시베리아와 같은 곳이다. 그래서 찬란하게 열리는 봄과 여름, 그리고 그것을 맞이하는 북아시아사람들의 심사는 남다르게 각별한 데가 있다.

그중에서 그런 계절제의 표현물이 뚜바(Тыва)의 무구르 사르골(Мугур-Саргол)이나 알듸 모자가(Алды-Мозага)와 같은 곳에서 다수가 조사된 것이 있다. 지금은 댐 안에 가라앉은 무구르 사르골 자료조사에 의하면(테블리트 M.A. 1980), 제단 중심부로 분포하는 인면 표현물은 계절제에서 의례를 위하여 고안된 것이었다고 한다. 봄을 맞이하는 춘제, 또는 하지제와 같은 계절 제의에서 성장으로서 사용되는 다양한 가면의 표현형태는 그런 제의의 전 과정에 대한 종합적인 정보의 보고이기도 하다. 쉬쉬키노와 아글라 흐뜨이에서는 그런 제의 모습을 원무, 또는 긴 행렬의 춤을 추는 무희들의 모습으로 남아있다. 천전리에서 지금 이러한 구성은 계절제의 모습을 또 다르게 재현하고 있는 것인지도 모른다. 하나의 가설을 놓고 볼 때, 땅에서 뱀이 기어 나오는 시점은 물론 봄이겠지만, 그 이전과 이후 우리는 확연하게 다른 대자연의 변화상을 경험하게 된다. 그러한 변화상의 기점을 말하는 존재가 뱀이었다면, 그래서 계절 변화를 기리기 위한 축제의 장대한 모습은 가면으로 보이는 인면이 적절하게 반영하고 있는 것처럼 묘사되었다. 그렇다면 여기서 뱀 모

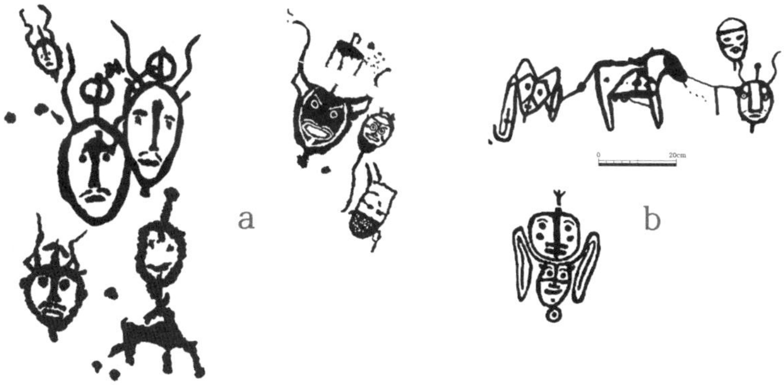

그림 124. 봄 축제의 가면(a 무구르 사르골, b 알듸 모자가, Дэвлет М.А. 1979)

양의 선각 표현은 계절이 바뀌어 가는 바로 그러한 시점을 암시하는 것으로 바라봐도 좋지 않을까?

계절 변화와 관련하여 살펴보고자 하는 표현물은 또 하나 있다. 그것은 각석 오른쪽에 자리 잡은 회오리문양, 그리고 그 아래에 있는 사슴의 두부와 같다(그림 125). 여기서 사슴은 몸체가 생략되고 오로지 우람한 가지 뿔이 달린 두상만을 묘사하고 있다. 이러한 구성 상태는 마치 사슴의 머리 위, 그 뿔에 태양이 걸쳐있는 것과도 흡사한 모양이다. 이렇게 사슴에서 그 몸체가 생략된 것은 일종의 시대양식으로서 청동기시대 후기적 특성으로서 '부분이 전체를 대신 한다'고 하는 조형 현상의 하나이겠지만, 혹시 지금 이러한 양상은 그 뿔이 육신에서 떨어져 나간 현상을 함축하여 보여주고 있는 것이 아닌지도 모르겠다. 그것이 만약 그러한 조형적 표현방식의 하나라고 한다면, 그 가지 뿔 위의 회오리문양은 그대로 사슴의 뿔이 머리에서 떨어져 나가는 계절로서 가을의 태양을 말하려 했던 것은 아닐까 하는 의문이다.

어차피 단 한 점밖에 없는 것이어서 확인이 어려운 문제이고

그림 125. 회오리문과 사슴

그래서 논리적으로는 미흡한 부분이 많지만, 글쓴이는 그것이 그런 시각으로 접근되는 것도 성격을 찾아가는 방법상의 하나로서 존중될 수 있어야 한다는 생각이다. 따라서 그러한 관점에 일치하는 부분이 조금이라도 있다면, 천전리 각석에서 기하문암각화의 전반적 구성이라는 것은 바로 위대한 대자연의 변화상으로서 천둥벼락이나 물, 바람과 같은 자연현상, 또는 여성에 대한 인식이나 그러한 모든 것에 대한 상징으로 성립한 것이고, 이러한 기하문암각화의 구성 그 자체가 궁극적으로 나타내고자 했던 것은 봄, 여름, 가을과 같은 계절의 변화상, 그리고 거기에 적절하게 대응하여 살아가야만 하는 청동기시대 천전리 각석의 주인공들의 삶의 현장과도 같은 장면이 아니었을까 하는 것이다. 그렇다면 이제 그런 계절의 변화상이라는 관점에서 한 걸음 더 들어가서 읽어봐야 할 것이 훨씬 많아졌다. 이러한 생각이 얼마나 일치할 것인지는 이제 차분히 들어가 앉아서 잘 살펴봐야 할 일이 남았다.

지금으로부터 십여 년 전, 천전리 각석의 인면과 관련한 흥미로운 연구 성과가 하나 나왔다. 골격 학적 관점에서 봤을 때, 각석에 나오는 인면의 주인공은 누구인가 하는 접근방법론과 같은 것이었다(조용진 2010).

글쓴이 역시 작가적인 관점에서 볼 때, 인물표현에서 그 용모는 부지불식간에 작가 자신의 그것을 닮는다는 지적에는 공감하는 바이다. 조용진은 그러한 작가적 통념을 바탕으로 예로부터 지역에 전하는 예술품이 그대로 지역민을 닮고 있다는 사실을 지적하고 있다. 그중 서산 마애불이나 안동 화회탈과 같은 특정 지역의 그것을 거론하면서 그것들 모두는 은연중에 그 지역 사람들의 개성적 용모를 닮고 있다는 실례를 잘 분석하고 있다.

천전리 각석에서 인면 역시 형질적으로 통할 수 있다는 차원에서 100년 전 조선총독부가 남긴 울주군민의 사진을 제시하여 각석의 인면과 사진속의 인면을 비교분석한 조용진은, 한국인의 얼굴 그 기원과 본질을 알고자 형질인류학을 깊이 분석한 연구자 겸 작가이다. 암각화로 나타난 얼굴표현과 현실적 얼굴 사이의 연관성을 찾는다고 하는 다소 엉뚱할 수도 있는 주제를 성공적으로 제출하고 있다는 점에서 연구 성과는 일정한 의미가

그림 126. 약 100년 전 울주군민의 얼굴(조용진 2010)

있다고 하겠는데, 조용진은 그림 126의 사진에서 그중 아랫줄 중간의 사람을 "천전리형 혼합형으로 남방계의 상안과 고아시아계 북방계 하안을 가진 경상도인"이라고 하였다.

그러나 이 연구가 의미를 더하기 위해서는 너무 큰 시간차의 인간 활동을 추적하고 있다는 점에서 그러한 큰 간격이 있음에도 여전히 지역적 특색으로 관여할 수가 있을 것인가 하는 점에는 의문이 없을 수가 없다. 아울러 보다 많은 참고자료의 제시가 필요했다는 점에서 동일하게 만족할 수 있었다면 더 좋았을 것이라는 생각이다. 그럼에도 불구하고, 말하자면 풍토적 현상으로 같은 물 같은 땅을 디디고 살아가며, 함께 호흡하는 공기, 그 속에서 자란 곡식을 먹는 사람들은 시대를 관통하여 전해지는, 무어라 설명할 수 없는 것이 유전인자처럼 작용할 수 있다는 점에서 일단 긍정적인 생각이다.

두 얼굴, 하나는 천전리 각석에서 인면으로 나타난 것이고, 또 하나는 근대를 살아간 이곳 주민의 얼굴로서 낯선 두 자료가 서로 닮았다는 점만은 대단히 흥미로운 사실이다.

5

세선각 표현의 시대

하반신의 남자, 슬픈 그대 이름은

원명이 새겨지고 14년 후에는 추명이 더하고 있다. 글을 새기기 위하여 원명만큼의 면적을 새롭게 장만해야만 했다. 그래서 그 자리에 있던 멋진 사내의 모습을 아낌없이 깎아내었으며 작서인(作書人)은 그것을 안타까워할 새도 없이 글 새길 준비를 마쳤다. 비전하(妃殿下)의 지엄하신 하명이 있었기 때문이다. 그는 정성을 들여서 '過去乙巳年六月十八日昧...' 라고 써 내려간다. 그리고 또 천년의 시간이 속절없이 흘렀다.

원래 그 자리에 있던 사람의 모습은 어떠했을까? 훤칠한 장부였을 그 모습을 지금 남겨진 하체만으로 우리가 짐작해 낼 수 있을까? 그 규모에서부터 제작상의 공력은 물론, 복장의 장식무늬를 보더라도 다른 그림과는 비교할 수 없는 수준 이상의 솜씨가

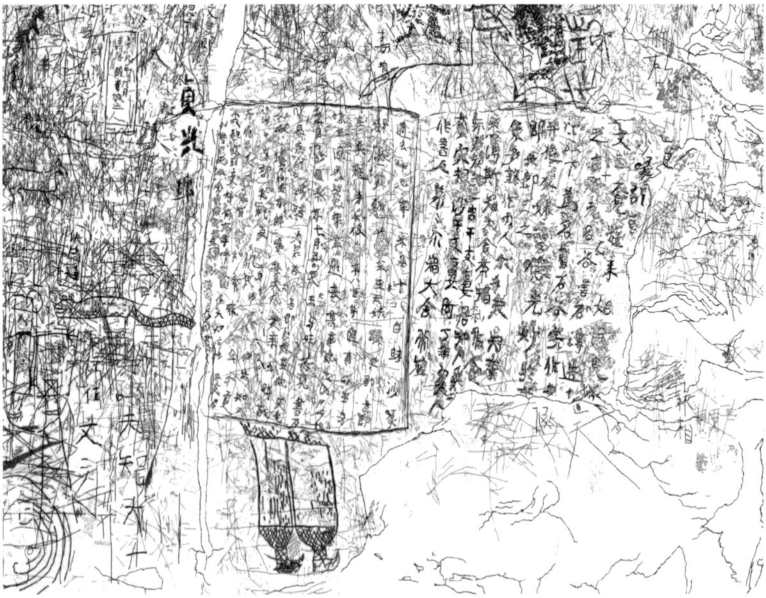

그림 127. 하반신의 사람과 원명, 추명

발휘되었다. 그래서 처음부터 그의 원모습이 안타까웠다.

이 사람이 간단한 명문 등 다른 것과도 함께 새겨졌을 가능성이 고려된다고는(전호태 2020) 하지만, 그 형태에 대한 단서는 찾을 길이 없다. 그래서 더 그리운 것이 온전한 모습이었으며, 그는 아마도 범접하기 어려운 기질 하나는 빼어난 장부의 모습 그대로 였을 것이다.

근년 들어 천전리 각석에 대한 새로운 조사결과가 국, 영문의 보고서로 발간된 바 있다. 새롭게 나온 자료의 정확도는 이전의 그것과는 수준을 달리 하는데, '울산 천전리 암각화(전호태·장명수 외 2014; The CHEONJEON-RI PETROGLYPHS, in Ulsan Jeon Hotae et al 2014)'는 그동안 우리가 보았던 그 어떤 각석의 조사결

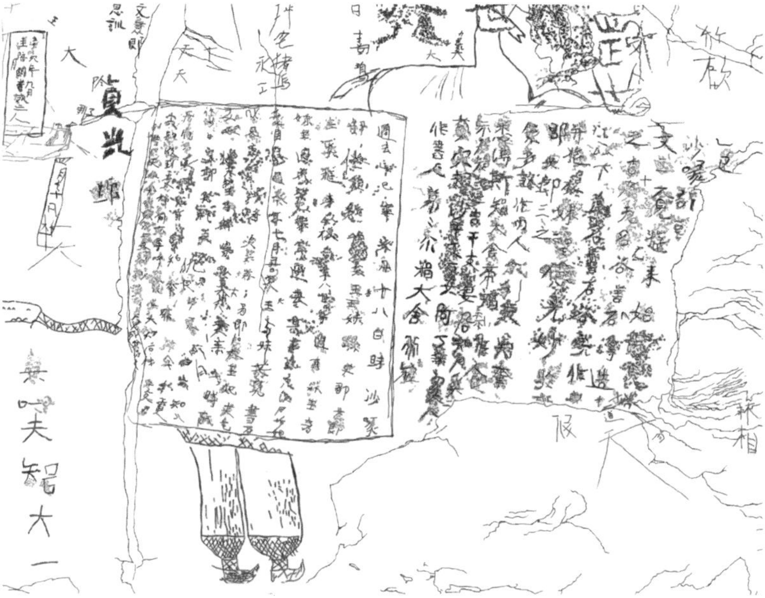

그림 128. 잡 선 제거한 사람과 원명과 추명(색변환)

과와도 차별적 성과를 담고 있다고 평가된다. 타격 흔적 하나하나, 선각 하나하나까지 가능한 한 모든 것을 수록하는 정밀도면은 육안으로는 확인조차 어려웠던 세밀한 것까지도 망라하고 있다.

오랜 조사과정의 일정에서 짧은 시간을 참여한 글쓴이는, 그 어느 날 빛이 각석을 비스듬히 비추는 순간, 찰나를 스치듯 보았던 남자의 상체, 그 잔상을 아직도 기억하고 있다. 그 후 얼마간의 시간이 지나 완형의 도면도 나오고, 거기서 무수하게 전사된 표현물 하나하나를 검토하는 과정은 시종 놀라움의 시간이었다. 조사 당시 환영처럼 보았던 상체의 어렴풋한 잔상을 다시 발견할 수 있었기 때문이다.

그림이 있던 곳을 깎아서 매끈하게 다듬었다. 그럼에도 불구하고 그곳은 어지간히 깎아서는 절대로 원상태로는 되돌릴 수가 없다. 돌의 물성(物性)이 그렇기 때문이다. 한번 상치 난 부분은 아무리 고르더라도 회복될 수가 없고, 그곳에 재차 무엇이라도 새기게 되는 순간, 새롭게 제작되는 각선의 획은 너무나 쉽게 더 깊어지고 넓어지게 되는 것이다. 따라서 이전의 표현 흔적은 의도치 아니하게 곳곳에서 드러날 수 밖에 없는 것이다. 바위표면의 조직이 이미 파괴되었기 때문이다.

마치 잘못 그린 그림을 지우개로 지우더라도 순백색 도화지 수준으로는 되돌릴 수 없는 것처럼, 그래서 원명과 추명의 글씨는 고르지 않게 곳곳에서 더 깊이 패여 지고 굵어진 글씨로 드러나게 되는 것이다.

그런 흔적 위에 새겨진 글자를 더듬어 따라가다가 보면, 어느새 숨겨진 그림처럼 사람의 상체의 형태가 은연중에 드러나게 되고, 그 순간 우리는 마치 샀던 물건의 덤이라도 크게 얻은 것처럼 잃어버린 사람의 상체를 되찾을 수 있게 되는 것이다. 그런 과정 끝에 나온 것이 바로 그림 128과 같이, 여러 잡다한 흔적을 제거하고 나니 이렇게 나타나고 있다.

이러한 결과는 현상적으로 한눈에 모두 볼 수 있도록 드러나 있는 것은 아니다. 우리 눈이 그걸 알아볼 만큼 세밀하지 않기 때문이다. 그래서 가시적이지 않다는 점에서는 보다 큰 의미를 찾기 어려울 수도 있을 것이다. 그러나 돌이라고 하는 물체의 물성에 대한 기초 지식을 조금이라도 갖고 본다면, 또 한눈에 알아볼 수도 있는 것이 이와 같은 부분이다. 특히 호온 펠스(hornfels)의 바위는 단단한 표면의 속은 다소 무른 석질이기 때문에, 이 같은 분석연구가 당위성을 가지게 된다. 그런 관점에서 보면, 원명의 자리에도 무엇인지 특정하기 어려운 둥근 형상이 드러나고 있다.

그렇다면 지금의 원명과 추명이 있기 이전, 그림 속 남자는 무엇을 하고 있었던 것일까? 그곳에 단지 가만히 서 있던 것만은 아닐 것이다. 자신 앞의 둥근 물체와는 일정하게 관련되어 있었을 것이며, 동시에 상단의 반쯤 잘린 말과도 연관되는 어떤 이야기 하나 정도를 감추고 있었던 것처럼 보인다.

상체가 사라진 슬픈 남자는 어떤 존재였을까? 원명과 추명은 모두 사내와, 그리고 그와 관련되었을 것으로 보이는 무언가의 둥근 형상을 지운 다음 기록되었다. 원명은 애써 사람을 피하는 것으로 자리 잡았으나, 추명은 상반신을 지웠다. 그 원명 위에는 겨우 살아남은 말이 한 마리 있다. 주도적으로 유적 조사를 수행한 장명수(2013)는 이 말을 일컬어 '천마도' 혹은 '주마도'라고 칭하고 있으며, 그는 말 주위의 빛이 나는 것과 같은 방사선을 확인하고서는 이를 "서기(瑞氣)에 에워싸인 말이 크게 울부짖으며 자리를 박차고 하늘로 솟구치듯 한 모습"이라고 서술하고 있다. 그래서 그것을 같은 시각으로 볼 수 있다면 우리는 자연스럽게 어떤 설화를 연상하게 되는 것이다. 말하자면 표현물은 둥근 물체를 포함하여 그 모두가 난생설화(卵生說話)의 장면 묘사를 떠올리게 되는 그 어떤 사건을 표현하고 있는 것처럼.

원명, 추명의 내용 안에는 그러한 글을 새기는 것이 파적(破寂)의 행위가 아니었음을 분명하게 한다. 물론 이루어질 수 없는 사랑의 도피와도 같은 역사 스페셜의 한가로운 기록도 절대 아니다. 이곳에서 표현물의 파괴 행위는 우선은 글을 남기기 위한 것이었지만, 그러나 그것이 하필 멋진 그림을 훼손하고 있다는 점

그림 129. 서기가 어린 말

에서 또 다른 관점에서 바라보는 것이 합당할 것이다.

암각화의 시대, 이미 흘러간 과거의 조형언어가 5세기경에 와서 새롭게 등장하게 된 현상에서 그 내용의 대부분은 당연하게 서사적 사건기록과도 같다. 그것은 이 시대 지구촌에서 유행처럼 나타나던 현상과도 일치하는 것이었다.

명문이 법흥왕계와 관련된다는 점에서 그림의 내용은 당시의 정치체의 역학관계를 자연스럽게 고려하게 한다. 이전의 그림 주인공, 그리고 이를 애써 뭉갠 행위까지도 그런 환경과 관련해서 바라보게 하는 것이다. 그래서 이와 같은 세선각 그림 및 명문을 신라사 외전(外傳)의 기록처럼 바라본다면, 천전리 각석의 의미는 또 다른 성격으로 다가올 수 있게 되는 것이다. 물론 그것이 당대의 기록이라는 점에서 문헌 기록을 넘어서는 가치를 갖는 것이기도 하다.

그림 127과 같은 사연의 표현물에서 나타나는 또 다른 현상 하나가 긍정 또는 부정의 의미를 동반하는 경우이다. 그것은 세계 암각화에서는 흔한 예와 같아서, 어떤 것은 긍정적으로 승계의 기록과도 같은 것이 있을 것이다. 조상의 유산과 같은 과거의 표현물을 후손이 승계하여 완성하는 경우와 같다고 할 것이다. 하지만 이처럼 파괴로 남게 된 흔적은 대부분 부정의 의미로 읽힐 수밖에 없다. 그렇기 때문에 그런 의도적인 행위의 원인을 다각도로 살펴보게 되는 것이다. 그래서 추명으로 인해 손상된 사람은 법흥왕계와는 아마도 저쪽 대척점에 있던 존재 또는 세력권을 암시하는 것일 수가 있는 것이다.

그렇게 부정의 의미로서 사라지게 된 말 그림에서부터 남성의 모습 및 둥근 물체가 사라진 시기는 525년이었다. 그러나 그러한 표현물로서 말 또는 사람이 제작된 시기는 최소한 눌지마립간(재위 417-458년) 이전에 이루어졌을 개연성이 있다. 말하자면 눌지마립간 이후, 그림이 없어지는 법흥왕까지는 그 어떤 갈등구조 하나 없이 순조로운 왕위계승이 이루어졌다는 사실을 감안해야 하기 때문이다(김현권 2011: 86-88; 임창순 1984: 26-27; 전호태 2016: 168). 하지만 앞서 지적한 바와 같이 그림의 내용이 적어도 난생설화와 관련되었다고 한다면 그 주인공집단을 향한 포커스는 크게 좁혀질 수 있을 것이다.

이 거창한 행렬의 주인공

그들 왕족 일가는 한여름 밤의 꿈과 같이 이곳을 찾았다. 그

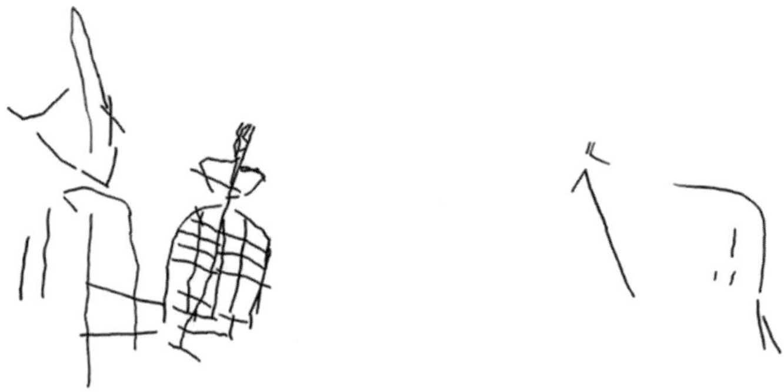

그림 130. 행렬도

들은 왜 야심한 밤, 영혼의 시간을 정하여 이 계곡을 찾았던 것일까. 그리고 작식인(作食人), 작서인을 무슨 까닭에서 필요로 했을까?

천전리 각석에서 세선각 표현물 중에는 좌측으로 길게 구성된 행렬도가 하나 있다. 그것이 원명 또는 추명의 왕족 일가의 행차를 기록하였던 것인지는 아무도 모른다. 그림 중에 말을 타고 있는 사람도 있고, 빈말도 있다. 또 그 말을 끌고 있는 마부나 여성으로 보이는 사람도 있다. 어떤 말은 꼬리에 장식을 단 것도 있고, 손에 일산을 활짝 펴서 높이 들고 서 있는 사람도 있다. 그래서 볼 때, 이 행렬의 주인이 그리 만만찮은 존재라는 것은 분명하다. 특히 한가운데에 아름답게 장식을 한 화려한 깃대와 같은 것이 하나 있어서 유난히 주의를 끈다,

그것이 행렬도 우두머리의 신분을 상징하는 일종의 슐드(сулд)와 같은 것이 아니었는지는 잘 모르겠다. 슐드라는 것은 몽골 징기스칸과 같은 최고 지휘자, 그 지존의 상징처럼 여겨지는 것이다. 우리나라에서는 조선조의 독기(纛旗)와 같은 것이 그것과

는 같은 것이다. 종마의 갈기와 꼬리털로 만들었다고 하는 술드나, 소꼬리털이나 공작 새 또는 꿩의 꽁지로 장식한 큰 장대모양의 독기는 군왕과 같은 지존, 최고 지휘관이 행차할 때나 또는 그가 머무는 곳의 군문이나 존재를 나타내는 의장 상징물로 기능한 것이었다.

행렬도 주인공의 높은 신분을 암시하는 이러한 장엄의 정황만으로도 세선각 그림의 무게는 능히 짐작할 수 있다. 그러한 대단한 존재들의 야행은 아닌 밤중에 아직은 이름 없이 무명의 골짜기로서 서석곡(書石谷) 일대를 경천동지의 한 밤으로 만들었다. 그 정도의 의미라도 읽을 수 있다면, 행렬도 위의 계해년명(癸亥年二月六日 沙阮路□智小舍 婦非德方遊)과 관련하여 비덕부인이 놀러온 기록라고 하는 생각(黃壽永·文明大, 1984)은 그다지 의미를 찾기 어렵게 되었다. 물론 그것마저도 강종훈(2014)의 판독에 따르면 계해년이월팔일 사닭□능지소사 부조덕도유(癸亥年二月八日 沙喙□凌智小舍 婦兆德刀遊)의 오기로 보이는 것이지만.

다시 행렬도를 살펴보면 등장인물은 모두 8명이다. 그리고 그들과 함께 4마리의 말이 묘사되어 있는데, 그중 한 마리에게는 사람이 타고 있지 않다. 그 대신 앞에는 일산을 든 사람이 앞서고 있고 그 자리에는 독기를 세웠다. 그것이 행렬의 규모와는 일치하지 않는 크기라고는 하지만, 암각화 시대의 표현방식으로서는 하등 문제 될 것이 없다. 말하자면 그 상징하는바, 의미소가 중요했던 대소원근법(大小遠近法)의 시대였기 때문이다. 대소원근법이란 그림의 주인공을 더 크게 묘사하는 것으로, 실제의 규모보다는 중요도에 따라 그 크기가 결정되는 옛 그림의 표현방식이다.

말 중에서 한 마리는 빈말로 묘사되었다. 처음부터 사람을 태우지 않았던 말이었는지는 알 수 없지만, 일산을 든 사람이라든지 독기가 동반된다고 하는 정황상으로, 말은 그것이 단지 우연히 그런 것이라기보다는 처음부터 인물 묘사를 생략한 것이었을 가능성이 더 크다. 그래서 이러한 표현방식을 우리는 시간의 벽을 넘어 후대의 예를 살피는 것으로 거기에 다가설 수도 있을 것이다.

조선조에 들어 의궤(儀軌)와 같은 것은 기록문화의 꽃이라고 할 만한 것이다. 자료상 풍부한 의궤에서부터 국가의례를 기록한 반차도(班次圖)와 같은 것은 행사의 기록으로 남겨진 것이지만, 예에 따라 왕, 왕비 또는 왕세자와 같은 지존의 모습은 처음부터 묘사의 대상이 아니었다. 절대적 존엄에 대한 권위에서 나온 관례의 하나이다. 그 대신 비어있는 연(輦)이라든지 가교(駕轎), 병풍과 같은 것으로 가려진 그 앞의 빈자리로 대신하는 전통이 있었다.

그러한 예가 한참 오래전인 삼국시대의 행렬도에 까지 소급해서 볼 수 있다면, 그것은 바로 이러한 빈 말을 묘사하는 것으

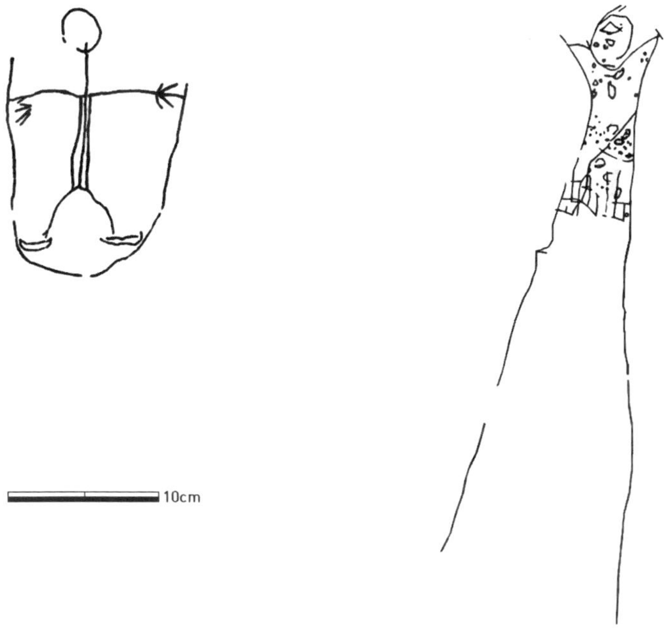

그림 131. 곡예사

로 나타날 수도 있었을 것이다. 천전리에서 세 선각 그림이 일종의 서사적 기록의 의미가 있다는 사실은 널리 인정되고 있다. 행렬도 마찬가지로 실사의 기록이었다고 한다면, 그것을 원명 또는 추명 그중 하나와도 일치하는 기록화로 볼 수도 있다는 생각이다. 그리고 여기서 그것을 비어있는 말과 함께 동반되는 독기를 살펴서 이해하고자 하였다.

행렬도의 주인공을 규명할 다른 입증방법은 사실상 별로 없다. 하지만 궁중 예법이나 이와 같은 표현방식의 그 원형이라는 것이 과거로부터의 전승인 것이 대부분이고, 그런 시각에서 볼 때 존엄에 대한 전승의 예법 하나가 삼국시대로부터 비롯되었

그림 132. 고구려 고분벽화에서 곡예사와 묘주(강서 수산리고분)

던 것일 수 있다는 점이다. 일산을 높이 들고 서 있는 사람은 오로지 빈말로 표현된 그려지지 않은 지존 또는 거기에 버금가는 왕실 인물, 그 존재를 위하여 그렇게 서 있는 것이리라.

행렬에서 세 번째 일행은 특별한 존재들로 보인다. 앞에서 가고 있는 지존과는 많이 다른 행색을 하고 있기 때문이다. 그중 가장 앞의 사람은 비록 짧은 것이기는 하지만, 그 발에 죽마(竹馬)를 타고 있다. 그래서 이들은 재주부리는 사람으로서 곡예사 일행처럼 보인다. 그 뒤에는 개를 데리고 가는 여성이 있고 말을 탄 사람이 있다. 그 개가 혹시 동경견(東京犬)이었던 것일까? 여성은 암각화 표현상으로 흔치 않은 얼굴묘사로서 머리카락과 두 눈이 표현되고 있다.

말 탄 사람은 한 손에는 고삐를 잡고 있고, 또 한 손에는 꽃다발과 같은 것을 잔뜩 들었다. 그것이 한밤의 의례에서 헌화를 위한 것일 수도 있을 것이다. 그리고 그 말의 엉덩이에는 깃대꽂이를 완비하였다. 그래서 이들은 의장을 잘 갖춘 곡예사의 무리와도 같아서 그들도 왕가 일족의 순례를 따라나섰다. 그것은 마치 강서 수산리 고분벽화 묘주인의 행렬 앞에서 한바탕 놀이마당을 꾸민 재주꾼의 모습을 그대로 옮겨놓은 것과도 같다. 여기서 묘주가 누구인지는 모르겠으나, 그가 벽화속에 그려진 것은 그의 영혼이 그림 속에 깃들어와 영생하는 자신의 무덤 속이었기 때문이다.

과거 지존의 인물들은 그들 행차에 재인(才人)의 무리들을 동반하였다. 그들은 주인의 여흥을 위하고, 그리고 방문지 신민들을 위무할 필요가 있었기 때문이다. 그래서 천전리 각석의 행렬도 주인공도 그렇게 재주꾼 무리를 참가시켰다. 그런 점에서 행렬도의 주인공들은 진작 이 근방 어디 쯤에 미리 당도해 지방의 토호들도 만나고, 그렇게 낮의 시간은 지역민을 위문하는 것으로 보냈을 것이다.

이러한 풍습은 사실 북조(北朝, 420-589년) 시대로부터 비롯되었던 것으로 알려져 있다. 그것이 서로 비슷한 시간대 삼국시대 최고위층의 행렬의 광경에서 확인되고 있다.

곡예사는 그 외에도 각석 곳곳에서 몇 점 더 보인다. 어떤 재주꾼은 줄 넘기를 하는 듯 양손에 긴 끈을 잡고 서 있다. 또 어떤 재주꾼은 긴 목마에 올라타고는 가까스로 균형을 잡고 서 있다.

배, 포구마을과 삼층석탑

행렬도의 마지막에는 범선이 대기하고 있다. 그것이 행렬도 안에 포함되었던 것인지는 분명하지 않다. 그렇지만 그들이 움

그림 133. 배

직이는 데에는 이정도 규모의 배가 동원되었을 법도 하다. 그러나 '서라벌이 지척인데?' 하는 의문이 자연스러워서 같은 그룹 안에 넣기에는 염려스러운 점이 있다.

이 배를 타고 간다면 사람들은 어디까지 갈 수 있을까? 태화강 하구는 곧장 동해이다. 그래서 신라인들의 해양문화를 짐작하게 하는 그런 배가 상당수 나오는 곳이 또 천전리 각석이다. 신라의 해문(海門)으로 지금의 울산 반구동에 있던 사포(絲浦) 또는 세죽의 개운포(開雲浦)는 일찍부터 해외로 통하는 국제항이었다고 한다. 그만큼 해양을 통한 교류가 빈번했다는 말이겠지만, 그래서인지는 몰라도 천전리 각석에서 배는 의외로 여러 척이 나온다. 한눈에 잘 보이는 그런 배도 있지만, 가는 선각으로 묘사된 배는 그 위아래로 복잡하게 그어진 많은 선각에 가려져서 겨우 형태를 따라 잘 찾아봐야 간신히 보이는 것도 있다. 그렇게 찾아낸 배가 13척 정도에 이른다. 배는 주로 암면의 하단부에서 표현물 사이사이에서 조사된다. 크게 묘사된 범선이 외따로 존재하기도 하고, 여러 척이 선단을 이루고 구성된 것도 있다. 그중에는 확인이 어렵겠지만 수차(水車)와 같은 것이 달린

그림 134. 탑과 망루와 포구마을

배가 있어서 잘 살펴보아야 한다.

그림 133에서 중간의 작은 배 한 척은 위에서 비스듬히 내려다보는 시점에서 묘사된 배인데, 그것이 마치 보고 그린 것처럼 근대적 원근감이 적용된 것으로 보여 생경하다. 또 그런 배를 위한 포구와 같은 번잡한 가옥구조물로 구성되는 동네가 있어서 세선각 그림 층은 흥미를 더하고 있다.

그림 134는 건물로 보이는 것 중에서 몇 개를 고른 것이다. 그 중에는 망루가 있고 그리고 3층 석탑을 묘사한 것처럼 보이는 것도 있다. 구조물 중에서 오른 쪽 위에 있는 것은 어쩌면 포구마을을 그린 것같이 보이는데, 그것이 포구마을을 나타낸 것이라면 그곳은 온전히 배의 정박을 위한 항구이며 동시에 과거 어느 한 시대 태화강변 어디쯤이거나 사포의 포구마을을 떠올려서 그려낸 것일 수도 있을 것이다. 그렇다면 이전의 암각화 시대에는 결코 나타난 적이 없던 풍경화로서 도회지의 모습을 우

리는 천전리 각석에서 발견하고 있는 것이다.

배가 있고 그 배가 머물게 되는 포구마을의 모습은 놀라운 것이다. 사선 구도의 포구마을 중에는 가옥이 보이고, 망루와 같이 솟아있는 건물도 찾아볼 수 있다. 복잡하게 얽혀있는 선각 중에는 배를 댈 수 있는 나루의 형태까지도 보이는 그런 포구마을의 풍경 속에는 한가롭게 어슬렁거리는 낯선 이방인이라도 보고 짖는 듯, 똥개 한 마리까지도 짖고 있는 그런 번잡한 포구마을이다. 이곳을 통한다면 우리는 가없는 그림 속 바다를 따라 이 세상 끝까지도 닿겠다.

망루는 천전리 각석의 곳곳에서 보이는데, 우선 높은 누각 형태의 망루는 그 꼭대기에 작은 방과 같은 공간을 두어서 편하게 먼 곳을 살필 수 있게 하였다. 그 모양이 역사드라마 등에서 나오는 모습과는 흡사하다. 그 외에도 기능을 알 수 없는 제법 큰 규모의 건조물이 있다.

그림 134 하단부의 나란히 있는 4개의 구조물에서 그중 하나는 경주 첨성대를 닮은 형상이다. 그리고 그 왼쪽에 있는 것도 삼층석탑의 형태라는 점에서 흥미롭기 그지없다. 그것이 진정 삼층석탑이라면 우리는 뜻밖에 천전리 각석 세선각 그림 중에서 보고 그린 사생화(寫生畫)와도 같이, 그 실체가 있는 건조물이 그려졌다는 점에서 놀랍다. 미술사적으로 크게 진보한 자료라는 입장에서 좀 더 주의를 기울여서 봐야 하게 되었다. 적어도 실경(實景)을 담고 있다는 차원에서 천전리 각석 세선각 그림에 대한 다각도의 논의가 필요해진 것이다.

삼국이 통일되면서 마침내 우리는 삼층석탑이라는 조형적 관점의 수준 높은 예술품을 완성하고 있다. 그런 점에서 미술사가

그림 135. 탑과 용(Myeong-su Jang 2015)

들은 고선사지 삼층탑이라든지 감은사지 동, 서 탑과 같은 삼층석탑을 주목하고 있고, 그것이 삼국통일 이후 비로소 등장하고 있다고 하는 시점에 대하여 신경을 쓰고 있다. 그래서 그 단아하고 안정감 있는, 그래서 위엄까지도 동시에 챙길 수 있게 된 삼층석탑의 모습을 보면 가슴 설레게 하는 울림이 있어서 좋아한다. 그렇다면 진정 당대 사람들도 그렇게 시대적 특성이 충실하게 반영된 기념비적 예술품은 특별한 의미를 두고 바라봤던 모양일까? 마치 인류가 처음 달을 밟게 되면서 우리들의 시골동네 구석구석 문방구, 이발소, 만화방 이름까지도 온통 그 앞에는 '아폴로'가 붙기 시작하였던 것처럼.

좌측의 표현물은 삼층석탑을 묘사한 것이다. 그리고 그 위로 복잡하게 나 있는 선각 몇 개를 치우고 나면, 탑 앞에는 한 마리의 아름다운 용이 나투고 있다. 그 모든 것은 그림 135와 같다.

석탑 앞에 의도적으로 그렇게 용이 묘사된 것인지, 혹은 별 의미 없이 서로 다른 시간대의 표현물이 제작상 그렇게 우연히 겹쳐지게 된 것이었는지는 판단할 수 없다. 그러나 그것이 동시적 표현물이 아니라고 하더라도 지금 와서 정확히 가릴 수 있는 방법은 물론 그렇게 해야 하는 이유는 더더욱 없다. 그래서 이와 같은 구성에서 자연스럽게 떠 올릴 수 있는 정경 하나로서 분명한 것은, 그것은 전설과도 같이 살아있는 동해용의 존재이다.

> "금당 섬돌 아래에 동쪽을 향한 구멍을 하나를 뚫어 두었는데 이는 용이 들어와서 머물게 함이었다(排金堂砌下 東向開一穴 乃龍之入寺)"

그런 삼국유사 감은사 설화를 연상하게 하는 표현물이다.

사실상 그러한 설화의 상당 부분은 훗날 중세 이후에 생성되었던 것일 가능성을 말하고는 있으나, 이렇게 암각화와 같은 당대의 실증적 자료로서 확인되고 있는 사실로 봤을 때, 최소한 세선각 그림의 제작배경에는 그런 설화의 생성과도 깊은 관련성을 감지할 수 있다. 따라서 설화 내용에 대한 신뢰 또한 커지게 되었다.

오빠는 서라벌 스타일

그런 삼층석탑과 같은 조형성을 추구하였으며 그렇게 몽환적

그림 136. 신라 사람들

신화소를 가진 신라 사람들, 그들이 어떻게 살았는가 하는 생활사 부분은 글쓴이가 말할 계제가 아니다. 하지만 그 시대를 살아간 사람들의 삶의 단면으로서 외적 양상으로 드러나는 복식(服飾)에 대해서는 천전리 각석을 통하여 한 번쯤 살펴볼 만한 것이 있다.

각석에서 세선각 표현물은 다양한 모습으로 나타나고 있다. 그중에서 사람은 보다 세밀하게 묘사된 편인데, 그들은 모두 서로 다른 복장상태를 보이거나 다양한 자세를 하고 나타나 있다. 앞서 행렬도에서 사람은 모두 여덟 명이 나오고, 그중에서 복식을 알아볼 수 있는 것은 네 명 정도가 있었다. 거기서 복식이 잘 나타나 있는 사람은 두 번째와 세 번째 무리의 가장 앞에 서 있는 인물 두 명 정도인데, 머리에 깃을 꼽고 일산을 든 남성과 함께, 발에 목마를 댄 재인의 모습이 그것이다. 그러나 복식을 보여줄 수 있는 사람은 측면모습의 남성이 있고 뒷짐을 지고 서 있는 사람도 있다.

앞에서 상반신 없는 사람을 볼 때도 같은 생각이었지만 사실 이러한 표현물을 볼 때, 제한적 분량의 현장조사에 참여했던 한 사람으로서 이와 같은 연구를 가능하게 한 주도적인 조사자(전호태·장명수 외 2014)의 노고에 대해서는 경의를 표할 수밖에 없다. 물론 그 이전에도 두어 차례의 조사는 있었지만, 그런 조사결과와는 비교 불가의 정밀한 결과물을 놓고 볼 때, 암각화 연구자가 제대로 된 기초자료를 갖게 되었다는 사실만으로도 그들에게 찬사를 보내고 싶다. 좋은 연구 자료는 연구자의 역량이나 그 활용도에 따라 얼마든지 가치를 더할 수 있는 부분이다. 훌륭한 원자재의 공급이 근본에서부터 차근차근 정확한 실체에 다가설 수 있게 해 주었기 때문이다.

측면관찰의 사람은 또 다른 사람표현과는 많이 다른, 마치 모델이라도 보면서 그린 크로키(croquis, 速寫畵)와도 같은 사실성을 보여준다고 하겠다. 그 모습은 우리가 알고 있는 신라인, 특히 화랑의 모습과도 흡사하다. 관모에 깃을 꼽고 있다는 점에서부터, 뒷짐을 지고 서 있는 사람도 마찬가지이다. 이 사람은 보통의 바지와는 다르게 통이 좁은 쫄바지를 입고 있다. 다소 과장이 있었다 하더라도 이런 복장의 사람은 최소한 행동이 민첩한 무사신분의 인물로 보인다. 그렇게 정성 들인 표현물이라고는 할 수 없으나, 젊은 사내의 활동적 복식의 이모저모를 알아볼 만한 수준의 묘사력이다. 그 얼굴 표정은 다소 희화(戱化)적이라 할 것이다. 혹시 그는 재주꾼의 신분이었는지도 모를 일이다.

그러나 오른쪽의 두 사람은 보다 정성을 들인 그림으로, 제대로 된 복식을 알아보기에 적격의 자료라고 할 만하다. 저고리는

그림 137. 국보 199호 단석산 신선사 마애불상군의 공양상

엉덩이까지 덮고 있고 그 허리를 질끈 묶었다. 통이 넓은 바지는 바짓부리에 대님을 매어 풍성하게 만들었다. 보통의 남성 복식으로 나타난 이것은 그 시기 행세하는 사람의 기본적 의상으로 보이는데, 행렬도에서 일산을 든 사람이나 그 앞을 걸어가는 사람도 그런 점에서는 마찬가지이다. 이러한 복식은 그대로 천전리 각석은 물론, 각석이외의 별도 자료상의 복식과도 같은 스타일이다. 사람 앞에는 지팡이인 듯, 또는 그것이 큰 뱀을 나타낸 것 같은 형상이 한 점 겹쳐져 있다.

바짓부리에 문양이나 색이 다른 옷감을 대어 장식한 것과 같은 스타일도 있다. 추명에 의해 깎여나간 사람의 바지 밑단에도 단순하게 댄 문양대가 있는데, 보통은 이 부분을 묶어서 바지의 품을 풍성하게 하였다. 그렇게 하면서 사내는 신라스타일의 감각적 복장이 되었다.

신라인들의 패션 스타일을 알 수 있는 예술품은 그 외에도 더

그림 138. 예빈도(부분, 우측 두 번째 인물)

러 있어서, 우리가 천전리 각석의 복식을 알아가는 데에는 좋은 자료가 되고 있다. 이차돈순교비상(異次頓殉教碑像)이라든지, 국보 제199호 단석산 신선사 마애불상군(斷石山神仙寺磨崖佛像群)의 공양상과 같은 것이 그것이다.

이차돈순교비상은 원래 경주 백률사에 있던 것으로, 지금은 옮겨져서 국립경주박물관에 있다. 그가 순교 한지 이백여 년 후, 헌덕왕 10년(818년)에 건립된 비상은 모두 6면으로 구성되어 있는데, 29×104㎝의 한쪽 암면에 정교한 돋을새김(低浮彫)으로 제작된 상은 머리가 잘려나간 그 목에서 피가 솟고 있다. 이윽고 그 피가 꽃이 되어 흩어지는 모양의 조형적 순교비상에도 저고리는 허리 아래를 덮고 있고, 그 허리에는 대를 매어 고정하였다. 통이 넓은 바지는 밑 무리를 묶어 오므려 풍성하게 부풀어있는 모양이다.

단석산 신선사 마애불상군의 공양상도 얕은 돋을새김의 부조이다. 머리에는 버선처럼 생긴 관모(冠帽)를 쓰고 손에는 병향로(甁香爐)를 들거나 벼 이삭과 같은 공양물을 들고 걸어가고 있는데, 무릎까지 닿고 있는 저고리와 함께 통이 넓은 바지가 이차돈의 복식이나 천전리 각석에서 그것과도 동일하다. 7세기 초 이 공양상이 만들어지던 시기는 당나라 복식이 신라에 막 도입되던 시기로서, 공양상은 그런 영향력 이전의 고유한 복식이 그대로 표현되고 있다고 할 것이다.

양자모두 각석의 세선각 그림과는 얼마간의 시차를 갖는 것이지만, 전체모양은 천전리의 복식과 별반 다르지 않다.

결론적으로 천전리 각석에서 사람 복식은 저고리는 길게 무릎 위에 닿아있고, 허리에는 대를 매었다. 바짓부리를 대님으로 오므려 매거나 행전(行纏)을 대어 풍성하게 부풀게 하여 입었다. 말하자면 움직임도 좋게 뽕을 넣어 멋을 부린 것이다. 일부 남성은 그 관모에 꿩 또는 수탉의 깃을 꼽았다. 그런 점에서 본다면 천전리 각석에 등장하는 사람의 상당수는 화랑의 무리였던 것인지도 모른다.

또 다른 참고자료에는 양직공도(梁職貢圖)를 모사한 당염립본왕회도(唐閻立本王會圖)의 신라 사신의 복식도 있고, 당 장회태자 이현(章怀太子 李贤, 654-684)의 묘에 그려진 예빈도(禮賓圖)에도 신라 사람이 등장하고 있어서 당시 복식을 알아가는 데에는 좋은 자료이다.

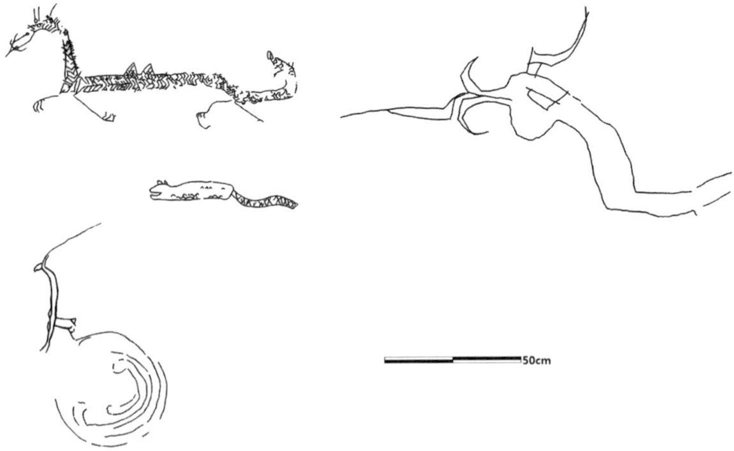

그림 139. 환상동물

용과 같은 환상 동물은 일반화된 고유한 형태가 있다. 그것을 위나라 사람 장읍(張揖)이 자전(字典) 광아(廣雅)의 익조(翼條)에 이르길, "용은 인충(鱗蟲)의 우두머리로서 모양은 다른 아홉 동물에게서 그 모습을 빌렸다"고 하며 다음과 같이 묘사하고 있다. '머리는 낙타의 머리를 취하였고, 그 뿔은 사슴에게 빌렸다. 토끼(兎)의 눈과 소의 귀를 빌렸다. 목덜미는 뱀의 목이요 배는 큰 조개(蜃)와도 같다. 전신을 두른 81개의 비늘은 잉어의 비늘이고, 발에는 매의 발톱을 취하였다. 그리고 그 주먹은 호랑이의 그것과 같다. 용이 내는 소리는 구리 쟁반(銅盤)을 울려 내는 소리와도 같고, 입 주위에는 긴 수염이 나 있다. 턱밑에는 명주(明珠)가 있으니, 이를 여의주라고 한다. 목 아래에 거꾸로 박힌

비늘이 있어서 이를 역린(逆鱗)이라 하는데, 역린을 건드리면 가까운 사람도 목숨을 부지하기 어렵다'

이처럼 각 동물이 가지는 최고의 요소만을 두루 갖춘 용은 그래서 환상 동물로서 초월적인 조화능력과 신이함을 갖는다. 특히 물과 관련되는 수신(水神)의 신격을 갖고 신성시되었다.

그런 용을 사람들은 몹시 좋아했다. 천전리 각석에도 형태적으로 서로 다른 네 마리의 용이 나왔다. 그중에서 가장 용다운 용의 모습은 우측 암면 하단 가장자리에서 찾아볼 수 있다(그림 139의 左 上). 그 모양은 우리가 보통 알고 있는 용의 모습 그대로이다. 두 개의 뿔과 동그란 눈을 하고 있으며, 전신으로 걸쳐 비늘 하나하나를 묘사하고 있다. 서너 개의 발가락이 그려진 4개의 다리를 갖고 있고, 등위에는 두 개의 삼각형의 모양이 있는데, 그것은 용이 지닌 보물로서 척목(尺木)을 묘사한 것으로 생각된다. 머리위에 있다는 척목을 그 등위로 살짝 옮겨두었던 것일까? 척목은 바다 한가운데에 신선이 산다는 섬 박산(博山)을 닮은 것으로, 용은 척목이 없으면 하늘로 오르지 못한다고 한다(전호태 2008:168-173).

이 용에 비하여 나머지의 용은 정황상으로 그렇게 인식되었던 것이지만, 잘 알려진 용의 모습과는 거리가 있다. 중간 즈음에 작게 묘사된 한 점의 용은 우선 보기에 도마뱀이라도 보고 그린 듯이 온몸의 비늘이외에는 이렇다 할 만한 특징적 요소는 없다. 그리고 그 아래에 있는 것도 소용돌이치는 물결을 박차고 승천하듯 그렇게 하늘을 향하여 올라가는 정황이 잘 묘사되었다. 그러나 그 생김새는 용보다는 긴 부리를 달고 있는 물새를 닮았다. 계룡이라도 떠올리며 그렸던 것인지도 모른다. 그 아래

그림 140. 보물 제636호 도기 서수형 명기(국립경주박물관)

소용돌이치는 물결문으로 해서 용이 물을 다스리는 환상 동물이라는 점을 재차 확인하게 된다. 그 용이 동해 바다의 파도를 박차고 오르는 모습이다.

2003년의 조사에서 새롭게 한 점의 용이 추가되었다. 그것은 그림 139 우측의 용으로, 각석 좌측 하단부에는 암면의 일부가 크게 떨어져 나간 부분이 있는데, 용은 그곳에서 나왔다. 목 위로만 묘사된 용은 위, 아래로 뒤집혀 진 모양의 활짝 벌린 입에서는 번개 모양과도 같은 혀가 길게 나와 있다. 그것은 이마 위의 뿔도 같은 모양이다. 이러한 주둥이 모양은 조화를 부르는 일반적 용의 그것과는 한참 거리가 있다. 하지만 그렇게 하는 것으로 어쩌면 혀는 실물의 그것이 아닌 기이하게 흘러나오는 한줄기의 상서로운 기운의 흐름과도 같아 보인다.

날카로운 금속도구를 힘차게 그어서 나타낸 용은 앞서 살펴

그림 141. 천마총 금동제 바리(국립경주박물관)

본 용의 외형과는 많이 다른 형태이다. 그 모양을 말로 형용하기는 쉽지 않다. 환상적인 용의 형상을 적절하게 나타낸 이런 스타일이 언제쯤 유행했을까 하는 것을 우리는 별도로 조사된 자료와 교차검토를 통하여 살펴볼 수 있을 것이다. 표현의 양식사적 관점에서 서로 비교해볼 만한 좋은 자료는 경주 황남동 미추왕릉 지구, C지구 제3호분에서 나온 보물 제636호 도기 서수형명기(陶器瑞獸形明器, 국립경주박물관)가 있다. 그리고 천마총에서 나온 금동제 바리 기면의 용과 함께, 계림로 14호 묘의 말안장 뒷가리개의 용 또한 좋은 비교자료이다. 거기에 더하여 미추왕릉 지구 토기뚜껑(국립경주박물관)의 호랑이는 신라인들이 당시의 양식사적 측면에서 환상 동물을 묘사하는 방식을 엿볼 수 있다는 점에서 용에 대한 표현형태를 알아가는 좋은 자료가 된다.

암각화 표현물과 고고 자료로서 토기가 형태 면에서 서로 통한다는 것은 한눈에 알아볼 수 있다. 그런 모습의 용은 도기 서수형 명기의 두상이나 점 각으로 묘사된 천마총 금동제 바리의 용에서도 잘 감지된다. 둥근 형태의 머리에서부터 길게 곡을 이루고 흐르는 목선은 그대로 서로 다른 두 용을 한 사람의 표현인 것 마냥 표현상의 속성에서부터 동질성이 있다. 그래서 바라볼 때, 이러한 양식상 동일한 형태는 그 전반적 성격과 함께 제작 시기에 대하여 일정하게 정보를 제공하고 있다. 바로 5~6세기를 중심으로 신라에서 나타났던 독특한 조형의식이 낳은 용과 같은 신수를 표현하는 방식이 암각화와 공예품에서 동시에 적용되고 있었다고 하는 점이다.

6

書石이라고 불러주시게

발견되고 나서 처음에는 그저 그렇게 '천전리 화랑유적'으로 불렸던 적이 있다. 그곳에 영랑(永郎), 법민랑(法民郎)과 같은 잘난 신라 화랑들의 이름이 나와 있고, 그래서 화랑들이 산천을 유람하는 길에 이곳에 들러서 호연지기도 기르고 마음을 수양했을 거라는 의미에서 꽤 오랫동안 그렇게 불렸다. 그만큼 경관이 아름답고 특별한 데가 있어서, 사람의 마음을 안정시켜주었기 때문이리라.

꽤 오래전까지만 해도 이 일대에는 지역의 보이스카우트 수련장이 있었다. 그래서 화랑유적이라는 이름은 시대를 관통하여 삼국시대와 현재를 잇고 있는 것처럼 여겨져서 그 앞을 지나는 이들은 고래를 끄덕이고는 했다. 지금 그곳에는 농가주택 여러 채가 자리 잡고 있다.

단지 '천전리 선사 유적'이라고만 불렀던 적도 있다. 적어도 신석기시대의 동물 그림과 청동기시대 기하문암각화라는 선사시대로부터 누적되어 온 옛사람들의 기록이 전하고 있었기 때문이다. 지금도 천전리 각석을 '천전리 암각화'라고 부르는 사람은 많다. 아무래도 하단부로 흐르고 있는 고대의 명문 기록이나 가느다란 선으로 그려진 그림보다는 선사시대의 표현물이 무겁게 자리 잡은 까닭이다.

암각화라고 하는 것의 기초개념이라 할 만한 요소가 먼저 '바위에 새긴 그림'으로서 '선사시대'를 중심시간대로 하고, '기록적 의미'를 갖는 곳이면서 동시에 살아있는 '자연의 바위'가 그대로 본질적 공간으로 작용해야 한다. 그리고 그것은 어디까지나 '음각(陰刻)'이라는 제작기법을 모두 충족하기 때문에 '천전리 암각화'라는 명칭은 여전히 합당한 호칭이다.

이러한 여러 이름으로 불리고 있는 천전리 암각화가 지금의 천전리 각석이라는 명칭으로 굳어진 것은 문화재지정과 관계가 있다. 1973년 5월 4일자로 국보 제147호로 지정되는 과정에서 당시 문화재위원들이 선호한 것이 '각석'이었다는 극히 단순한 이유의 결과이다. 당시는 암각화라는 명칭조차 정립되기 이전이기도 하였고, 따라서 거기에 대해서는 호칭이나 개념정리까지도 채 이루어지지 못하고 있던 시점에 시급하게 지정이 이루어지면서 엉뚱하게 명명되었던 것이었다. 문화재의 명칭이란 것이 유물유적의 성격을 일정 부분 함축하고 있는 것이기 때문에, 명칭을 만들어가는 것은 언제나 그 이상의 고민이 있어야 한다.

그런 입장에서 바라보는 천전리 각석의 명칭은 그래서 원래의 이름이 있다면 그것을 찾아서 제대로 불러야 하며, 없다면 합당한 이름을 붙여줘야 할 것이다. 이 시점에서 바라보는 천전리 각석의 올바른 명칭은 '천전리 서석'으로 바뀌어야 한다.

사실상 천전리 각석에 대한 명칭을 글쓴이가 암각화 연구자이고, 그래서 암각화라는 것이 뒤에 붙는 것이 더 좋다는 생각이다. 아울러 문화재 명칭이 행정구역의 최소단위를 붙이는 것이 통상적이기 때문에 천전리 암각화라는 것은 부르기도 쉽고 입에 감기는 자연스러움이 있다. 하지만 그런 천전리 암각화가 이미 오래전부터 자신의 고유한 이름을 갖고 있다는 점에 대해서는 아무도 눈여겨보지 않는 것 같다. 그것은 이미 서기 525년, 지금으로부터 1496년 전 삼국시대에 작명된 적절한 이름을 말한다. 그것은 법흥왕 12년(己巳年, 525년)의 원명의 기록을 따를 수 있다.

> "옛날부터 이름이 없던 골짜기였는데, 좋은 돌을 얻어 쓸 수 있게 만드시고는 이름하기를 서석곡(書石谷)이라 하시며 글자를 적게 하셨다. 之古□(來?)无名谷善石得造□(書?) 記?以下爲名書石谷字作□(之?)"

이름에 관한 기록이 엄연히 존재하고 있음에도 불구하고 각석으로 부르게 된 이유는 이상에서 밝힌 내용 외에는 분명하지 않다. 정리한 바와 같이 바위에 새겨진 그림을 뭐라고 부르기 어려웠던 시절임에도 불구하고, 문화재지정이 서둘러 이루어졌던 당시 사정 때문으로 짐작할 뿐이다. 하물며 발견 사실을 알린 보고자조차도 지금, 발견 51주년의 이때까지도 여전히 '암벽화'라고 불러야 한다는 말을 고집스럽게 하는 마당에서 암각화 연구자의 한 사람으로서는 뭐라 할 말을 잊는다.

사부지 갈문왕은 신라 제23대 법흥왕의 동생으로 법흥왕의 뒤를 이은 진흥왕의 아버지이다. 그는 사닭부(沙啄部)출신으로, 부인은 추명의 주인공 지몰시혜비인데, 그가 어사추녀랑왕과 친히 이곳을 찾아, 서석곡이라 명명하였다는 기록을 애써 무시하고까지 각석으로 하였던 속 깊은 사정은 알기 어렵다. 하지만 지금 이 시점, 바야흐로 세계유산의 지정을 목전에 두고 기본적인 작업이 이루어지고 있는 현실에서 명칭을 바로잡는 일은 기본을 바로잡는 일이기 때문에 반드시 이루어져야 한다.

우리 국보 제147호가 인위적 작명에 의해, 이상한 이름을 너무 오랫동안 지니고 왔다. 그런 천전리 각석을 왕이 지은 이름 '서석곡'으로 불러야 한다. 온당한 제 이름을 찾아주는 차원에서 '천전리 서석'으로 부르는 것이 좋아 보인다. 그것이 아니라면 적어도 '천전리 서석곡' 또는 '천전리 서석곡암각화'도 나쁘지 않다.

그들은 왜 하필이면 이곳을, 그것도 새벽의 시간에 찾았던 것일까? 당시 이름조차 없던 이곳은 이미 옛날부터 전하여 오는 그 '무엇'이 있는 그런 뜻깊은 장소로 널리 알려져 있었을 것이다. 왕족 일행이 찾을 정도의 그것이 무엇인지는 알 수 없지만, 오래전 태고로부터 내려오는 기이한 문양이 수 놓여 있고 이따만 한 큰 뿔을 달고 있는 사슴이 뛰어 노는 곳, 그런 곳을 일부러 그들 일족이 찾았다.

신라 땅이 넓지 못하다고 하지만, 그 안에서 어디 이만한 절경 하나 없었으리. 이곳만큼 산 좋고 물 맑은 곳 또한 어디에 없어서 서라벌서 멀리 떨어진 이곳을 일부러 찾았던 것일까? 그것은 바로 여기, 이곳에는 그런 현묘한 뜻이 있는 신이한 장소로서 말하자면 '하늘과 땅과 생명수로서 물이 만나는 곳이면서 천년을 두고 변치 않는 그런 듬직한 신명이 머물러 있는 곳'이라는 장소성 때문에 멀리서 산 넘고 물 건너 여기까지 와서 제천(祭天)하였던 것이다. 그런 많은 의미가 배여 있는 '서석곡'의 제 이름을 찾아서 고유한 명칭을 붙여 불러줘야 하는 때가 왔다.

두 유적은 어떤 사이일까

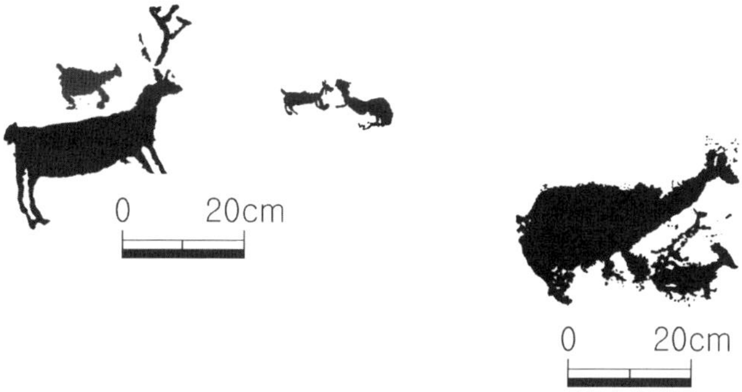

그림 142. 짝지은 동물(대곡리 반구대암각화)

천전리 서석과 반구대암각화는 서로 2.3km의 지근거리에 자리 잡고 있다. 하지만 두 유적 간의 관련성에 대한 것은 밝혀진 것이 별로 없다. 그동안 관련 연구도 거의 없었고, 그런 현상을 보여주는 것도 실질적으로 찾아보기 어려웠기 때문이다. 두 유적은 표현물에서부터 서로 다른 양식과 시기를 반영하고 있으며, 기법이나 표현상의 속성까지도 크게 다르다. 그런 까닭에서 두 유적을 상호적 관련성으로 보고자 하는 시도는 처음부터 쉽지가 않았다. 그것은 근거를 찾기 어려운 사정에서 접근 방식의 난해함 때문이었는지도 모른다. 그런 측면에서 글쓴이가 주목해 보았던 것은 표현상으로 나타난 고유한 속성과 같은 것이 있었다. 그런 표현속성 중에서 비슷한 공통되는 기질(氣質)을 우리가 찾을 수 있다면, 최소한 두 유적 간에 겹치는 접점을 따라 그러한 부분에는 보다 가까이 다가설 수 있을 거라는 생각이다.

물론 그 정도의 비교만으로는 확연하게 드러나는 것도 별로 없다. 하지만 현실적으로 살펴볼 수 있는 사항이 너무나 제한적이기 때문에, 일정하게 교차 되는 면적의 모색 정도는 가능할

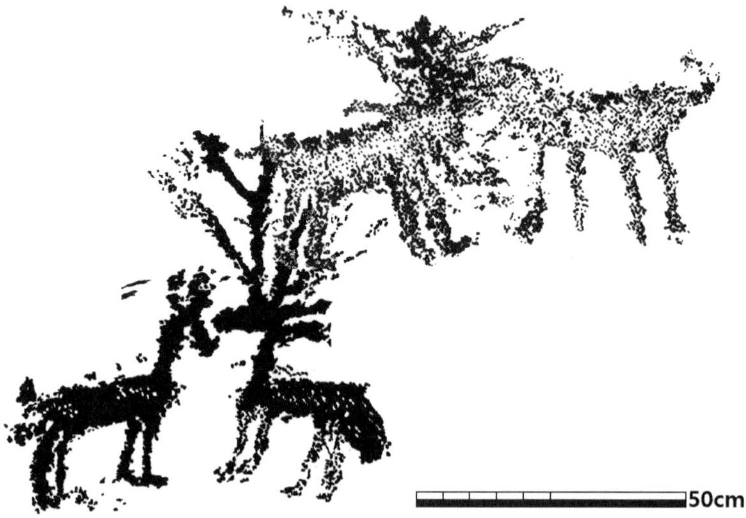

그림 143. 짝지은 동물(천전리 각석)

수도 있겠다는 생각이다. 글쓴이는 그것을 두 유적에서 공히 조사된 짝지어 있는 동물이 중점적으로 나타나는 단계로서 반구대암각화 세 번째 단계와 함께 천전리에서 동물표현의 단계를 놓고 그것을 검토하고자 하였다.

천전리 서석에서 대다수 동물은 암수 또는 어미와 새끼가 짝지어 나타나고 있다. 반구대암각화 마찬가지로, 앞서 분류된 다섯 개의 제작단계 중, 세 번째 단계의 동물 표현의 특징적 현상 하나가 바로 이와 같은 짝지은 동물이다.

두 유적에서 공히 조사되는 이러한 표현형태라는 것은, 이르자면 동시대의 조형언어라는 것은 일종의 조형적 기질과도 같은 것으로, 그것이 서로 유사한 양상을 보인다면 관계 또한 의미 있게 바라볼 수 있을 거라는 등식과 같다. 따라서 두 유적에서 발견되는 자연계의 풍요기원이라는 본질에 대한 명료하고 효과적인 형태가 바로 짝지은 동물표현으로 등장한다는 점에서, 천전리 각석 동물표현의 중심 시기는 반구대암각화에서 세 번째 단계와는 겹치는 시간적 접점이 있을 거라고 생각하는 것이다.

이제 또 다른 관점에서 관련성을 바라볼 수 있는 것은 바로 제작기법상의 문제로서 갈기와 같은 기법의 적용이 있다. 암각화 기법에는 '쪼기'가 있고 '갈기'가 있다. 거기에 더하여 '긋기'가 있는데, 그 안에 우리나라에서는 발견된 바 없는 기법이긴 하지만 '긁기'를 추가할 수 있다. 이러한 네 가지 기법 모두 암각화를 만들어가는 새김법으로, 그중에서 오직 갈기는 통상의 제작기법과는 다르게 갈거나 문지르는 행위 자체가 제작이면서 동시에 일종의 주술행위로 받아들여지는 것이다. 부드럽게 표현물을 어루만지는 손길처럼, 돌이나 나무막대기, 동물의 뿔과 같은 것으로 마찰하는 행위는 가장 간단하게 이루어지는 기원의 동작과 같다.

천전리 서석에서, 이제부터 천전리 각석은 서석으로 불려 져야 한다. 그런 천전리 서석에서 한눈에 보이는 가장 대표적 기법은 바로 갈기이다. 서석에서 두 번째 단계로서 기하문암각화의 제작은 일차적으로 쪼아서 형상을 드러낸 다음, 그곳을 부드럽게 갈아서 완성하고 있다. 이러한 제작기법은 천전리 서석 이후 한국 암각의 대부분에서 적용되고 있는 기법과도 같다. 그런 의미에서 한국 암각화의 특징적 새김법은 갈기라고 할 수 있을 것이다. 갈기는 천전리 서석의 지배적 기법이지만, 그것이 반구대에서도 똑같이 발견되고 있다는 사실이다.

앞서 지적된 바와 같이, 반구대암각화에서 갈기 기법이 발견되는 곳은 잘 알려진 것으로 고래에 박힌 작살이 있다. 그 작살의 날 부분을 여러 번 날카롭게 갈았는데, 이와 같은 것은 성공한 사냥도구에 대한 전이를 목적으로 접촉형태의 감염주술의 흔적이라고 할 수 있을 것이다. 그런데 우리가 잘 살펴봐야 하는 것은 그 정도 수준을 말하는 것이 아니라, 반구대암각화에는 보다 많은 지점에서 갈기가 적용되고 있었다는 점이다. 반구대암각화에서 그림 90과 같은 자료는 반구대에서 모든 표현물의 제작이 완료되고 난 다음, 그 이후의 어떤 시점에 일률적으로 갈기가 나타나게 되었다는 사실을 잘 보여주고 있다. 우선 갈기가 적용된 것이 서로 다른 새김법에서부터 서로 다른 표현속성을 막론하고 발견되고 있고, 또 그것이 조사된 위치도 사람의 손길이 쉽게 닿는 위치대의 표현물에게서 한정적으로 조사된다는 점 때문이다.

그런 갈기가 반구대에서 나타나게 되었던 이유는 무엇일까? 그것은 아마도 천전리에 기하문의 시대가 오고, 그들 기하문의 주인공이 이곳을 또한 순례하였던 흔적으로 보인다는 것이다. 그래서 이미 지적한 것처럼, 갈기가 주술 현상의 하나라는 것이 사실이라면, 반구대와 같은 신성한 제의공간으로서 유적의 고유한 효용성은 상당한 후에까지 지속되었을 가능성이 있다는 것을 기법은 잘 보여준다. 사실상 반구대암각화는 알 수 없는 시간적 간격아래 모두 다섯 차례의 제작단계를 갖는 곳이다. 장구한 기간 동안 조성된 유적에서, 그렇다면 그런 갈기의 기법이 등장하는 시점은 언제였던 것일까? 그것을 글쓴이는 천전리 서석에서 두 번째로 등장하는 기하문암각화가 중심적이었던 시간을 놓고 살펴볼 수 있을 거라는 입장이다.

결국 대곡천에서 이러한 기법이 나타나는 시점이 천전리 서석 두 번째 단계와 비슷하다고 봤을 때, 그 기법이 서석에서 언제부터 나타나기 시작했는지는 명확히 규정되기 어렵다. 하지만 이곳에서 그것의 중점 적용의 시간은 아무래도 청동기시대에 접어드는 어떤 시점으로 볼 수가 있을 것이고, 그런 점에서 신석기시대의 유적 반구대암각화의 신성지역으로서 효용 가치는 상당한 후대로서 청동기시대에 이르기까지 지속되어 왔다고 할 수 있는 것이다.

그런 점에서 두 유적 간의 소통의 시간대는 분명 있었고, 어느 순간으로부터 주술의 행위 그 결과로 나타나기 시작한 갈기라는 기법의 적용으로 볼 때, 두 유적은 서로 다른 출발점을 갖고 시작되었음에도 불구하고 어떤 특정하여 말하기 어려운 시점으로부터 일정하게 서로 간에는 동질성과 같은 것을 갖고 발전해 왔던 것이었다고 할 것이다.

세계유산의 관점에서 보는 대곡천암각화의 고유한 특성

1. 탁월한 보편적 가치를 위하여
2. 이제 더한 가치로서 O·U·V를

1

탁월한 보편적 가치를 위하여

국보 제285호 울산 대곡리 반구대암각화, 국보 제147호 천전리 서석은 한국미술사에서 가장 적극적 조형의지에서 나온 미술 사료의 하나이다. 한반도 동남쪽 울산만에서 성립한 두 유적은 그 시대를 살아간 사람들의 삶의 결정체이면서 진정한 의미에서 정신적 구심체로서 가치를 갖는다. 그래서 그 탁월한 가치를 주목한 사람들은 2000년대 들어 유네스코 세계문화유산의 등재를 준비해 왔으며, 이제 울산시와 문화재청도 이전과는 다르게 적극 행보를 시작하였다.

유네스코 세계문화유산이란 무엇일까? 또 거기에 이름을 올리기 위해서는 어떤 실천적 과제를 충족해야 하는 것일까? 그리고 대곡천의 두 암각화 유적은 그들만의 어떤 고유성을 내세워서 등재를 달성하고자 하는 것일까?

인류 문화사의 역정에서 사람들은 모두 고만고만한 수준에서 자신의 삶을 영위해 왔다. 그러한 보통의 생활과정에서 나온 흔적으로서 옛 선인의 유산 중에는 역사적이거나 학술, 문화, 예술적으로 특출한 가치를 지닌 것이 많이 전하고 있다. 그중에서 인류가 공동으로 보존해야 할 높은 가치를 지닌 것이 있는데, 세계유산에는 그러한 것이 우선적으로 등재의 대상이 된다. 물론 그 안에는 박물관과 같은 내부공간으로 옮겨서는 보관될 수 없는 그런 것에 한정하고 있다. 그렇기 때문에 특출한 예술품으로서 우리국보 금동미륵보살반가사유상이라든지 레오나르도 다빈치와 같은 천재적 예술가의 작품은 처음부터 그 안에 포함될 수가 없다. 동시에 그것이 소유 국가만의 지고 무쌍한 가치를 갖는 그 무엇이 아니라, 인류공영의 보편적 가치를 만족할 수 있어야 하는 것이다.

그래서 세계유산의 등재를 위해서는 무엇보다도 유네스코가 내세우고 있는 몇 가지 기준을 충족할 수 있어야 한다. 그것은 세계유산협약에서 정한 바에 의해, 기본원칙으로서 '탁월한 보편적 가치(OUV ; Outstanding Universal Value)'와 함께 진정성, 완전성을 만족할 수 있어야 한다. 아울러 유산의 보존관리를 위한 적절한 계획과 시행 여부 또한 잘 갖춰져야 한다.

대곡천암각화에 대한 그동안의 연구는 주로 개인 연구자 간에서 표현물의 분석 또는 그 문화적이거나 정신적 배경을 살펴서 유적의 의미해석에 집중하여 온 것으로 보인다. 해당 시기에 대한 규명은 물론, 유적의 성격이나 생활사의 복원은 항상 중요한 연구대상이었다. 물론 신앙이나 종교와 같은 정신사적 현상 이해도 중요하긴 마찬가지이다. 그러한 측면에서 그동안의 연구 동향에 비하면, 근년에 들어 새로운 연구방법론으로 등장한 것은 이전보다 한층 심도 깊은 눈으로 조형적 요소를 들여다보고자 하는 것이었다. 그래서 표현물 형태분석과 같은 기초적 연구에서부터 이전과는 크게 달라져서, 개체 하나하나에서부터 전반적 현상을 통합적 시각에서 바라보고자 한다는 점에서 심도는 한층 깊어지고 정교해졌다고 할 수 있다. 최근에 와서 유적구성 및 표현물에 대한 새로운 조사결과가 제공되고(Jeon Hotae·Rhee Hawoo·Park Younghee, 2019 외), 그것이 바탕이 되면서 이전에 비하면 폭넓은 연구방법론이 적용되기에 이르게 된 현실은 특히 고무적이라고 할 수 있을 것이다.

그러한 연구 성과에 힘입어, 마침내 유적의 고유하고 탁월한 보편적 가치에 대한 보다 깊이 있는 연구도 가능하게 되었다. 그러나 등재라고 하는 목표를 목전에 두고 중요한 과정 하나는 그동안 관련 연구와 그 성과의 일반화로서, 저변의 공유와 같은 것이 있을 것이다. 등재추진의 중요한 축으로서 지역민을 비롯한 일반사회의 대곡천암각화에 대한 기초지식 및 연구 성과의 보편적 공유라는 것은 등재과정에서 반드시 필요한 사항이기 때문이다.

등재에서 중요한 역할을 맡게 되는 주역이라면 그것은 먼저 연구자그룹과 관련 기관이 있다. 하지만 거기서 가장 중요한 주역의 중심축에는 유적과 같은 환경을 근거로 살아온, 또는 앞으로도 영원히 지키며 살아가야 할 지역민그룹이 있다. 그들 주역그룹은 사실상 실질적 역할을 감당해야 한다. 그렇기 때문에 문화유산의 진정한 주인이라는 관점에서 지역사회는 대곡천암각화의 학술적인, 그리고 문화사적 가치를 함께하는 보편성의 측면을 잘 충족해야 한다. 그런 의미에서 두 암각화의 고유한 가치를 다음과 같은 세부적 측면에 대하여 그 이해도를 넓히는 것으로 그것을 어느 정도 채워가고자 한다.

다양한 내용이 잘 함축되었다

반구대암각화는 다양한 표현물로 구성되는 유적이다. 전체길이 2,547cm에 불과한 유적공간은 세계유산 수준의 암각화 차원에서는 지나치게 작은 규모이다. 그중에서 대부분의 표현물이 있는 중심 암면 조차도 620×300cm(넓이×높이)에 불과하다. 조사된 표현물은 22개 종류의 353점으로, 수적인 면에서부터 세계유수의 암각화 유적의 일반적 규모에 비하면 크게 약소하다. 그러나 유산의 우수성을 양적인 측면으로 말하지는 않는다는 차원에서 규모는 그렇게 문제 되지는 않을 것이다.

천전리 서석 마찬가지이다. 950×270cm(넓이×높이)의 역시 작은 규모의 암면에는 20개 종류의 표현물 760점이 분포하고 있다. 하지만 이 두 개의 서로 다른 공간을 알차게 구색하고 있는 표현물이 연출하는 공간적 함축성은, 말하자면 이름난 세계유산 암각화 유적을 넘어서는 완성도에 이르고 있다. 예를 들면 스웨덴의 세계유산 타눔 암각화는 수도 없이 많은 표현물이 몇 개의 동네에 고르게 분산해 있는 규모이지만, 그리고 노르웨이 알타는 수만 점을 넘는 암각화 조사에 지쳐, 이제 더 이상의 조사를 중지할 정도로 많은 표현물이 분포하고 있다. 카자흐스탄의 탐갈리는 신전구조를 갖는 암각화 유적으로 그 규모 역시 넓은 공간에서 수천 점에 이른다. 이웃하는 알타이의 이름 높은 암각화 칼박타쉬나 엘란가쉬의 경우, 각각 2km가 넘는 지역에 5,000여 점을 상회하는 표현물이 있다. 그러나 그런 대단한 양적 규모에도 불구하고 반구대암각화나 천전리 서석처럼 치밀한 공간적 구성미의 묘미는 그 어디에서도 찾아볼 수가 없다. 그만큼 반구대암각화 및 천전리 서석 수준의 짜임새 있는 공간미를 보여주면서도 함축적인 구성의 유적은 세계 암각화 그 어떤 곳에 비하더라도 모자람이 없다.

결론적으로 표현물의 구성이라는 관점에서 보는 대곡천암각화의 탁월성은 공간적 함축성과 함께, 그들 주인공의 삶의 다양성을 폭넓게 반영하고 있는 종류의 다양성에 있다고 할 것이다.

시간의 흐름에 따른 삶의 기록

최근 검토되고 있는 반구대암각화의 제작 시기는 신석기시대의 요소를 적극 반영하고 있다. 그것은 한반도에서 고고학적 연구 성과와 함께 신석기시대 생활사의 맥락을 살펴서 나온 결과이다.

그러나 편년에 대한 연구자마다 기준이나 시각 차이가 크다고 하더라도 모든 연구자가 공감하고 있는 사항 하나는 대곡천암각화가 어느 한순간에 모든 것이 일괄적으로 이루어진 것이 아니라는 점이다. 그것은 천전리 서석 마찬가지이다. 그러한 관점에서 바라보는 두 유적, 반구대암각화와 천전리 서석의 제작 과정 전반을 아래와 같이 간단하게 정리할 수 있을 것이다.

표현물 겹침 상태의 분석과 일관성 있게, 질서를 갖고 나타나는 몇 개의 표현 속성의 분류에 의하여, 반구대암각화는 각각의 제작 과정상의 단계를 구분해 낼 수가 있다. 처음 몇 마리의 고래 및 고래잡이배로 시작하여, 그 위에 순차적으로 나타나는 표현물의 제작은 모두 5개의 단계를 거쳐서 이루어진 것으로 분석되는 바이다.

그에 비하여 천전리 서석은 각 단계 단계가 명확하게 구별되고 있는 유적으로, 비교적 수월하게 4개의 단계를 분류해서 살펴볼 수 있다.

반구대암각화의 5개의 거듭된 제작단계별 특성은 다음으로 요약된다.

첫 번째 단계: 고래사냥과 관련된 어로 활동의 단계
두 번째; 수렵에서 유사율에 바탕 한 동종 주술의 단계
세 번째; 동물번식과 자연계 풍요기원에 대한 인식의 단계
네 번째; 고래사냥과 관련한 영혼의 위무와 회생의례의 단계
다섯 번째; 영속적 풍요를 위한 수렵에서 금기의식의 반영단계

다음은 천전리 서석의 제작단계이다.

첫 번째: 동물의 생식 및 대자연의 풍요기원과 관련된 단계
두 번째: 생업환경의 변화와 거기에 적응하고자 하는 적극적 조형 의지에서 나온 기하문암각화의 단계
세 번째: 모방 주술로 나타난 기우 의례의 단계
네 번째: 고대의 서사적 내용이 주제가 된 명문 및 세선각 그림의 단계

처음 고래사냥과 관련하여 성립된 반구대암각화는 이내 수렵

과 관련한 동종 주술의 형태가 전반을 이끌고 있다. 그 다음 동물의 번식이 중심주제가 되다가, 이윽고 다시 고래사냥과 관련하여 고래의 영혼 위무와 회생의례가 중심이 되고 있다. 마지막 단계에서는 보다 고양된 정신사적 의미에서, 수렵사회의 안정을 목적으로 하는 사냥의 금기가 주요 메세지로 등장한다는 것으로 전반적 흐름을 정리할 수 있을 것이다.

천전리 서석도 처음에는 자연계의 풍요 및 안정적 번식을 목적한 동물표현이 주제가 되었다. 그러다가 농경이라는 생업환경의 대 변환기를 맞아, 마침내 적극적 조형 의지에서 나온 기하문암각화의 시대가 도래하였다. 그리고 그 후 풍요기원의 기우 의례의 시대를 지나면서 암각화의 문화적 환경은 크게 달라져, 고대의 서사적 내용이 세선각 표현 그리고 명문으로 나타나고 있다.

그러한 흐름을 따라가면서 바라보는 대곡천암각화는 시간적 흐름에 따라 교차해 가는 시대적 조형언어가 적극 반영된 유적으로서, 신석기시대 처음 이곳 대곡천변에서 시작된 암각화의 제작은 달라져 가는 삶의 형태를 충실하게 반영하면서 이룩된 연대기적 유적이라고 할 수 있을 것이다. 물론 그것은 거기서 그치지 않고, 5~7세기 고대 한반도에서 이른바 역사적 변혁기의 기록을 또한 적극적으로 암각화에 투영하고 있다.

그런 의미에서 대곡천암각화는 신석기시대에서 고대사회에 이르기까지 오랜 인류문화사에서 특정의 문화형태를 충실히 반영하고 있는 곳이라고 할 것이다.

아울러 지금까지 논의되지 않았던 사항이긴 하지만, 두 유적의 영향력이라고 한다면 그것은 암각화 문화의 파급과 같은 것이라고 하겠는데, 암각화가 이곳 대곡천과 울산만의 지역적인 현상을 넘어, 청동기시대 영남일원의 또 다른 유형적 암각화로서 검파형암각화의 성립에도 기여하고 있다는 점이다. 동시에 낙동강 일대 동심원암각화의 확산에도 일정한 영향력을 보여주고 있다. 그런 차원에서 이 연대기적 유적으로서 대곡천암각화는 한국 선사 미술에서 가장 의미 있는 문화적 원형질(原形質)로 작용하였다고 해서 과언이 아니다.

수렵의 높은 문화적 가치반영

대곡천암각화의 주인공, 그들이 누구인지는 알 수 없다. 그러나 암각화의 중심적 내용이 고래사냥과 관계되고 있고, 따라서 포경의 관련성이라는 측면에서 제한적으로 다가설 수 있을 것이다. 고래는 생태적으로 좁은 해협으로 난 바닷길을 따라 나다니는 것을 좋아한다고 한다. 그래서 전문가들이 생각하는 고래의 루트는 다음과 같은 이동경로를 그리고 있다.

서태평양 연안에서 고래는 베링 해협-알류산 열도-캄차카반도, 쿠릴열도-타타르 해협, 소야 해협-동해로 이어지는 바다의 좁은 통로를 타고 다녔을 것이라고 짐작되고 있다. 그리고 거기서 남쪽으로는 대한해협을 통하고 제주도를 지나면서 류큐제도 아래 멀리까지도 내려갔을 것인데, 이러한 바닷길을 통하여 고래는 다시 봄이 되면 북상하여 북해에서 먹이활동을 하며 머물다가, 가을이 오면 남쪽으로 내려가기를 반복하는 것이다. 그렇기 때문에 고래사냥은 고래가 다니는 바다 길을 따라 다니거나 미리 선점하여 기다리는 것으로 이루어졌을 것이라고 한다. 동해상에서, 그중 울산만 앞바다는 고래 사냥꾼이 모이게 되는 그런 해양어로 문화권의 일종의 목진지와 같은 곳이었을 것이다. 그것은 먼 훗날 한 말(韓末)에 와서 이곳 장생포에 상업적 포경기지를 조차한 사실을 보더라도 시간을 관통하여 흐르는 공통점을 발견하게 되는 것이다.

그렇게 울산만 앞바다에 모인 바다 수렵인들은 그들 집단의 의례를 위하여 바다로 흘러드는 물줄기의 근원을 찾아서 태화강을 거슬러 올라왔다. 강의 상류는 조상의 영역이었기 때문에 그곳에는 더 가까이 다가서고자 하는 의지의 발현이다. 그런 사람들에 의하여 반구대암각화의 조성이 이루어졌던 것이며, 그 용처는 당연히 고래사냥꾼들의 제의를 위한 것이었으며, 그런 공간을 필요로 했던 이들은 동해를 거점으로 활동하던 고래사냥꾼 집단이었다. 반구대암각화는 그런 사람들 의례의 정점에 있었던 것이다.

같은 관점에서 유적의 주인공에 대한 의문에 집중해 볼 때, 반구대의 주인을 특정할 수 있을까 하는 문제는 여전히 안개 속이다. 그동안 우리나라 고고학에서 신석기시대 연구자 일단은 동물 유체의 분석연구에 집중해 왔다. 그런 연구자그룹에 의하여, 특히 패총에서 수습된 고래 유존체의 분석에서는 의미 있는 결과가 나오기도 하였다(복천박물관 2011). 동시에 배나 작살 등의 고고 유물에 대한 분석연구의 결과라든지 맥락상으로 봤을 때, 한반도 신석기시대 문화의 특성 하나는 해양어로 문화로서, 그것도 근해를 벗어나서 먼바다까지도 오가는 수준이었음을 알 수 있게 되었다. 그런데 여기에 더하여 기원전 8000~6000년경의 압인문 토기, 융기문 토기, 극동평저 토기와 같은 것이 서로 비슷한 양식 아래 동해안을 따라 분포하는 신석기시대 유적에서 공반되는 현상으로 봤을 때, 그러한 유물 주인과 포경집단은 일정하게 그리고 지속적으로 교섭 관계를 갖고 발전하는 형태를 그려볼 수 있다고 한다.

그런 입장에서 바라보는 반구대암각화의 주인공은 신석기시대 환동해 해양어로 문화의 주역으로서, 그들을 특정의 한정된 지연적 집단으로 규정하기 보다는, 서태평양 고래 회유의 중요한 교차점으로서 동해라고 하는 일정한 해양공간을 공유하는 바다 수렵인, 그들이 주체가 되는 형태를 그려볼 수 있을 것이다. 그렇기 때문에 반구대암각화는 어느 특정한 지역민 또는 집단의 제한적 시각에서 벗어나 큰 틀에서 동해를 거점으로 하는 해양어로 집단 공동의 유적으로서, 동시에 유적의 또 다른 가치를 환동해에서 포경이라고 하는 전통적인 해양이용을 예증하는 대표적인 사례로 바라볼 수 있다는 것이다. 그런 수렵문화의 높은 가치를 유적은 반영하고 있다.

바다 수렵인, 그들 집단의 제사 터

그렇다면 유적이 지닌 효용 가치는 무엇으로 말할 수 있을까? 의문의 여지없이 반구대암각화와 천전리 서석 두 곳은 모두 신성한 의례를 위한 장소였다. 그런 점에서 암각화유적 근처가 사람들의 생활공간이었을 가능성은 조금도 없다. 왜냐하면 신석기시대 제의장소의 대부분은 생활의 공간과는 멀리 격리된 곳을 찾고 있기 때문이다. 사실상 두 유적의 주변은 많은 것이 발달한 지금도 여전히 사람이 살기에는 그렇게 좋은 곳이 아니다. 외진 골짜기 안이라서 춥고 햇살이 머무는 시간마저 지나치게 짧다. 주야간의 기온 차는 생각보다 크고, 그것이 암각화 시대라고 해서 좋았을 리 만무하다. 그렇기 때문에 유적을 바라보는 눈은 자연스럽게 이곳을 정기적으로, 또는 어떤 특별한 시점에만 멀리서 일부러 찾아와서 제의하는 그런 장소로 바라보는 것이다.

그런 점에서는 고래사냥이 반구대 부근에 살던 공동체에 의한 것이라는 생각은 아예 성립될 수가 없다. 혹자는 지금으로부터 6000~5000년 전 홀로세(Holocene)의 해수면 변동을 맞아 해안선이 안쪽으로 깊숙이 들어온 해진극상기(海進極上期)때, 구영리나 굴화리 부근으로 고래를 몰아서 잡았다는 것인데(황상일 2009, 2015), 태풍에 홍수가 밀려오는 양상과는 근본적으로 다른, 해진극상기라고 해 봤자 겨우 0.8m 더 높아진 해수면 사정에서 태화강 상류 깊숙이 고래가 들어올 수 있다는 생각이 어떻게 가능했던 것인지는 당최 알 수가 없다. 더욱이 비슷한 시기로서 5500년 전 '골촉 박힌 고래 뼈'가 나온 황성동 유적의 경우, 고래 뼈 화석이 현재 해수면 0.9m아래에서 나왔다는 사실로 볼 때, 해수면의 높낮이가 이삼백 년 단위로 엄청 크게 바뀌지 않는 이상 그럴 가능성은 처음부터 생각할 수 없다.

의례의 주제는 여러 가지를 떠올려 볼 수 있을 것이다. 하지만 무엇보다도 우선해서 바라볼 수 있는 것은 고래사냥과 관련한 제의의 형태이다.

울산만은 고래사냥을 위한 전진 기지로서, 환동해 상의 해양어로 활동의 거점의 하나였다. 그렇다고 하더라도 고래는 언제라도 바다에만 나가면 잡을 수 있는 것도 아니고, 계절에 따라 이동하는 규칙적인 시즌(season)이 있어서, 고래사냥의 계절이면 울산만으로는 많은 사람이 모여들었다.

그러나 그들 서로는 낯선 사이로, 그런 어색한 환경에서 눈치를 보며 경계의 눈빛을 번뜩이기도 하였을 것이다. 혹은 오랜만의 재회의 기쁨에 손을 맞잡는 반가운 사람도 있었겠지. 그렇게 모인 대부분의 사냥꾼은 긴장 속에서 울산만의 하루를 보냈다. 따라서 반구대라고 하는 이 신성의 장소는 일차적으로 그들 포경집단 간의 날 선 분위기를 해소하고 동류의식을 일깨워 결속력을 고취하기 위한, 어쩌면 상당히 실용목적의 장소였을 것으로 보인다. 그래서 그런 의례의 과정에서는 의당 마음을 터놓기 위한 한마당 먹고 즐기는 축제는 당연하였으며, 그런 과정과 과정에는 성공적 포경을 위한 정보교환에서부터 합리적 논의는 뜨겁게 이어졌을 것이다.

표현물을 살펴보면 그중에는 고래사냥을 위하여 조용히 수신호를 하고 있는 사람도 있다. 또는 잡은 고래를 공평하게 나누기 위한 분배의 법칙을 보여주는 것도 있다. 그래서 유적은 효율적 포경을 위한 협력과 약속의 엄정한 장소이면서, 동시에 그들 해양수렵인 집단의 교유를 위한 '만남의 광장'이기도 하였다.

물론 이곳의 가장 중요한 목적하나, 그들은 이곳에서 자신에게 목숨을 잃은 고래의 고귀한 영혼을 위무하였다. 아울러 그 영혼이 안식하여 새 육신을 얻어서 되돌아오기를 염원하였다. 그러한 증거가 반구대에 삼각 구도로 형성된 고래의 무리가 있고, 그리고 부유형의 샤먼으로 잘 남아 있다. 그렇기 때문에 반구대암각화는 포경중심 해양어로 문화유적으로서 고래 의례의 정점에 있었다고 하는 것이다. 그런 뜻에서 유적은 포경 집단의 현실의 목적을 위하고, 정신적으로는 사냥에서 쌓인 스스로 죄업을 씻는 속죄의 실질적 신성 공간으로서 모든 의례의 과정을 포괄하는 곳으로서 의미가 있다.

2

이제 더한 가치로서 O·U·V를

세계는 지금 자국의 유네스코문화유산등재를 목표로 경쟁하는 듯하다. 스스로의 문화적 자존에 더하여, 그것을 마치 국력의 척도처럼 이해하면서 나타난 현상과도 비슷하다. 이러한 관점에서 눈을 돌려볼 때, 중국이나 카자흐스탄과 같은 인근의 몇몇 나라가 암각화의 세계유산등재에 관심을 가지면서 대곡천암각화와는 경쟁의 대상처럼 되고 있다.

그렇다면 이 시점에서 인접 국가의 경쟁대상에 비하여, 절대우위에서 검토되어야 하는 대곡천암각화만의 차별적인 가치로서 우리가 내세울 수 있는 탁월한 보편적 가치(O·U·V)는 어떤 것을 놓고 고민할 수 있을까? 이제 그것을 진지하게 논의해야 하는 시점이다. 물론 대곡천암각화의 고유성은 세계유산으로서 손색이 없다. 어차피 등재는 당연한 것이라고 하고 싶지만, 마지막 남은 과정에서 O·U·V의 도출과 같은 포장에는 언제나 최선을 다해서 준비해야 하는 것이 목전의 과제이다. 여기서 우리가 고심해야 하는 대목에는 어떤 것이 있으며, 또 무엇을 놓고 잘 가다듬어서 '맛깔나게' 포장할 수 있을 것인가를 구체적으로 고민할 수 있을 것이다. 그런 몇 가지를 사전에 제사하는 것으로, 본선에서는 그 이상의 정교한 접근이 이루어질 수 있도록 디딤돌 하나 정도를 미리 깔아놓고 싶다.

첫째, 대곡리 반구대암각화는 그들 주인공들의 삶의 다양성을 잘 보여주는 22종의 표현물 353점으로 구성되어 있다. 천전리 서석 또한 비슷한 규모의 암면에 20종의 760점의 표현물로 이루어져 있다. 두 유적 모두 규모에서는 소략한 수준이지만, 그 안에 조화롭게 구성되는 표현물의 관점에서 바라보는 대곡천암각화는 공간적 함축성이 그 어느 곳보다도 뛰어난 유적이면서 동시에 삶의 다양성을 적극 반영하는 표현물 종의 다양성까지도 잘 갖추고 있다는 점에서 차별적 가치를 갖는다.

둘째, 대곡천암각화는 신석기시대 조기에 처음 성립된 이래, 긴 시간 동안 유기적으로 암각화 제작이 이어져 왔다. 그리고 고대로 이르는 긴 시간 동안 서로 교차하는 여러 문화단계별로 변해가는 조형언어를 잘 보여주는 연대기적 유적의 표본과도 같은 곳이다.

특기할 사항으로, 두 유적의 영향력은 단지 이곳 울산만의 고유한 문화적 현상에서 그치지 아니하고, 보다 넓게 멀리까지 확산해 갔다. 특히 천전리 서석은 영남일원의 새로운 암각화의 탄생에 기여하면서 한반도 청동기시대 표본적 유형으로서 소위

'검파형암각화'의 등장에 직접적인 영향을 끼쳤다. 그러한 차원에서 대곡천암각화는 또 다른 가치창출의 원형질로 작용하고 있다는 관점에서 적극적인 논의를 이끌어갈 필요가 있다.

셋째, 신석기시대 해양어로 문화유적으로서 이곳은 세계 암각화에서 포경 중심의 문화형태를 대표하고 있다. 동시에 환동해에서 울산만을 중심으로 하는 전통적 해양이용을 예증하고 있는 상호작용의 대표적 사례라는 점에서 논의를 확산해 갈 필요가 있을 것이다.

아울러 지금은 한반도해역에서 사라져버린 특정의 동물 형태를 찾아볼 수 있다는 점에서, 사실상 기후변동과 같은 영향력에 의하여 이제는 돌이킬 수 없는 과거 한반도 인류의 생존환경을 잘 보존하고 있는 곳이다.

넷째, 전체에서 43.3%에 이르는 고래를 비롯한 해양성 동물로 구성되는 반구대암각화는 고래사냥과 관련한 해양어로 문화유적이다. 동시에 환동해 상에서 문화의 여명기 신석기시대 인류문화사의 독보적 유적으로서 고래사냥 관련 의례의 정점에 있는 곳이다. 그런 점에서 해당 사항의 탁월한 보편적 가치를 모색할 수 있을 것이다.

동시에 천전리 서석은 지금까지 조사된 이 세상 기하문암각화로서는 독보적 인류 유산이라는 차원에서 접근될 수 있으며 그러한 입장 정리가 요구된다.

이와 같은 사항을 놓고 우리는 대곡천암각화의 탁월한 보편적 가치로서 O·U·V를 심층적으로 논의해 갈 수 있을 것이다.

참고문헌 및 대곡천암각화를 알아가기 좋은 자료

참고문헌

김원룡, 1980, 울주 반구대 암각화에 대하여. 한국고고학보 9:6-22, 한국고고학회

김원룡, 1983, 예술과 신앙. 한국사론 13:306-343.

김현권, 2011, 천전리 암각화에 대한 신라인의 이래와 행렬도제작, 강좌 미술사 36, 한국불교 미술사학회.

복천박물관 2011, 東三洞貝塚 淨化地域 動物遺體 硏究報告. 복천박물관 학술연구총서 36, 부산.

안휘준, 1988, 서평: 반구대-울주 암벽조각, 강좌미술사 1:186-198.

유현주, 2018, 울산 대곡리 반구대암각화 호랑이 도상에 대한 수태동물(受胎動物)로서의 신화적독법. 한국암각화연구22:23-39, 한국암각화학회.

이하우, 2007, 반구대암각화의 제작 층에 대한 연구. 한국상고사학보 58:39-76, 한국상고사학회.

이하우, 2010, 천전리의 동물표현, 황금 뿔의 사슴. 한국암각화연구 14:95-102, 한국암각화학회.

이하우, 2011, 한국 동심원암각화의 상징-물과 관련하여. 동아시아고대학 26:149-192, 동아시아고대학회.

이하우, 2015, 암각화에서 샤먼표현의 형태적 속성, 한국암각화연구19: 77-97, 한국암각화학회.

이하우, 2020, 반구대암각화의 내용과 제작층별 의미. 대곡천암각화군 종합조사연구보고서:182-209, 국립문화재연구소.

임세권, 2002, 미국 암각화에 나타나는 수족과장형 인물상, 한국암각화연구3: 1-15, 한국암각화학회.

임창순, 1984, 한국금석집성. 일지사. 서울.

장명수, 1995, 암각화를 통해 본 고인돌 사회의 신앙의식-고인돌 암각화에 비쳐진 죽음관을 중심으로-. 중앙사론 8, 한국중앙사학회.

장명수, 2013, 천전리 암각화의 형상 도해분석, 한국암각화연구17:45-73, 한국암각화학회.

전호태, 2016, 울주 천전리 각석의 세선각화와 동아시아 선사고대미술로 본 기록문화. 울산 반구대암각화와 천전리 각석 연구: 155-174, 울산대학교 반구대암각화유적보존연구소·한국암각화학회

조용진, 2010, 천전리 얼굴 암각화를 그린 사람. 천전리 암각화 발견 40주년

기념학술대회 논문집 울산 반구대 천전리 암각화: 111-118.
최종택, 2012, 울산 황성동 신항만부두 연결도로 개설사업 내 울산 황성동 신석기시대 유적동물유체. 울산 황성동 신항만부두 연결도로 개설사업 내 울산 황성동신석기시대 유적: 506-530, 울산광역시 한국문물연구원, 세종문화사, 부산.
황상일, 2009, 고대 울산만의 자연환경-울신지역 신석기시대 환경을 생각하며-. 울산 암각화 전시관 문화강좌 "선사시대 바다와 인간".
황상일, 2015, 울산지역의 Holocene 자연환경 변화와 선사시대 태화강 중류 및 하류부 인간생활. 울산 반구대암각화 제작연대론: 139-168, 울산대학교 반구대암각화유적보존연구소·한국암각화학회.
황용훈, 1987, 동북아시아의 암각화, 대우학술총서.인문사회과학 23, 민음사, 서울.

陳兆複, 中國岩畵發現史 上海人民出版社, 上海, 1991.
李洪甫.武可榮, 海州石刻:4. 文物出版社, 北京, 1990.
盖山林, 中國岩畵學. 書目文獻出版社, 北京, 1995.

BANGUDAE PETROGLYPHS INSTITUTE, UNIVERSITY OF ULSAN, 2014, The CHEONJEON-RI PETROGLYPHS in Ulsan.

BANGUDAE PETROGLYPHS INSTITUTE, UNIVERSITY OF ULSAN, 2015, PETROGLYPHS OF CHEONJEON-RI IN ULSAN, KOREA, IN THE CONTEXT OF WORLD ROCK ART.

Ho-tae Jeon, 2014, Bangudae Petroglyphs of Korea.

Jeon Hotae·Rhee Hawoo·Park Younghee, 『The BANGUDAE PETROGLYPHS in Ulsan』. Hollym, Carlsbad, CA and Seoul, 2019.

Zélénine D., 1952, Le culte des idoles en Sibérie. Sciences humaines, Paris.

Dagmara H. Werra and Marzena Woźny, 2017, Between History and Archaeology Papers in honour of Jacek Lech, Archaeopress Archaeology, Gordon House, Oxford.

N.L. Thomas, 1987, Irish Symbols of 3500 B.C:23. Mel'ciel' Pl'ess, London.

Kilunovskaya M.·Semenov V., The Land in The Heart of Asia. EGO, St Petersburg, 1995.
Деблет М.А., Большая Боярская Писаница. Памятники Исторической Мысли, Москва, 1976.

Дэвлет М.А. Петроглифы Мугур-Саргола. — М., ИЗЛАТЕЛЬСТВО, Наука, 1980.

М.А. Дэвлет, Петроглифы Алды-Мозага. Освоение Сибири древним человеко м заняло несколько тысячелетий:42-59.Новосибирск: 1989.

Devlet M.A., Ancient sanctuaries in Tuva and the origin of shamanism//Spellbound by the shaman. Shamanism in Tuva. Antwerp, 1997.

Кубарев В. Д., 2003, ОБРАЗ КАБАНА В ПЕТРОГЛИФАХ АЛТАЯ. АРХЕОЛ ОГИЯ ЮЖНОЙ СИБИРИ:72-77. Издательство Института археологии и этногр афии СО РАН, Новосибирск.

Пяткин Б. Н.·Мортынов А. И., Шалаболинские Петроглифы. п. Издательство Красноярского Университета, 1985.

Заика А.Л.б Вдная среда в мировоззрении неолитического населения Северно й Азии(по материалам петроглифов), 2008.

https://t1.daumcdn.net/thumb/R760x0/?fname=http%3A%2F%2Ft1.daumcdn.net%2Fencyclop%2Fm74%2FVoJUX0gHqfS1S0VBXxdOA0Ss0BKTFOIKrATowpO0%3Ft%3D1439359485000

대곡천암각화를 알아가기 좋은 자료

연구논문

강봉원, 2012, 반구대 암각화에 표출된 육지동물의 재인식-동물사육 문제와 편년의 재검토-한국신석기연구 23:133-166, 한국신석기학회.
강봉원, 2015, 반구대 암각화 편년의 재검토: 신석기시대 설을 중심으로, 울산 반구대암각화 제작연대론:1-20, 한국암각화학회.
강봉원, 2016, 반구대 및 천전리암각화의 편년과 고고학적 맥락: 공반 관계 및 교차편년을 중심으로, 嶺南考古學 76
강봉원, 2016, 대곡천 일대 선사~역사시대 문화유산에 대한 검토: 반구대암각화의 편년을 위한 고고학적 맥락을 중심으로, 울산 반구대암각화와 천전리 각석 연구:81-102.
강영경, 2014, 울주 천전리서석 명문을 통해 본 신라왕실의 초기불교정책. 한국암각화연구18:1-26, 한국암각화학회.
강영경, 2015, 울산 천전리 서석곡의 명문과 세선화에 보이는 여성. 한국암각화연구9:1-13, 한국암각화학회.
강종훈, 2014, 울주 천전리 각석 명문의 새로운 판독과 해석. 한국암각화연구 18:27-46, 한국암각화학회.
고경희, 2006, 대곡리암각화에 나타난 신석기시대 한반도 의식생활문화. 韓國食生活文化學會誌21, 한국식생활문화학회.
김권구, 2015, 반구대암각화 신석기시대 조성시기설의 논거비판, 울산반구대암각화제작연대론:63-81.
김용선, 1979, 울주 천전리 서석명문 연구. 역사학보81,역사학회.
金貞培, 1997, 東北亞속의 韓國의 岩刻畵. 한국사연구 99.100, 한국사연구회.
김정배, 2010, 천전리암각화의 한국사에서의 의의, 천전리 암각화 발견 40주년 기념 학술대회 논문집 울산 반구대 천전리 암각화:21-23, 한국미술사연
김정배, 2015, 대곡리 암각화의 문화사적 의미, 울산 반구대암각화 제작연대론:107-124.
김창호, 2001, 蔚州 川前里書石 을묘년명에 대한 몇 가지 첨언. 신라학연구 5, 위덕대학교 대학교부설 신라학연구소.
김태식, 2005, 제장으로서의 천전리 서석곡과 제관으로서의 신라왕실의 여인들 -와권문과 명문분석을 중심으로-. 한국암각화연구6, 한국암각화학회.
문명대, 1973, 울산의 선사시대 암벽각화. 문화재7:33-40, 문화재관리국.
문명대, 2013, 대곡천암각화의 발견. 한국의 암각화 III: 울주 대곡리 반구대암각화:16-33. 울산암각화박물관.
박구병, 2003, 반구대 암각화에 나타난 경류와 포경. 수산업사연구10.
박영희, 2005, 천전리 암각화의 기하문양 중 마름모꼴의 상징성에 대한 일고찰. 한국암각화연구6, 한국암각화학회.
서영대, 2008, 한국 암각화의 신앙과 의례. 한국암각화연구11·12:23-36, 한국암각화학회.
서영대, 2015, 울산 반구대암각화의 종교사적 의미, 울산 반구대암각화 제작연대론:125-138.
손호선, 2012, 반구대암각화의 고래 種. 한국암각화연구 16:21-32, 한국암각화

학회.
송화섭, 2012, 북방 수렵유목문화 관점에서 본 반구대암각화. 한국암각화연구 16:33-50, 한국암각화학회.
송화섭, 2016, 한국 암각화의 조성 주체와 제작 배경-해양지리적 관점을 중심으로-, 울산 반구대암각화와 천전리각석 연구:1-21.
송화섭, 2020, 반구대암각화 도상의 민속학적 의미. 대곡천암각화군 종합조사 연구보고서:378-398, 국립문화재연구소.
신대곤, 2018, 川前里 細線刻畵에 表現된 來世觀과 道教的 祈願, 한국암각화연구 22:1-21.
이상목, 2004, 울산 대곡리 반구대 선사유적의 동물그림: 생태적 특성과 계절성을 중심으로. 한국고고학보52.
이상목, 2015, 반구대암각화 제작연대 규명에 따른 방법론적 고찰, 울산 반구대암각화 제작연대론:83-105.
이 선, 2012, 대곡천의 자연환경과 경관, 대곡천암각화군의 유산적가치 국제세미나:129-140.
이융조, 2010, 천전리 바위그림의 고고학적 의의-외국의 사례와 비교하여 연구를 위한 제언, 울산 반구대 천전리 암각화:25-28, 한국미술사연구소, 서울.
이하우, 2012, 대곡천암각화군의 미술사적 특징과 가치. 대곡천암각화군의 유산적가치 국제세미나:104-128, ICOMOS-KOREA.
이하우, 2012, 한국 암각화의 북방요소-천전리 사슴표현을 중심으로. 한국암각화연구16:51-65, 한국암각화학회.
이하우, 2013, 암각화연구 기초자료의 검토-반구대암각화를 중심으로-. 한국암각화연구17:21-44, 한국암각화학회.
이하우, 2016, 대곡천암각화군의 제작 기법연구, 울산 반구대암각화와 천전리각석연구:23-62
이하우, 2016, 암각화 동물표현의 심상적 현상, 한국암각화연구 20: 69-96, 한국암각화학회.
이하우, 2018, 先史以後의 岩刻資料에 대한 視覺, 한국암각화연구 22: 41-58, 한국암각화학회.
이현주, 2013, 신라 중고시기 왕실여성의 칭호-'울주 천전리서석'명문을 중심으로. 신라사학보27, 신라사학회.
이형우, 2008, 한국 선사암각화의 인물상, 민족문화논총 40:449-475.
임세권, 2013, 반구대 암각화의 역사적 의미. 내일을 여는 역사 53, 내일을 여는 역사재단.
임장혁, 1991, 대곡리 암벽각화의 민속학적 고찰. 한국민속학 24:171-195.
장명수, 1997, 울산 대곡리 암각화인들의 생업과 신앙. 인하사학 5:65-146.
장명수, 1999, 암각화를 통해본 우리나라 선사인들의 신앙사유. 한국암각화연구1:27-65, 한국암각화학회.
장명수, 1999, 울주 대곡리 반구대 암각화에 나타난 신앙의식. 울산연구 1:67-100, 울산대학교 박물관.
장명수, 2007, 한국암각화의 문화적 특성. 고대 동북아 암각화 비교연구 학술심포지엄발표요지문.
장명수, 2014, 천전리 書石岩刻畵에 나타난 신앙과 제의모습. 한국암각화연구 18:47-79, 한국암각화학회.
전호태, 2005, 울주 천전리 서석 암각화 및 명문의 연구현황과 과제. 한국암각화연구6, 한국암각화학회.
전호태, 2012, 한국의 선사 및 고대 초기예술과 반구대암각화. 역사와 경계 85, 부산경남사학회.
전호태, 2015, 울산 천전리 서석 암각화의 용, 한국고대사연구 77:77-105.
전호태, 2015, 울산 반구대 암각화의 종교문화사적 가치와 편년, 울산 반구대 암각화 제작연대론:1-21.
전호태, 2016, 울산 반구대암각화와 천전리 각석 연구의 추이와 전망, 울산사학20:1-37.
전호태, 2016, 천전리 암각화로 본 한국 선사 및 고대 미술양식, 역사와 현실 101:173-199.
전호태, 2018, 울산 천전리 암각화 동물문 연구, 한국사연구 182:1-27.
전호태, 2020, 울주 천전리 각석 암각화의 내용 및 의미. 대곡천암각화군종합조사연구보고서: 210-237, 국립문화재연구소.
편성철·김민석·송기중, 2020, 대곡천일대의 인문학적 환경. 대곡천암각화군 종합조사연구보고서:352-376, 국립문화재연구소.
하인수, 2012, 반구대 암각화의 조성시기론-동삼동패총 자료를 중심으로-. 한국신석기연구23, 한국신석기학회.
하인수, 2013, 고고학적 맥락에서 본 반구대암각화-동삼동 패통을 중심으로. 한국의 암각화III: 울주 대곡리 반구대암각화:204-223, 울산암각화박물관.
황기원, 2006, 경관으로 보는 울산 반구대 암각화 유적. 美術史學硏究 252, 한국미술사학회

단행본

국립문화재연구소, 2020, 대곡천암각화군 종합조사연구보고서.
김건곤. 2019, 신들의 향연. 씨디에스, 울산.
문명대, 이건청, 이달희, 2016, 반구대암각화의 비밀, UUP, 울산.
송화섭, 이하우, 2008, 알타이의 바위그림, 민속원, 서울.

울산암각화박물관, 2013, 한국의 암각화 III: 울주 대곡리 반구대암각화. 울산암각화박물관, 울산.
ICOMOS-KOPREA, 2012, 대곡천 암각화군의 유산적 가치 국제 세미나 논문집.
울산대학교 반구대암각화유적보존연구소, 2016, 연구소 한국암각화 학술연구총서 2집, 울산 반구대암각화와 천전리 각석연구, 울산대학교 반구대암각화유적보존연구소, 울산.
울산대학교 반구대암각화유적보존연구소, 2015, 코아계곡과 반구대암각화(2015 대곡천암각화군세계유산 등재 추진을 위한 국제학술대회 결과 보고서), 문화재청.
울산암각화박물관, 2013, 한국의 암각화III: 울주 대곡리 반구대암각화, 울산암각화박물관, 울산.
이융조, 1979, 한국 선사문화의 연구, 평민사, 서울.
이하우, 2003, 잃어버린 신화 바위문화 이야기, 민속원, 서울.
이하우, 2011, 한국 암각화의 祭儀性. 학연출판사, 서울.
이하우, 2019, 암각화로 보는 선사시대 사람들의 성. 민속원, 서울.
임세권, 1999, 한국의 암각화. 대원사, 서울.
전호태, 2005, 울산의 암각화: 울산 대곡리 반구대암각화론. 울산대학교출판부, 울산.
전호태, 2013, 울산 반구대암각화 연구. 한림출판사, 서울.
전호태·장명수·강종훈·남연의·윤효정, 2014, 울산 천전리 암각화. 울산대학교 반구대암각화유적보존연구소 학술총서1, 울산.
전호태・이하우・박초아, 2018, 국보 285호 울산 반구대암각화. UUP, 울산.
황수영·문명대, 1984, 반구대암벽조각. 동국대학교출판부, 서울.
황용훈, 1987, 동북아시아의 암각화, 대우학술총서.인문사회과학 23, 민음사, 서울.
한국암각화학회, 한국암각화연구 창간호~24집.
임창순, 1984, 한국금석집성 1.선사시대, 일지사

BANGUDAE PETROGLYPHS INSTITUTE, UNIVERSITY OF ULSAN, 2014, Conservation and Management of the Worlds Petroglyph Sites.

BANGUDAE PETROGLYPHS INSTITUTE, UNIVERSITY OF ULSAN, 2014, The CHEONJEON-RI PETROGLYPHS in Ulsan.

BANGUDAE PETROGLYPHS INSTITUTE, UNIVERSITY OF ULSAN, 2015, PETROGLYPHS OF CHEONJEON-RI IN ULSAN, KOREA, IN THE CONTEXT OF WORLD ROCK ART.

Ho-tae Jeon, 2014, Bangudae Petroglyphs of Korea.

Jeon Hotae·Rhee Hawoo·Park Younghee, 『The BANGUDAE PETROGLYPHS in Ulsan』. Hollym, Carlsbad, CA and Seoul, 2019.